古代歷史文化 研究輯刊

十八編

王明蓀 主編

第 **12** 冊

江南文化的詩性精神研究

劉 永 著

國家圖書館出版品預行編目資料

江南文化的詩性精神研究／劉永 著 — 初版 — 新北市：花木
蘭文化事業有限公司，2017〔民106〕
序 2+ 目 4+212 面；19×26 公分
（古代歷史文化研究輯刊 十八編；第12冊）
ISBN 978-986-485-191-1（精裝）
1. 中國詩 2. 區域研究 3. 江南地區
618   106014298

ISBN-978-986-485-191-1

9 789864 851911

古代歷史文化研究輯刊
十八編　第十二冊　　　　　　　ISBN：978-986-485-191-1

江南文化的詩性精神研究

作　　者　劉永
主　　編　王明蓀
總 編 輯　杜潔祥
副總編輯　楊嘉樂
編　　輯　許郁翎、王筑　美術編輯　陳逸婷
出　　版　花木蘭文化事業有限公司
社　　長　高小娟
聯絡地址　235 新北市中和區中安街七二號十三樓
　　　　　電話：02-2923-1455／傳眞：02-2923-1452
網　　址　http://www.huamulan.tw 信箱 hml 810518@gmail.com
印　　刷　普羅文化出版廣告事業
初　　版　2017 年 9 月
全書字數　183939 字
定　　價　十八編 18 冊（精裝）台幣 36,000 元

江南文化的詩性精神研究

劉 永 著

作者簡介

劉永，字覺中，男，山東微山人，文學博士（上海師範大學，2010）。上海理工大學講師。上海市中級心理諮詢師、上海周易研究會會員、上海高校心理諮詢協會會員。上海高校輔導員工作「大學生國學研習」專案和尚理國學工作室負責人。2015 上海高校輔導員年度人物，榮獲第八屆全國輔導員年度人物入圍獎（2016）和上海市育才獎（2016）等獎項。已出版《詩經選》（合作），發表論文《生死視野下的國學四維度理論簡論》及《中國傳統文化四維結構視閾中大學生心理健康教育體系構建》等十餘篇。

提　　要

　　當前的江南文化研究存在兩個誤區：一是誇大了地理環境對文化的影響，認爲南北文化的不同皆是由於地理環境的差異造成，落入了地理環境決定論的誤區；二是本然地認爲道家文化是南方文化的產物和代表，甚至將南方文化等同於道家文化。在破除這兩個誤區之後，本文首先從江南詩性文化的歷史形成過程給江南詩性文化理論建立一個更爲堅實的基礎。客觀上，江南詩性文化是中原文化南傳並進一步發展的結果；主觀上則是歷代文人士大夫對江南的鍾情與不斷闡釋的結果，其鍾情和闡釋的動因源於地理環境、政治、經濟、南北文化的不同發展等各個方面。其次，本文對江南詩性文化的界定及內涵做了進一步的反思，如「江南軸心期之前，江南文化是怎樣發展變化的？」「江南詩性文化是軸心期的江南人面臨挑戰的痛苦產物嗎？」等等，並對江南詩性文化理論的成立條件、重要意義及江南詩性精神的外在表現作了闡發。再次，本文從哲學闡釋、主體闡釋、空間闡釋和詩意生活理想的闡釋四個方面對江南詩性精神的核心內容做了集中探索。最後，本文結語部分在簡單地描述了江南詩性文化面臨的三種困境後認爲，我們不必爲古典江南詩性文化的衰落感到惋惜，江南詩性文化在吸納、融合西方文化之後，也許會有一個更高的發展。我們應努力創造出一個更爲輝煌的新江南詩性文化。

序　言

劉士林

　　欣聞劉永博士的博士學位論文《江南文化的詩性精神研究》即將在寶島臺灣的花木蘭文化事業有限公司出版，劉永博士囑我作序，我很高興，寫下一些感想，和他共勉。

　　還記得在 2004 年九月底，在上海師範大學的一次原創詩歌朗誦比賽上，我是評委之一，劉永是比賽選手，有數位選手朗誦了他的詩歌，給幾位評委老師留下了深刻的印象。到了 2005 年秋冬之際，他還在讀碩士研究生三年級，有一天，他拿著自己印製的白話詩集和一些舊體詩來到我的辦公室，說想要報考我的中國文化詩學方向的博士。我知道他是嚴耀中先生的高足，原是學中國古代史的，於是鼓勵他說：「你有古代史學習的基礎，再來學中國文化詩學這個方向，會有你的優勢。」我這句話給了他很大的鼓舞，他從此後，發奮學習文藝學方面的理論知識，用了兩年的時間，終於在 2007 年九月成了我的博士研究生。

　　經過一年的學習之後，我們商定了他的博士論文選取江南文化來做研究。本來我們擬定了一個大致的寫作提綱，經過一年半的寫作、討論和反覆修改之後，幾乎完全改變了原來的框架。他有一個愛好就是寫詩，幾近癡迷的程度。有時候，他也會把他的新作發給我看。有一次，我跟他說，現在是論文寫作的攻堅階段，暫時不要寫詩，所有的時間都用來讀書和寫論文，以免分心。他似乎聽了我的勸告，但是詩歌的寫作也沒有完全暫停。我想，這對於他的博士論文寫作來說，既是他的劣勢，也是他的優勢。劣勢在於，他容易情感化，對於論文寫作要求的理性會有所沖淡；優勢在於，研究江南文化又恰恰需要一種詩人的情懷。這種詩人的情懷、人文的關懷，我們可以在

他的博士論文中看到。所幸的是，他原來的專業是中國古代史，打下了一些考證的基礎。他的博士論文中對於江南文化源流的考證正是得益於此。

　　論文完成後，順利通過了當年的盲審。在論文答辯會上，以朱立元先生為主席的答辯委員會給與了這篇論文以優秀的評價。當年的評價說：「江南文化研究是新起的學術研究領域，論文選題具有一定的理論價值與現實意義。論文對江南文化的精神特徵進行具體而微的分析，闡發江南文化的『北來說』和『外來人文建構』說，具有質疑精神與問題意識，指出學界某些觀點的誤區與不足，觀點大膽而有銳氣，富於啓發和參照性。論文還提出古典江南文化的衰微不值得可惜，在當前西方文化的衝擊下反而有可能形成新的江南文化。作者發揮歷史專業學習的優勢，運用史料輔證美學話語敘事，基本能論證自己的觀點，是一篇優秀的博士論文。論文的有些觀點的嚴謹性尚可加強，論證還可以更充分，特別是美學方面的論述還可加強。」我想這一評價中既有對他的肯定，更多的是對他的鼓勵和期望。

　　2010 年六月博士畢業後，他到了上海理工大學，擔任大學生輔導員工作。在工作中，他能夠將所學傳統文化與大學生心理健康教育、大學生德育結合起來，提出了國學四維度理論，用於指導學生工作，完成了上海高校輔導員工作「大學生國學研習」培育項目，並於近兩年先後獲得「2015 上海高校輔導員年度人物」榮譽稱號和「上海市育才獎（2016）」這一獎項。這是令我頗感欣慰的。希望他能夠在學術的道路上越走越寬。

2017 年春於滬上春江景廬

序　言　劉士林

緒　論

一、選題的緣起及現實意義

　　本文選取「江南文化的詩性精神」作爲研究的對象，主要出於以下幾個原因：

　　首先是當今學術界比較文化研究和地域文化研究興盛的結果。從比較文化研究的角度來看，自二十世紀初期以來，中國的志士仁人爲了尋求中國解放的道路，將中國文化與西方文化進行了一系列比較研究，從中探尋中國文化的優點和不足之處，取其精華，去其糟粕，並吸取西方文化的優秀之處，爲改進中國文化和中國國民性做出了不懈的努力。這一比較研究一直持續到今天。這是中西文化的比較。但從中國文化自身來看，由於中國幅員遼闊，各地區文化在統一中也存在著巨大的差異，特別是南北文化之別，爲歷代學者所關注。而這其中，北方文化與江南文化的區別研究更爲豐富。從地域文化研究的角度來看，早在《史記・貨殖列傳》中就有對不同地域文化的敏銳的區分和精到的描述。自三國時期的孫吳建國以來，以南京爲中心的狹義的江南地區就成爲一個在文化上相對獨立的地區。對江南的描述、讚頌、感歎一直是中國歷代文人士大夫生命經驗中不可或缺的一部分。今天的江南（長江三角洲）地區也仍然是一個非常獨特和顯赫的地域，因此也不免成爲學者關注的對象。正是基於這種比較文化研究和地域文化研究的傳統，本文選取江南文化作爲自己的研究對象。

　　其次，是中國詩性文化研究和江南詩性文化研究的延續。劉士林先生在《中國詩哲論》（濟南出版社，1992）和《中國詩性文化》（江蘇人民出

版社，1999）等著作中認為，從主要的方面來講，與西方文化是理性文化不同，中國文化是詩性文化。中國文化的本體是詩。其精神方式是詩學。其文化基因庫就是《詩經》，其精神峰頂是唐詩。總括起來說就是：中國文化是詩性文化。或者說是詩這一精神方式滲透、積澱在傳統社會的政治、經濟、科學、藝術各個門類中，並影響、甚至是暗暗地決定了它們的歷史命運。後來他又在《西洲在何處——江南文化的詩性敘事》（東方出版社，2005）一書中提出中國詩性文化的南北之分。他認為中國詩性文化有兩個系統，一個是以政治倫理為深層結構的「北國詩性文化」，另一個是以審美自由為基本理念的「江南詩性文化」。至於兩者的關係，由於北國的審美特徵不夠清晰，它應該被看做是中國詩性文化的初級階段或早期狀態。本文對於江南文化的「詩性精神」的研究正是在中國詩性文化理論和江南詩性文化理論的基礎上的進一步探索。

再次，是江南在歷史上的文化魅力以及今天在中國的重要地位的吸引力的結果。自從漢樂府《江南》勾勒出了一幅美麗的圖畫以來，歷代文人士大夫夢江南、憶江南、讚美江南，使江南成了一個人人夢想的地方。「上有天堂，下有蘇杭」、「腰纏十萬貫，騎鶴上揚州」、「人人盡說江南好，遊人只合江南老」等等，都是這種夢想的反映。而六朝的美麗與哀愁更使江南成了文人士大夫感懷的對象。南京莫愁湖的一副楹聯「恨我晚來遊，只落得萬柄枯荷，一湖秋水；問誰能不朽，除非是六朝兒女，千古英雄」特別能表達這種感懷之情。而在今天，江南地區在中國經濟、文化上仍然具有舉足輕重的地位，其改革開放以來對於西方文化的吸收以及在經濟文化上的迅速發展使人不禁想追尋她的歷史。正是江南這種歷史文化魅力和當今的經濟文化影響力呼喚了「江南文化的詩性精神研究」這一選題的提出。

最後，從現實意義上來看，「江南文化的詩性精神研究」對當今社會都市化進程中的城市文化建設以及人們的生活方式和精神態度有重要的啟示意義。都市化進程給人們帶來的是快速的生活方式、現代的精神感受、時空壓縮狀況下的緊張體驗以及眩暈、刺激和永遠不安寧的追求。在相當程度上，現代人已經喪失了對於寧靜、美好事物的敏感。本文對於江南詩性精神的論述為都市化進程中的人們提供了一種古典的、追求寧靜的審美自由生活的參考。另外，關於江南詩性空間的研究也對當代城市空間的建設具有重要的參考價值。

二、學術史綜述：關於江南文化研究的主要觀點的述評

　　學者們在闡述江南文化時，往往把江南文化和北方文化作一對比，從二者鮮明的不同中凸顯江南文化的特點。江南文化又是南方文化的一部分，所以學者最早是從南北文化的對比研究開始的。這些觀點一方面揭示了江南文化的許多特徵，但另一方面也常常流於絕對化，因而有不能成立之處。下面我們對這些觀點進行一個系統的考察。

（一）歷代關於南北文化區別的論述

1、古代學者的觀點

　　據筆者的孤陋寡聞，被引用最廣泛的用來作爲闡述南北文化差異的最早觀點當是《世說新語》裏的這段話：

> 褚季野語孫安國云：「北人學問，淵綜廣博。」孫答曰：「南人學問，清通簡要。」支道林聞之，曰：「聖賢故所忘言。自中人以還，北人看書，如顯處視月，南人學問，如牖中窺日。」〔註1〕

這裡的學問大概是指經學、子學而言。李延壽在《北史·儒林傳》中延續了這一觀點：

> 大抵南北所爲章句，好尚互有不同。江左，《周易》則王輔嗣，《尚書》則孔安國，《左傳》則杜元凱。河洛，《左傳》則服子慎，《尚書》、《周易》則鄭康成。《詩》則並主於毛公，《禮》則同遵於鄭氏。南人約簡，得其英華；北學深蕪，窮其枝葉。〔註2〕

不僅是經學和子學，李延壽在《北史·文苑傳》中還將南北詩文的差異作了如下描述：

> 夫人有六情，稟五常之秀；情感六氣，順四時之序。蓋文之所起，情發於中。而自漢、魏以來，迄乎晉、宋，其體屢變，前哲論之詳矣。

〔註1〕《世說新語》卷上《文學第四》，第二十五則，見楊勇校箋：《世說新語校箋》，第一冊，北京：中華書局 2006 年版，第 193～194 頁。

〔註2〕《北史》卷八十一《儒林列傳上》，見《北史》第九冊，北京：中華書局 1974 年版，第 2709 頁。《隋書》卷七十五《儒林列傳》有大致相同的一段話云：「南北所治章句，好尚互有不同。江左，《周易》則王輔嗣，《尚書》則孔安國，《左傳》則杜元凱。河、洛，《左傳》則服子慎，《尚書》、《周易》則鄭康成。《詩》則並主於毛公，《禮》則同遵於鄭氏。大抵南人約簡，得其英華，北學深蕪，窮其枝葉。」按：李延壽也參與了《隋書》的撰寫，觀其《儒林列傳》序言與《北史》相似，應同出李延壽之手。

暨永明、天監之際，太和、天保之間，洛陽、江左，文雅尤盛，彼此好尚，互有異同。江左宮商發越，貴於清綺；河朔詞義貞剛，重乎氣質。氣質則理勝其詞，清綺則文過其意。理深者便於時用，文華者宜於詠歌。此其南北詞人得失之大較也。若能掇彼清音，簡茲累句，各去所短，合其兩長，則文質彬彬，盡美盡善矣。〔註3〕

李延壽的觀點都可以說與《世說新語》中的觀點一脈相承。這可以說是關於江南文化特點的第一個主要觀點。後代學者多沿用此論，如清代學者皮錫瑞說：

案南北學派，《北史》數言盡之。夫學出於一，則人知依歸；道分於歧，則反致眩惑。鄭君生當漢末，未雜玄虛之習、僞撰之書，箋注流傳，完全無缺；欲治「漢學」，捨鄭莫由。北學，《易》、《詩》、《書》、《禮》皆宗鄭氏，學出於一也。

南學則尚王輔嗣之玄虛，孔安國之僞撰，杜元凱之臆解，此數家與鄭學枘鑿，亦與漢學背馳。……以致後世不得見鄭學之完全，並不得存漢學之十一，豈非談空空、核玄玄者階之厲乎！〔註4〕

又云：

經本樸學，非專家莫能解，俗目見之，初無可悅。北人篤守漢學，本近質樸；而南人善談名理，增飾華詞，表裏可觀，雅俗共賞。故雖以亡國之餘，足以轉一時風氣，使北人捨舊而從之。〔註5〕

〔註3〕《北史》卷八十三《文苑傳》，見《北史》第九冊，北京：中華書局 1974 年版，第 2782 頁。《隋書》卷七十六《文學列傳》也有大致相同的一段話云：「自漢、魏以來，迄乎晉、宋，其體屢變，前哲論之詳矣。暨永明、天監之際，太和、天保之間，洛陽、江左，文雅尤盛。於時作者，濟陽江淹、吳郡沈約、樂安任昉、濟陰溫子升、河間邢子才、鉅鹿魏伯起等，並學窮書圃，思極人文，縟采鬱於雲霞，逸響振於金石。英華秀發，波瀾浩蕩，筆有餘力，詞無竭源。方諸張、蔡、曹、王，亦各一時之選也。聞其風者，聲馳景慕，然彼此好尚，互有異同。江左宮商發越，貴於清綺，河朔詞義貞剛，重乎氣質。氣質則理勝其詞，清綺則文過其意，理深者便於時用，文華者宜於詠歌，此其南北詞人得失之大較也。若能掇彼清音，簡茲累句，各去所短，合其兩長，則文質斌斌，盡善盡美矣。」見《隋書》第六冊，北京：中華書局 1973 年版，第 1729～1730 頁。

〔註4〕〔清〕皮錫瑞：《經學中衰時代》，見皮錫瑞：《經學歷史》，周予同注，北京：中華書局 1959 年版，第 170 頁。

〔註5〕〔清〕皮錫瑞：《經學統一時代》，《經學歷史》，周予同注，北京：中華書局 1959 年版，第 193～194 頁。

除了這幾家之外，古代學者也有零星地提到南北文化的對比，但都不如此系統，在此不一一列舉。

2、近代學者的觀點

近代學者對於南北文化區別的進一步研究表現在兩個方面：一是擴大了研究範圍，古代學者基本上論述的是學術，而近代學者則擴展爲哲學、經學、理學、考證學、佛學、文學、藝術等各個方面；二是從地理環境方面提出了南北文化差異產生的原因。下面我們介紹梁啓超、劉師培和王國維三位學者的觀點。

（1）梁啟超的觀點

近代最早論述南北文化不同的當屬梁啓超。他在從 1902 年 3 月起陸續發表在《新民叢報》上的《論中國學術思想變遷之大勢》中說：

> 欲知先秦學派之眞相，則南、北兩分潮，最當注意者也。凡人群第一期之進化，必依河流而起，此萬國所同也。我中國有黃河、揚子江兩大流，其位置、性質各殊，故各自有其本來之文明，爲獨立發達之觀。雖屢相調和混合，而其差別相自有不可掩者。凡百皆然，而學術思想其一端也。北地苦寒磽瘠，謀生不易，其民族消磨精神日力以奔走衣食、維持社會，猶恐不給，無餘裕以馳騖於玄妙之哲理，故其學術思想，常務實際，切人事，貴力行，重經驗，而修身齊家治國利群之道術，最發達焉。惟然，故重家族，以族長制度爲政治之本，敬老年，尊先祖，隨而崇古之念重，保守之情深，排外之力強。則古昔，稱先王；內其國，外夷狄；重禮文，繫親愛；守法律，畏天命：此北學之精神也。南地則反是。其氣候和，其土地饒，其謀生易，其民族不必惟一身一家之飽暖是憂，故常達觀於世界以外。初而輕世，既而玩世，既而厭世。不屑屑於實際，故不重禮法；不拘拘於經驗，故不崇先王。又其發達較遲，中原之人，常鄙夷之，謂爲野蠻，故其對於北方學派，有吐棄之意，有破壞之心。探玄理，出世界：齊物我，平階級：輕私愛，厭繁文：明自然，順本性：此南學之精神也。〔註6〕

〔註 6〕梁啓超：《論中國學術思想變遷之大勢》，夏曉虹導讀，上海：上海古籍出版社 2001 年版，第 25～26 頁。

為了使讀者對南北文化的差異有更為清晰明瞭的認識，他進行了一系列鮮明的對比：北派崇實際，南派崇虛想；北派主力行（主動），南派主無為（主靜）；北派貴人事，南派貴出世；北派明政法，南派明哲理；北派重階級，南派重平等；北派重經驗，南派重創造；北派喜保守，南派喜破壞；北派主勉強，南派明自然；北派畏天，南派任天；北派言排外，南派言無我；北派貴自強，南派貴謙弱；等等。他總結道：「北方多憂世勤勞之士，孔席不暖，墨突不黔，棲棲者終其身焉；南方則多棄世高蹈之徒，接輿、丈人、沮溺，皆汲老、莊之流者也：蓋民族之異性使然也。」〔註7〕

在《中國地理大勢論》一文中，梁啟超更從哲學、經學、佛學、詞章、美術音樂、風俗等方面做了更為具體的比較。從哲學上來看：

> 吾國學派，至春秋戰國間而極盛。孔墨之在北，老莊之在南，商韓之在西、管騶之在東，或重實行，或毗理想，或主峻刻，或崇虛無，其現象與地理一一相應，夫既言之矣。逮於漢初，雖以竇后、文、景之篤好黃老，然北方獨盛儒學；雖以楚元王之崇飾經師，然南方猶喜道家。《春秋繁露》及其餘經說，北學之代表也；《淮南子》及其餘詞賦，南學之代表也。雖然，自漢以後，哲學衰矣。洎及宋、明，茲道復振，濂溪、康節，實為先驅。雖其時學風，大略一致，然濂溪南人，首倡心性，以窮理氣之微；康節北人，好言象數，且多經世之想。伊川之學，雖出濂溪，然北人也，故洛學面目，亦稍變而趨於實行焉。關學者，北學之正宗也，橫渠言理，頗重考實，於格致蘊奧，間有發明，其以理學提倡一世，猶孔、荀之遺也。東萊繼之，以網羅文獻為講學宗旨，純然北人思想焉。陸、王皆起於南，為中國千餘年學界闢一新境，其直指本心，知行合一，蹊徑自與北賢別矣。凡此者，皆受地理上之特別影響，雖以人事揉雜之，然其結果殆有不容假借者存也。〔註8〕

從經學上來看：

> 兩漢以後，儒學統一，先秦學術之界域，殆銷滅矣。雖然，於經學之中，又自有南北之流別。當六朝時，北人最喜治《禮》，如徐

〔註7〕 梁啟超：《論中國學術思想變遷之大勢》，夏曉虹導讀，上海：上海古籍出版社 2001 年版，第 27 頁。

〔註8〕 梁啟超：《中國地理大勢論》，見劉夢溪主編：《中國現代學術經典‧梁啟超卷》，石家莊：河北教育出版社 1996 年版，第 706 頁。

遵明、劉炫、劉焯、李炫、劉獻之、沉重、熊安生等，皆以《禮》學名家；南人最喜治《易》，常以《易》、《老》並稱，如王弼、郭象、向秀之流，史皆稱其邃於《老》、《易》。〔註9〕

從佛學上來看：

六朝、唐間，佛學掩襲一世。佛學之空，與儒學之實，立於反對之兩極端者也。然佛學之中，流派自異。象教宏興，肇始姚秦。秦北地邊，鳩摩、三叉，首事繙譯，自茲以往，文字盛行。至南方緇徒，學博不及北派，而理解或過之。謝靈運云：諸公生天雖在靈運先，成佛必居靈運後。蓋南人自負之言也。隋、唐之際，崇風極盛。天台、法相、華嚴三宗，號稱教下三家，皆起於北。陳義閎深，說法博辯，而修證之法，一務實踐，疏釋之書，動輒汗牛，其學統與北朝經生頗相近似。惟禪宗獨起於南，號稱教外別傳。達摩入中國，首爲梁武帝所歸依，黃梅、大鑒，開山吳越。專憑悟證，不依文字，蓋與老、莊、陸、王頗符契焉。同一佛學，而宗派之差別若是，亦未始非地理之影響使然也。〔註10〕

從詞章上來看：

燕、趙多慷慨悲歌之士，吳、楚多放誕纖麗之文，自古然矣。自唐以前，於詩於文於賦，皆南北各爲家數：長城飲馬，河梁攜手，北人之氣概也；江南草長，洞庭始波，南人之情懷也。散文之長江大河一瀉千里者，北人爲優；駢文之鏤雲刻月善移我情者，南人爲優。蓋文章根於性靈，其受四圍社會之影響特甚焉。〔註11〕

從美術音樂上來看：

書派之分，南北尤顯：北以碑著，南以帖名；南帖爲圓筆之宗，北碑爲方筆之祖。遒健雄深，峻峭方整，北派之所長也，《龍門十二品》、《爨龍顏碑》、《弔比干文》等爲其代表；秀逸搖曳，含蓄瀟灑，南派之所長也，蘭亭、洛神、淳化閣帖等爲其代表。

〔註 9〕 梁啓超：《中國地理大勢論》，見劉夢溪主編：《中國現代學術經典·梁啓超卷》，石家莊：河北教育出版社 1996 年版，第 706 頁。

〔註10〕 梁啓超：《中國地理大勢論》，見劉夢溪主編：《中國現代學術經典·梁啓超卷》，石家莊：河北教育出版社 1996 年版，第 707 頁。

〔註11〕 梁啓超：《中國地理大勢論》，見劉夢溪主編：《中國現代學術經典·梁啓超卷》，石家莊：河北教育出版社 1996 年版，第 707 頁。

> 蓋雖雕蟲小技,而與其社會之人物風氣,皆一相肖有如此者,不亦奇哉!畫學亦然:北派擅工筆,南派擅寫意。李將軍之金碧山水,筆格遒勁,北宗之代表也;王摩詰之破墨水石,意象逼真,南派之代表也。音樂亦然。《通典》云:「祖孝孫以梁、陳舊樂,雜用吳楚之音,周隋舊樂,多涉胡戎之技,於是斟酌南北,考以古音,而作大唐雅樂。」直至今日,而西梆子腔與南崑曲,一則悲壯,一則靡曼,猶截然分南北兩流。由是觀之,大而經濟、心性、倫理之精,小而金石、刻畫、遊戲之末,幾無一不與地理有密切之關係。天然之力影響於人事者,不亦偉耶!〔註12〕

從風俗上來看:

> 其在風俗上,則北俊南孅,北肅南舒,北強南秀,北僿南華,其大較也。〔註13〕

梁啓超在比較南北文化不同時,一方面指出了其在開始就不同,即李延壽只是說明了六朝時期南北文化的差異,梁啓超則指出了早在春秋戰國時期,二者就有明顯差別,並指出其差別主要表現在儒道的差別;另一方面,梁啓超指出了南北文化的差異主要是由於其地理環境的因素造成的。因此他感慨:「地理與文明之關係,其密切而不可易,有如此者,豈不奇哉!」〔註14〕

(2)劉師培的觀點

繼梁啓超之後,劉師培在《南北學派不同論》中從諸子學、經學、理學、考證學和文學等各個方面論述了南北文化的差異。今擇其要點如下。

其論南北諸子學不同云:

> 楚國之壤,北有江漢,南有瀟湘,地為澤國,故老子之學起於其間。從其說者大抵遺棄塵世,渺視宇宙(如莊、列是也),以自然為主,以謙遜為宗,如接輿、沮溺之避世,許行之並耕,宋玉、屈平之厭世,溯其起源,悉為老聃之支派,此南方之學所由發源於澤

〔註12〕 梁啓超:《中國地理大勢論》,見劉夢溪主編:《中國現代學術經典·梁啓超卷》,石家莊:河北教育出版社1996年版,第707～708頁。

〔註13〕 梁啓超:《中國地理大勢論》,見劉夢溪主編:《中國現代學術經典·梁啓超卷》,石家莊:河北教育出版社1996年版,第709頁。

〔註14〕 梁啓超:《論中國學術思想變遷之大勢》,夏曉虹導讀,上海:上海古籍出版社2001年版,第31頁。

國之地也。由是言之，學術因地而殊，益可見矣。〔註15〕

其論南北經學不同云：

> 三國之時，經師林立，而南人之說經者有虞翻、包咸、韋昭，然師法相承仍沿北派。又當此之時，有杜預、王肅、王弼諸人（亦大抵北人），以義理說經，與漢儒訓詁章句學不同。魏晉以降，義疏之體起，而所宗之說，南北不同。北儒學崇實際，喜以訓詁章句說經。南人學尚誇誇，喜以義理說經。〔註16〕

其論南方理學特點云：

> 自周末以來，道家學術起於南方，迨及東晉六朝，南方學者崇尚虛無，祖述莊老以大暢玄風。又南方之疆與赤道近，稽其軌道與天竺同（中國南方之地在赤道北二十度至三十度之間，印度北部亦然，故學術相近），自達摩入中國，以明心見性立教，不立文字，別立禪宗，大江以南有昭明太子、劉靈預、陸法和咸崇其說，由唐至宋流風不衰，故南方之學術皆老釋之別派也。〔註17〕

其論南北考證學不同云：

> 要而論之，吳中學派傳播越中，於緯書咸加崇信，而北方學者鮮信緯書。徽州學派傳播揚州，於禮學咸有專書，而南方學者鮮精禮學。北人重經術而略文辭，南人飾文辭以輔經術，此則南北學派之不同也。昔《隋書·儒林傳》之論南北學也，謂南人簡約得其菁英，北人深蕪窮其枝葉。今關於近儒之學派，則吳越之儒功在考古，精於校讎，以博聞為主，乃深蕪而窮其支葉者也；徽揚之儒功在知新，精於考核，以窮理為歸，乃簡約而得其菁英者也。南北學派與昔迥殊，此固彰彰可考者矣。〔註18〕

其論南北文學不同云：

〔註15〕劉師培：《南北學派不同論》，見劉夢溪主編：《中國現代學術經典·黃侃劉師培卷》，石家莊：河北教育出版社1996年版，第733頁。

〔註16〕劉師培：《南北學派不同論》，見劉夢溪主編：《中國現代學術經典·黃侃劉師培卷》，石家莊：河北教育出版社1996年版，第734頁。

〔註17〕劉師培：《南北學派不同論》，見劉夢溪主編：《中國現代學術經典·黃侃劉師培卷》，石家莊：河北教育出版社1996年版，第736頁。

〔註18〕劉師培：《南北學派不同論》，見劉夢溪主編：《中國現代學術經典·黃侃劉師培卷》，石家莊：河北教育出版社1996年版，第752頁。

大抵北方之地土厚水深，民生其間，多尚實際。南方之地水勢
浩洋，民生其際，多尚虛無。民崇實際，故所著之文不外記事析理
二端。民尚虛無，故所作之文或爲言志抒情之體。〔註19〕

他認爲「惟荊楚之地僻處南方，故老子之書其說杳冥而深遠（老子爲楚國苦縣
人），及莊、列之徒承之（莊爲宋人，列爲鄭人，皆地近荊楚者也），其旨遠，其
義隱，其爲文也縱，而後反寓實於虛，肆以荒唐譎怪之詞，淵乎其有思，茫乎其
不可測矣。屈平之文音涉哀思，矢耿介，慕靈修，芳草美人，託詞喻物，志潔行
芳，符於二南之比興，而敘事紀遊遺塵超物荒唐譎怪，復與莊、列同」〔註20〕。

劉師培的主要觀點，與梁啓超略無二異。他立論的核心也在儒道文化的
不同上，並也強調了南北地理環境的巨大差異對文化的重大影響甚至是決定
性的影響：

東周以降，學術日昌，然南北學者立術各殊（南方學派起於長
江附近者也，而北方學派則起於黃河附近者也），以江河爲界劃，而
學術所被復以山國澤國爲區分。山國之地，地土磽瘠，阻於交通，
故民之生其間者，崇尚實際，修身力行，有堅忍不拔之風。澤國之
地，土壤膏腴，便於交通，故民之生其間者崇尚虛無，活潑進取，
有遺世特立之風。故學術互異，悉由民風之不同。〔註21〕

他認爲「五方地氣有寒暑燥濕之不齊，故民群之習尚悉隨其風土爲轉移」。〔註22〕

（3）王國維的觀點

王國維關於南北文化差異的論述，幾乎與劉師培同時。〔註23〕王國維《屈

〔註19〕劉師培：《南北學派不同論》，見劉夢溪主編：《中國現代學術經典‧黃侃劉師
培卷》，石家莊：河北教育出版社1996年版，第757頁。

〔註20〕劉師培：《南北學派不同論》，見劉夢溪主編：《中國現代學術經典‧黃侃劉師
培卷》，石家莊：河北教育出版社1996年版，第758～759頁。

〔註21〕劉師培：《南北學派不同論》，見劉夢溪主編：《中國現代學術經典‧黃侃劉師
培卷》，石家莊：河北教育出版社1996年版，第732頁。

〔註22〕劉師培：《南北學派不同論》，見劉夢溪主編：《中國現代學術經典‧黃侃劉師
培卷》，石家莊：河北教育出版社1996年版，第731頁。

〔註23〕據劉夢溪主編《中國現代學術經典‧黃侃劉師培卷》（石家莊：河北教育出版
社1996年版）第731頁，劉師培《南北學派不同論》原刊《國粹學報》第2、
6、7、9期，1905年3月25日至10月18日出版；姚淦銘、王燕編《王國維
文集》第一卷（北京：中國文史出版社1997年版）第30頁，王國維《屈子
文學之精神》發表於1906年《教育世界》總第140號。從發表時間來看，劉
師培略早。

子文學之精神》云：

> 我國春秋以前，道德政治上之思想，可分之爲二派：一帝王派，一非帝王派。前者稱道堯、舜、禹、湯、文、武，後者則稱其學出於上古之隱君子，或託之於上古之帝王。前者近古學派，後者遠古學派也。前者貴族派，後者平民派也。前者入世派，後者遁世派也。前者熱情派，後者冷性派也。前者大成於孔子、墨子，而後者大成於老子。故前者北方派，後者南方派也。〔註24〕

又云：

> 南方學派僅有散文的文學，如老子、莊、列是已。至詩歌的文學，則爲北方學派所專有。《詩》三百篇，大抵表北方學派之思想也。雖其中如《考槃》、《橫門》等篇，略近南方之思想。〔註25〕

考《考槃》一詩云：「考槃在澗，碩人之寬。獨寐寤言，永矢弗諼。考槃在阿，碩人之薖。獨寐寤歌，永矢弗過。考槃在陸，碩人之軸。獨寐寤宿，永矢弗告。」〔註26〕《橫門》一詩云：「衡門之下，可以棲遲。泌之洋洋，可以樂饑。豈其食魚，必河之魴。豈其取妻，必齊之姜。豈其食魚，必河之鯉。豈其取妻，必宋之子。」〔註27〕二者皆有隱居出世之意。可見，王國維也是將老子、莊、列看作南方文化的主要代表，將遁世無爲看作南方文化的核心精神。

王國維緊接著指出詩歌獨產於北方學派之中的原因在於北方學者的入世精神使他們周旋於社會之中，與社會之間的糾葛爲他們賦予了詩歌創作的題目和動機：

> 詩之爲道，既以描寫人生爲事，而人生者，非孤立之生活，而在家族、國家及社會中之生活也。北方派之理想，置於當日之社會中；南方派之理想，則樹於當日之社會外。易言以明之，北方派之理想，在改作舊社會；南方派之理想，在創造新社會。然改作與創

〔註24〕 王國維：《屈子文學之精神》，見姚淦銘、王燕編：《王國維文集》第一卷，北京：中國文史出版社 1997 年版，第 30 頁。

〔註25〕 王國維：《屈子文學之精神》，見姚淦銘、王燕編：《王國維文集》第一卷，北京：中國文史出版社 1997 年版，第 30 頁。

〔註26〕 〔宋〕朱熹：《詩集傳》衛一之五，王華寶整理，南京：鳳凰出版社 2007 年版，第 42 頁。

〔註27〕 〔宋〕朱熹：《詩集傳》陳一之十二，王華寶整理，南京：鳳凰出版社 2007 年版，第 94 頁。

作，皆當日之社會之所不許也。南方之人，以長於思辯，而短於實行，故知實踐之不可能，而即於其理想中，求其安慰之地，故有遁世無悶，囂然自得以沒齒者矣。若北方之人，則往往以堅忍之志，強毅之氣，恃其改作之理想，以與當日之社會爭；而社會之仇視之也，亦與其仇視南方學者無異，或有甚焉。故彼之視社會也，一時以爲寇，一時以爲親，如此循環，而遂生歐穆亞（Hamour）之人生觀。《小雅》之傑作，皆此種競爭之產物也。且北方之人，不爲離世絕俗之舉，而日周旋於君臣父子夫婦之間，此等在在皆以詩歌之題目，與以作詩之動機。此詩歌的文學，所以獨產於北方學派中，而無與於南方學派者也。〔註28〕

不過王國維認爲南方人的想像力要遠遠高於北方人，他說：

然南方文學中，又非無詩歌的原質也。南人想像力之偉大豐富，勝於北人遠甚。彼等巧於類比，而善於滑稽：故言大則有若北冥之魚，語小有若蝸角之國；語久則大椿冥靈，語短則蟪姑朝菌；至於襄城之野，七聖皆迷；汾水之陽，四子獨往；此種想像，決不能於北方文學中發見之。故莊、列書中之某分，即謂之散文詩，無不可也。〔註29〕

他的觀點與劉師培有一個重要的不同之處，他認爲屈原的文學不單單是南方文化的產物，而是南北文化融合的結晶。他說：

北方人之感情，詩歌的也，以不得想像之助，故其所作遂止於小篇。南方人之想像，亦詩歌的也，以無深邃之感情之後援，故其想像亦散漫而無所麗，是以無純粹之詩歌。而大詩歌之出，必須俟北方人之感情，與南方之想像合而爲一，即必通南北之騎驛而後可，斯即屈子其人也。〔註30〕

在王國維看來，熱烈入世，是北方人的感情；問天遠遊，是南方人的想像。南北文化的結合，誕生了屈原偉大的詩篇。

〔註28〕王國維：《屈子文學之精神》，見姚淦銘、王燕編：《王國維文集》第一卷，北京：中國文史出版社1997年版，第31頁。

〔註29〕王國維：《屈子文學之精神》，見姚淦銘、王燕編：《王國維文集》第一卷，北京：中國文史出版社1997年版，第31頁。

〔註30〕王國維：《屈子文學之精神》，見姚淦銘、王燕編：《王國維文集》第一卷，北京：中國文史出版社1997年版，第32頁。

3、當代學者的觀點

當代學者關於南北文化的不同又做了進一步研究，也表現在兩個方面：一是他們從哲學的產生及其影響上尋找南北文化的根本差異及其代表，即他們對江南文化與道家文化的關係作了更進一步的論述；二是他們在近代學者從各個方面論述南北文化差異的基礎上對南北文化的總體差異進行了哲學美學高度上的探索，並且將南方文化（廣義的江南文化）獨立出來進行研究，又進一步將江南文化（狹義的江南文化）從南方文化中獨立出來進行研究。〔註31〕

〔註31〕說明：由於地域文化研究的興盛和江南地區的重要地位，當代關於江南文化的研究如火如荼。從專著上來看，有李學勤先生等主編的《長江文化史》（江西教育出版社，1996，第二版）、美國學者林達‧詹森主編的《帝國晚期的江南城市》（上海人民出版社，2005）、美國學者施堅雅主編的《中華帝國晚期的城市》（中華書局，2000）、梅新林和陳國燦兩位先生主編的《江南城市化進程與文化轉型研究》（浙江大學出版社，2005）、江慶柏先生的《明清江南望族文化研究》（江蘇古籍出版社，2003）、樊樹志先生的《江南市鎮：傳統的變革》（復旦大學出版社，2005）、小田先生的《江南鄉鎮社會的近代轉型》（中國商業出版社，1997）和《江南場景：社會史的跨學科對話》（上海人民出版社，2007）、范金民先生的《江南儒商與江南社會》（人民出版社，2002）、王衛平先生的《明清時期江南城市史研究：以蘇州爲中心》等重要專門論述江南文化的著作。另外，許多論述中國文化或者某一朝代、某一類型文化的著作中涉及到江南文化的論述不知凡幾，與本文相關的內容將會在後文中提及，此處不再一一列舉。

從論文上來看，范金民先生的《明清江南城市文化研究舉要（1976～2000年）》（人文論叢，2003年卷）一文從城市佈局、城市文化、城市經濟、城市市場、城市商業與商人活動、城市功能與地位、城市人口與城市化、城市社會結構、城市社會組織、城市社會生活等十個方面對25年間的江南城市文化研究做了一個全景式的綜述。新世紀以來，唐力行先生的《多元與差異：蘇州與徽州民間信仰比較》（社會科學，2005.3）、小田先生的《竹枝詞之社會史意義——以江南爲例》（學術月刊，2007.5）、《民間傳說的社會史內涵——以一個江南市鎮的成長歷程爲依託》（河北學刊，2006.1）、《知識人的社會呈現及其意義——關於江南民間社會中南社的考察》（史學月刊，2005.1）、《社群心態的解讀——圍繞1933年的浙江鄉村調查而展開》（社會科學，2004.7）、《廟會儀式與社群記憶——以江南一個村落聯合體廟會爲中心》（民族藝術，2003.3）、陳江先生的《明代江南俗語所見之社會情態》（史林，2003.1）、何創明先生的《南唐崇儒之風與江南社會的文化變遷》（歷史教學，2003.10）、謝徵先生的《江南絲竹研究綜述》（作家，2007.14）、馬曉先生的《江南水鄉地域文化研究》（福建論壇，2007.9）、薛玉坤先生的《兩宋江南地區「冶遊」之風與詞人心理》（蘇州大學學報，2007.6）、沈習康先生的《江南遊風初探》（上海大學學報，2007.5）、潘清先生的《元代江南社會、文化及民族習俗的流變——以蒙古、色目人的移民對江南社會的影響爲中心》（學術月刊，2007.3）、馬學強先

（1）關於江南文化與道家文化關係的觀點

梁啓超、王國維、劉師培等學者的論述中，有一個非常鮮明的觀點是，他們都理所當然地認為老子是南方人，莊子和列子都是受南方文化影響很深的人物，道家學說是南方文化的產物。這對當代的長江文化、江南文化的研究者有重要影響，很多人都沿襲了這一觀點。

如有學者將南北文化的差異（即長江文化和黃河文化的差異）概括為道家文化和儒家文化的不同：

生的《16至20世紀中葉民間文獻中有關家族婚姻狀況的研究——對江南洞庭席氏家族的考察》（史林，2006.5）、宋立中先生的《論明清江南婚嫁論財風尚及其成因》（江海學刊，2005.2）、朱麗霞先生的《園林宴遊與文學的生態變遷——以明清之際雲間幾社的文學活動為例》（文藝理論研究，2007.4）、躍進先生的《江南的開發及其文學的發軔》（文學遺產，2007.3）、楊文虎先生的《意境範疇生成的南方文化因素》（江海學刊，2006.1）等論文分別從不同的角度對江南文化做出了出色的研究。

以上研究的總體特點是基本上都是傳統意義上的社會歷史文化研究，對江南文化的某一類型做出了歷史的考察，研究其起源、演變和發展的歷史過程。（於他們都是具體的研究而非一般的研究，不在本文的具體考察研究之列，因此只在此注腳中提及。）

與以上研究不同的是，劉士林先生的「江南詩性文化理論」的提出將江南文化的研究引上了美學的軌道。「江南詩性文化理論」從哲學的高度、美學的視角出發，但又充分利用感性的材料、直覺的能力，從西方文化中汲取理論資源，但又用深厚的中國話語，將江南文化的研究引向了一個全新的世界。

關於江南詩性文化理論，主要的研究成果有劉士林先生的《江南文化的詩性闡釋》（上海音樂學院出版社，2003年）、《西洲在何處》（東方出版社，2005年），以及他與萬宇合著的《江南的兩張面孔》（上海音樂學院出版社，2003年）、他主編的《江南文化讀本》（遼寧人民出版社，2008）、《江南文化精神》（上海大學出版社，2009）等。這些著作在學理上奠定了江南詩性文化理論的基礎。另外，李正愛的《魚稻文化對江南城市生活的影響》、朱逸寧的《江南都市文化的源流及發生》、姜曉雲先生的《研尋江南都市文化的美麗精神》、嚴明先生的《蘇州城市文化心態的傳承與變遷》、耿波的《金陵懷古詩中都市空間的產生》（均見於《江蘇社會科學》，2006.4），以及嚴明先生的《蘇州城市文化發展啓示錄》、李正愛等的《徽州鹽商與揚州城市文化藝術》、查清華先生的《晚明蘇州城市的人文形態——袁宏道詩歌文獻的文化學考察》、朱逸寧的《花間詞人與晚唐五代江南的城市文化》（均見於《河南大學學報》，2007.5）等論文也是江南詩性文化的重要研究成果。

江南詩性文化理論是一個關於江南文化研究的全新的理論，這一理論給江南文化命了名，因此具有重要的理論意義。不過，由於它的提出時間不長、研究也剛剛開始，一方面，其理論的細部還有一些值得改進的地方，另一方面，其研究的範圍還有許多待開墾的領域，而這一切構成了本文進一步研究的基礎。

　　　　我國是一個幅員遼闊的國度，由於地理形勢的差異而誕生出繽
　　紛多樣的文化。其中最主要的是由黃河和長江兩大河流孕育出來的
　　風格迥異的儒家文化和道家文化。〔註32〕

因此，老子和莊子也就自然地成為南方文化的代表：

　　　　道家，是在長江流域的荊楚地區孕育出來的一個學術流派。這
　　個學派的創始人老聃及其後繼的代表人物莊周都是楚國人。〔註33〕

著名學者方東美也持此論：

　　　　楚文化的發展，在文學上有屈原，在哲學上有莊子，都是富於
　　藝術的幻想，又空靈的意境；迥異於北方堅忍純樸的風格。〔註34〕

由於太史公明明記載莊子是「蒙人」〔註35〕，蒙離南方較遠，因此有的學者
就沒有說得那麼絕對，但仍然把莊子思想算作長江文化影響的結果：

　　　　道家學說的另一位代表人物是生活於戰國時代的莊子。據《史
　　記·老子韓非列傳》記載：莊子是宋國蒙縣人。宋國在今河南商丘，
　　位於黃河南側，河南省的中部，本來屬於黃河文化圈。但是，春秋戰
　　國時期，宋國不斷地遭到楚國的攻打，在武力相加的同時，楚文化也
　　必然隨之滲透到宋國去。另外，宋國本是殷商移民，而殷商文化具有
　　濃厚的尊崇鬼神的色彩，這與長江文化「信巫鬼，重淫祀」的傳統有
　　相通之處，所以，在楚文化伴隨著軍事征服的過程而在宋國的土地上
　　推進滲透的時候，自然容易得到接納。莊子的思想就是在這樣一種背
　　景下倒向了南方，成了道家學說的另一個傑出的大師。〔註36〕

基於此，玄學也被認為是長江文化的產物：

　　　　我們說玄學源於長江文化，是指玄學直接承襲著道家思想發展
　　而成，而道家學說又是長江文化中最傑出的代表。〔註37〕

〔註32〕馬良懷、徐華：《玄學與長江文化》，武漢：湖北教育出版社2004年版，第1
　　　　頁。
〔註33〕蕭漢明：《道家與長江文化》，武漢：湖北教育出版社2005年版，第17頁。
〔註34〕方東美：《新儒家哲學十八講》，見《方東美新儒家論著輯要》，北京：中國廣
　　　　播電視出版社1992年版，第478～480頁。
〔註35〕《史記》卷六十三《老子韓非列傳第三》，見《史記》第七冊，北京：中華書
　　　　局1959年版，第2143頁。
〔註36〕馬良懷、徐華：《玄學與長江文化》，武漢：湖北教育出版社2004年版，第23頁。
〔註37〕馬良懷、徐華：《玄學與長江文化》，武漢：湖北教育出版社2004年版，第2
　　　　～3頁。

也有的學者沒有明說老子與道家是江南文化的代表，但其行文卻暗示了這個意思，如：

> 江南地區地理環境上具有典型的「水鄉澤國」及山水秀美的特徵。……人們普遍認爲江南居民靈秀穎慧與江南的「水」性特徵相關，水性在中國傳統的思維中是與「柔」、「靈動」聯繫在一起的，《老子》中就有直接的反映。〔註38〕

也有的學者則一方面認爲莊子屬於北方學者，但同時又把他看作南方文化的代表，如論者一方面說：

> 北方文明是一個早熟的文明，在發軔期就成長出周孔、老莊、墨韓等聖人宗師和儒、道、墨、法、陰陽、名等集大成式的學術流派，形成了各自鮮明的學術思想。〔註39〕

這很顯然是說莊子是北方學者，但另一方面論者又說：

> 從學術的創新來看，似乎江南總是存在著異端的種子，這種對主流的反動使得中國的學術和思想不斷地創新，不斷地邁向新的高峰。早在戰國時期，南方的莊子的思想就是對儒家思想的批駁和反動。〔註40〕

這很顯然又把莊子當成了南方文化的代表。這一矛盾很可能並不是論者的疏忽，而是他深受道家文化是南方文化的產物這一觀點影響的結果。由於這一影響根深蒂固，所以，一方面，從莊子的出生地上，論者把他看作北方學者，另一方面，從文化類型上，論者又傾向於把他看作南方文化的代表。這一觀點和現象被概括爲：

> 屈原和莊子，在中國古代文化學術地圖上都屬於南方楚文化。其實莊子生於宋，應該算是北方人。但古代學者傾向於把莊子歸爲南方思想家，屬於「南人學問清通簡要」、「南人約簡，得其精華」一路，而不像北方「學問淵綜廣博」、「北學深蕪，窮其枝葉」。（中略）也就是說，這裡的南北之分，著眼於文化的地域特點，而非人

〔註38〕 景遐東：《江南文化與唐代文學研究》，北京：人民文學出版社 2005 年版，第 51～52 頁。。

〔註39〕 姜曉雲：《思想篇：萬物靜觀皆自得，四時佳興與人同》，見劉士林、洪亮、姜曉雲：《江南文化讀本》，瀋陽：遼寧人民出版社 2008 年版，第 293 頁。

〔註40〕 姜曉雲：《思想篇：萬物靜觀皆自得，四時佳興與人同》，見劉士林、洪亮、姜曉雲：《江南文化讀本》，瀋陽：遼寧人民出版社 2008 年版，第 388 頁。

　　的出生地。〔註41〕

也就是說，在人們的心目中，老莊道家文化屬於南方文化的範圍。他們是南
方文化的結晶和代表。

　　（2）「江南文化」概念的提出、演變以及總體特點研究

　　①江南文化概念的提出與廣義的江南文化概念

　　雖然關於江南文化的研究從許多方面吸納了上述相關理論，但「江南文
化」這一區域文化概念的提出則是 1980 年代後期的事了。據李書有先生所言，
江南文化這一概念的提出與 1986 年江南文化書院的成立有關：

　　　　「江南文化」是我們於 1986 年在籌建江南文化書院時，提出的
　　　　一個區域文化概念。1989 年在《新華日報》「一家之言」專欄，以
　　　　《江南文化初探》爲題作了概括論述。〔註42〕

他給江南文化做出的界定比較寬泛：

　　　　我國幅員廣大、地域遼闊，在長期的歷史發展中，因各地自然
　　　　環境和經濟發展的不同，形成了各具特色的區域文化。從整體看，
　　　　大體可以歸爲南北兩大系統：黃河流域的北方文化，人們通常稱之
　　　　爲黃河文化；長江流域（包括珠江流域和閩江流域）的江南文化，
　　　　也稱之爲長江文化。〔註43〕

從他的界定可以看出，他所指的江南文化就是長江文化，也大致等同於前面
所講的南方文化。他也以道家爲江南文化的代表：

　　　　春秋戰國時代百家爭鳴，在學術文化中形成了代表南北不同哲
　　　　學體系的兩大學派：北方以孔子爲代表重人倫的儒家學派；南方以
　　　　老子爲代表崇尚自然的道家學派。這兩大學派在中國文化發展史上
　　　　交互影響，成爲中國文化的兩大主流。〔註44〕

另外，他將考古成果引入了江南文化的研究，指出江南文化是一種「稻作文
化」：

　　　　黃河流域考古發現的古文化遺址都是粟粒的農作物，稱之爲「粟

〔註41〕楊文虎：《意境範疇生成的南方文化因素》，江海學刊，2006 年第 1 期，第 58
　　　　頁。
〔註42〕李書有：《論江南文化》，江蘇社會科學，1990 年第 4 期，第 66 頁。
〔註43〕李書有：《論江南文化》，江蘇社會科學，1990 年第 4 期，第 66 頁。
〔註44〕李書有：《論江南文化》，江蘇社會科學，1990 年第 4 期，第 66 頁。

作文化」：長江流域的考古發現，無論是河姆渡文化、良渚文化還是馬家浜文化都是稻穀，稱之為「稻作文化」。〔註45〕

李書有把江南文化的特點概括為五點：一是重智慧；二是重文采；三是主動；四是具有開放性；五是富有進取性。另外他還提到，江南文化富有批判意識和自我意識。〔註46〕他的觀點顯然是近代以來梁啓超等人的觀點的延續，但是用了「江南文化」這個明確的概念。另一值得注意的地方是，他認為江南文化「主動」與梁啓超的南主靜北主動完全相反。

②江南文化概念從廣義走向狹義

把對江南文化的研究使用在狹義江南上的以劉士林先生和景遐東先生為代表。劉士林在 2000 年左右開始了江南文化的研究，2005 年出版專著《西洲在何處——江南文化的詩性敘事》（北京：東方出版社）。景遐東的博士論文《江南文化與唐代文學研究》完成於 2003 年，2005 年正式出版（北京：人民文學出版社），那麼其開始準備也應該在 2000 年左右。因此可以說二人對江南文化的研究幾乎是同時開始的。

劉士林在李伯重先生和嚴耀中先生兩種關於江南範圍的觀點的基礎上給出了對江南的界定，他說：

> 在一般情況下，人們所使用的「江南」概念，主要來自於政治區劃、經濟地理及約定俗成的習慣用法。但由於約定俗成的一類基本上是根據前兩者而來，所以占主導地位的主要是政治與經濟的分類原則。這裡提供兩種關於江南概念的解釋，大體上可以代表人們對它的一般看法。其一是認為：「明清經濟史上的江南地區，應包括明清的蘇、松、常、鎮、應天（江寧）、杭、嘉、湖八府及由蘇州府劃出的太倉州。這一地區亦稱長江三角洲或太湖流域，總面積大約4.3 萬平方公里，在地理、水文、自然生態以及經濟聯繫等方面形成了一個整體，從而構成了一個比較完整的經濟區。」其二則是統合各種觀點從而得出一個「江南」區域來：「歷史上所說的江南有大體上範圍指長江中下游或長江下游的兩種說法，後來還有僅指蘇南及杭嘉湖平原的。而前一種說法多從政治上著眼，後一種說法則往往僅注目於經濟。……從縱觀約二千年的歷史著眼，並顧及政治、經

〔註45〕李書有：《論江南文化》，江蘇社會科學，1990 年第 4 期，第 66 頁。
〔註46〕李書有：《論江南文化》，江蘇社會科學，1990 年第 4 期，第 69～70 頁。

濟、文化等各個方面，故近世學者則常取其中間之說，即以長江下游爲江南者居多。」總之，江南的地理區域相當寬泛，各種說法之間也有不小的差別。它往北可以延伸到皖南、淮南的緣江部分，而往南則可以達到今天的福建一帶。但今天的長江三角洲一帶，無疑是江南文化的中心區域。〔註47〕

景遐東則在梳理了唐以前典籍對江南概念的使用，以及唐人對江南概念的廣義和狹義兩個層面的使用之後，給出了其論文中江南概念所指的範圍：

> 本書對「江南」的概念主要是在狹義的範疇上使用的，但又有變通。具體而言，是在唐人較爲普遍使用的江南區域範圍的基礎上，結合明、清以來日漸形成的狹義江南範圍來使用的。我們既不把浙江南部的接近閩的地區排除在外，也沒有將清後期屬於江南的揚州列入其中。可以說是將狹義的地理上的江南與文化意義的江南交叉融合。它是春秋吳越國的核心地區，是文化意義上典型的南方，當然也是廣義江南的最有代表性的地區。

> 具體而言，本書所指的「江南」是南方文化區的一個部分。我們知道，文化區是有著相似或相同文化特質的地理區域，又稱文化地理區。在同一文化區中，居民的語言、宗教信仰、生活習性、審美觀念、心理等方面都具有一致性，形成一種區別於其他文化區的區域文化特質。作爲文化性的區域，文化區與行政區往往不一致。文化區不是人爲的，而是在長期的社會發展中，主要因爲地理環境的差異而自然形成的。所以本書的「江南」概念，主要就是根據文化區域的歷史來確定的。蘇南地區和浙江地區所處環境相同，又有著久遠的吳越文化歷史淵源，是一個獨立的文化區域。而徽南地區，地理環境上與吳越緊密相鄰，文化特質與吳越基本一致，所以無疑應該歸入吳越文化體系，是江南文化的一部分。〔註48〕

這兩個從狹義上使用的江南概念基本上是一致的，而且也是人們潛意識裏關於的江南的概念界定。當人們說江南小橋流水、草長鶯飛時，其心目中的江

〔註47〕劉十林：《西洲在何處——江南文化的詩性敘事》，北京：東方出版社2005年版，第26～27頁。

〔註48〕景遐東：《江南文化與唐代文學研究》，北京：人民文學出版社2005年版，第31～32頁。

南就是狹義的江南。它以今天的長江三角洲爲中心，包括蘇南、浙江、徽南一帶。狹義的江南文化與楚文化同屬南方文化的一部分，雖然它在春秋戰國時期比不上楚文化的發達，不過自從六朝以後，它的實力開始上升，後來成爲南方文化的典型代表。這也是學者們在研究江南文化時往往引用前人關於南方文化的觀點的原因。之所以將劉士林和景遐東關於江南概念的界定大段引用，是因爲本文所論述的江南的範圍，也是指這一狹義的江南概念。

③關於江南文化總體特點的論述

景遐東認爲，江南文化經過數千年的發展，在魏晉以後經歷了巨大的轉變。而唐代作爲數千年江南文化發展史上的重要一環，爲江南文化充實了新的因素，構成了新的特質，江南文化的主要內涵至此也已經比較穩定。他認爲文化的地域特徵取決於自然環境因素，但更取決於人文環境因素，在這個意義上，他總結了唐五代以前江南文化的傳統特質。今摘其要點如下。

一是江南文化具有柔性的特點。「江南山川秀美，氣候溫暖，水域眾多，人性普遍較靈秀穎慧，利於藝術。」〔註 49〕這種特徵在遠古時期江南的玉文化開始展現，隨著歷史的推移，江南經濟文化地位不斷上升，表現得越來越突出。江南濱海臨江，湖港相連，河道縱橫交錯，水系發達；氣候四季分明，濕潤溫和，雨量充沛，草木繁盛植被豐富，自然生態環境良好。生活在江南清麗自然環境中的人性情多柔和，多傾向飄逸、靈動。情感細膩而思維活躍。青山秀水，茂林修竹，不僅使人們熱愛自然，也促使人們感覺敏銳，啓迪遐思，更可以滋潤人的靈性。故而江南在經濟發展以後，藝術文學不斷發展。從南朝開始，江南士人性情多清俊秀逸，與山東士人的儒雅、敦厚，關隴、燕趙士人的剛直、豪爽構成鮮明的對比。江南文學作品也相應崇尚清秀俊逸與自然婉麗的風格。這些都反映了江南文化的柔性特點。

二是江南文化具有剛性的特點。其原因也是與江南的水文化有關。由於江南水系發達，河網縱橫，早期居民多以採捕爲生。水有柔的一面，但也有險惡的一面，易於發生災害。「在長期的征服江河海洋的過程中，江南居民又養成剛毅的品性，形成心胸曠放、豪邁勇武的氣質。」〔註 50〕如早期大禹爲民除害治

〔註 49〕 景遐東：《江南文化與唐代文學研究》，北京：人民文學出版社 2005 年版，第51 頁。

〔註 50〕 景遐東：《江南文化與唐代文學研究》，北京：人民文學出版社 2005 年版，第53 頁。

理水災的傳說，體現了不怕挫折勇於犧牲的剛強品性。而吳、越舉世聞名的青銅鑄劍和令人迴腸盪氣的兩國爭霸使這種剛性特徵表現得更爲突出。典籍中對江南居民愛劍好勇、輕死易發的記載，就說明了早期江南的這種剛性特徵。六朝時期，上層社會已經普遍崇尚文教，但下層的民風還是勇悍剛強的。唐代的江南尚文已占主導地位，但好武之風也未完全消失。這種情況到宋朝依然存在。這種剛性的特點在江南文士的身上也有很大影響，具體表現爲其性情的豪縱不羈，愛打抱不平，江南文士身上都有一種清狂豪邁奔放灑脫之風。如魏晉南北朝時代，江南地區文士多崇尚自然，追求精神的自由不羈。東晉以後，北方士人南下帶來了尚老莊的玄風，這種放誕精神融入江南的風俗中，成爲南朝文士精神的突出表現。唐代亦然，江南文士在魏晉玄學、名士風流以及佛道思想的影響下，狂逸、放曠的人生態度非常突出。這都是江南文化的剛性精神在江南文士身上的表現。江南文化的剛性特徵與柔性特徵是並存的兩個方面，早期剛性顯著一些，魏晉以後柔性顯著一些，但還沒有完全失去勇悍的剛性特徵，江南文化全面的細、柔恐怕要到明清以後。

　　三是江南文化具有開放性與包容性的特點。江南文化「自遠古以來就不斷地吸收、融合著其他區域文化」〔註51〕顯示了其開放性、包容性。江南文化的開放性是其不斷向前發展的重要原因，也使得它內涵豐富、個性鮮明。江南文化的發展是與其他異域文化的相互學習、相互汲取分不開的，吳立國之始乃因太伯奔吳，正說明了這種交流由來已久。秦統一中國後，採取大規模徹底的文化統一政策，並開始大規模移民江南。江南文化的個性被中原文化所掩蓋，但也正是由於中原文化的強勢影響，而使江南文化接受了新的充實與整合而蓄勢待發。東漢以後江南的文化優勢就開始逐漸建立起來了，後來許多著名的江南人物其先祖都是此時從北方遷移到江南的。六朝時期佛教在江南的迅速發展以及唐代禪宗在江南的廣泛流播都說明了江南文化的開放性。唐代安史之亂中及其後北方士人大量避居江南，江南本土士民對待其中的富有才學之士往往是欽佩有加，而且江南子弟多跟從這些南來的文士遊歷。江南沿海在唐代還是對外交流的重要口岸，這也易於使人視野開闊，容易接受異地文化。

　　四是江南文化具有突出的崇文特徵。吳越地區物產豐饒，漢代就很有名。

〔註51〕景遐東：《江南文化與唐代文學研究》，北京：人民文學出版社 2005 年版，第 60 頁。

東晉以後，漢族政權南遷，對江南的不斷開發，使得江南經濟實力進一步增強，這又直接刺激了文教的興盛。再加上東晉南朝的統治者多愛好文學，對江南文學的發展也起到了推動作用，江南士族多以文才相尚。「東晉南朝世家大族擁有政治與文化雙重優勢，使得他們的內部出現眾多文學藝術之士，甚至代代相傳，出現眾多文學藝術世家。」〔註52〕這種崇文尚學的風氣，對後來的江南社會產生了深入持久的影響。在後人的心目中，江南無疑是人文勝地。

④江南詩性文化理論的提出

如果說景遐東的研究還主要是爲他的唐代文學研究服務，因此單純論述江南文化特點的篇幅還比較少的話，那麼劉士林則是比較純粹地研究江南文化的內涵，出版了一系列關於江南文化研究的論文、專著和散文集。近年來，劉士林在對中國恃性文化研究的基礎上，提出了江南詩性文化的理論。這一理論一方面是其理論研究的內在發展結果，即由中西文化比較研究到南北文化比較研究的轉變的結果，另一方面也是對前人關於南北文化比較研究中提出的南方文化、江南文化特點的理論總結。前面所列舉的學者們關於南方文化、江南文化的種種特徵，似乎都可以用「江南詩性文化」這一概念進行概括。「江南詩性文化」理論要點如下。

首先，中國詩性文化有南北之分。北方以齊魯詩性文化爲代表，是一種政治——倫理型的詩性文化；南方則以江南詩性文化爲代表，是一種詩性——審美型的詩性文化：

> 與北方那種充滿政治倫理內涵的詩性文化不同，江南詩性文化
> 在氣質上完全是藝術的與審美的⋯⋯（中國詩性文化）有兩個系統，
> 一個是以政治倫理爲深層結構的「北國詩性文化」，另一個是以審美
> 自由爲基本理念的「江南詩性文化」。〔註53〕

北國詩性文化以齊魯文化爲代表，沾染了太多的道德色彩，儒家的審美活動不夠純粹，它經常發生的一個異化，就是以道德代替審美，這種審美特徵不夠清晰的狀態可以看作是中國詩性文化的初級階段。而在江南文化中，存在著一種最大限度地超越了儒家實用理性、代表著生命最高理想的審美自由精

〔註52〕景遐東：《江南文化與唐代文學研究》，北京：人民文學出版社 2005 年版，第64 頁。

〔註53〕劉士林：《西洲在何處——江南文化的詩性敘事》，北京：東方出版社 2005 年版，第 211 頁。

神。中國民族本性中的「審美──詩性」機能，正是在這裡獲得了健康成長的最好環境。可以說，人文精神發生最早、積澱最深厚的中國文化，正是在江南詩性文化中才實現了自身在邏輯上的最高環節。一句話，江南文化中的詩性人文，或者說江南詩性文化本身就是中國人文精神的最高代表。在江南民族與江南文化中，很可能存在著一種完全不同於北方民族「倫理在前，審美在後」的審美活動方式，中國民族的審美機能也很可能從一開始就獨立存在於江南文化之中，而不是後天積澱的經驗產物。江南詩性文化，代表著這個實用民族異常美麗的另一半。

其次，江南詩性文化與北國詩性文化的區別源自中國文明的多元起源，即中國文明不是黃河文明一枝獨秀的結果，以往的黃河中心論──中華文明的起源是一元的，其中心在黃河中下游，由之向外傳播，以至各地──是錯誤的；中國文明的起源是多元的，在黃河文明之外，存在著獨立的長江文明。這裡論者主要引用了李學勤先生的觀點，論者轉引了五個方面的證據來論證長江文明的獨立存在：

第一，早自史前時代，長江地區已有相當高度的文化。例如浙江的河姆渡文化，年代不晚於仰紹文化，而有著很多自身的特點，其發達程度已使許多人深感驚奇。第二，夏商週三代的中原文化，不少因素實源於長江流域的文化。比如說三代最流行的器物紋飾饕餮紋，便很可能係自江浙一帶良渚文化玉器上的花紋蛻變而成。第三，從上古到三代，南北之間的文化交往實未間斷。以前人們總是過份低估古人的活動能力，以致長江流域一系列考古發現都出於人們意外。最近四川廣漢三星堆商代器物坑和江西新幹大洋洲商代大墓的發現，轟動海內外，是最典型的事例。第四，中原王朝在很多方面，其實是依賴於南方地區。一個例子是，商周時期十分繁榮的青銅器工藝，其原料已證實多來自南方。在江西、湖北、安徽等地發現了當時的銅礦。還有線索表示，有的原料或許出於雲南（有待進一步證實）。第五，南方還存在通向異國的通道。已有一些科學證據告訴我們，早在商代便有物品從東南亞來到殷墟，同時商文化的影響也伸展至遙遠的南方。〔註54〕

〔註54〕詳閱李學勤：《長江文化史》，南昌：江西教育出版社1995年版，序言第7～8頁、第3頁。

長江文化不是黃河文化傳播的產物，而是獨立於黃河文化之外的存在。這一事實說明了中國的南北文化不僅差別巨大，而且這種差別在它們的童年時代就已經表現出來了。中國文化中的「『江南審美——詩性』與『北方政治——倫理』這一原始的二元對立，不是後天經驗的產物，而是一種近乎先天的東西，是這個民族與生俱來的天性。由此作進一步的引申，即中華民族的審美機能與詩性精神，不是如李澤厚所說的那樣在歷史實踐中逐漸從政治、倫理等實用精神分離出來的，而是從一開始就有自己獨特的審美本體內涵，並且正是它自身在時間長河中不斷發展、生長和走向澄明的結果」。〔註55〕

再次，江南詩性文化的軸心期是魏晉南北朝時代。在江南民族的種種準備和積累中，最根本的是從「好勇」到「尚文」的轉換。他們不是憑藉祖傳的膂力過人、技擊以及諸如越王劍、吳王戈一類的形而下的東西，而是通過學習文化知識、改變野蠻人簡陋的人生觀念與自然生活方式，從而實現了他們自身在歷史上的翻身解放。這一轉變發生在魏晉南北朝時代。這就產生了一個疑問：在共同的苦難現實面前，爲什麼只有江南發生了新的精神覺醒，而北方的審美趣味則停滯不前？這是因爲，在江南地區，江南軸心期直接產生的以個體死亡意識爲基礎的「心理痛感」在精神覺醒過程中轉換成爲以生命精神爲最高理想的詩性情調。「正是在這樣一種內在的精神歷程之後，一種不同於北方道德愉悅，一種眞正屬於江南文化的詩性精神，才開始在血腥的歷史風雲中露出日後越來越美麗的容顏。由此可以得出一個結論：江南本身是南朝文化的產物，它直接開放出中國文化『草長鶯飛』的審美春天。在它的精神結構中充溢的是一種不同於北方政治倫理精神的詩性審美氣質。也可以說，儘管和北方與中原一樣共同遭受了魏晉南北朝的混亂與蹂躪，但由於它自身天然獨特的物質基礎與精神條件，因而才從自身創造出一種完全不同於前者的審美精神覺醒。它不僅奠定了南朝文化的精神根基，同時也奠定了整個江南文化的審美基調。從此，中國民族審美意識才開始獲有了一個堅實的主體基礎，是過於政治化的中國文明結構中出現了一種來自非功利的審美精神的制約與均衡：一方面有充滿現實責任感的齊魯禮樂來支撐中國的現實實踐，另一方面由於有了這種可以超越一切現實利害的生命愉快，才使得在

〔註55〕劉士林：《西洲在何處——江南文化的詩性敘事》，北京：東方出版社 2005 年版，第 21 頁。

前一種生活中必定要異化的生命一次次贖回了它們的自由。所以說正是有了這『半壁江山』，中國文化的基本構架才眞正明確下來。如果說北方文化是中國現實世界最強有力的支柱，那麼江南文化則構成了中國民族精神生活的脊樑。」〔註56〕

　　第四，江南詩性文化的理論是從江南文化精神的本質方面來講的，江南文化中不是沒有倫理，但它不能代表江南文化精神的本質。「在討論這個問題時，必須防止一種誤解，即以爲我們要說江南是沒有倫理的。因爲實際情況是，在江南的某些地區與生活中，它往往有著比北方文化圈更嚴格的倫理規範。如徽州地區的貞節牌坊就是一種物證。在這裡必須強調的是，所謂的合法性，是指在對江南文化進行詩性闡釋時的合法性。進一步說，是要在邏輯上把倫理江南與審美江南區分開，以便在這個基礎上分辨誰更能代表江南文化的精神本質，而誰僅僅是作爲北方齊魯文化的衍生物而存在的。在獲得了這個思路之後，不難發現，倫理敘事只是一種傳播進來的東西，是借助於敵視審美精神的政治意識形態的力量，才在江南文化中延續下來的。並且，它只有借助不斷的壓抑才能維繫自身搖搖欲墜的存在。由此可知，在解釋江南文化時，倫理語境的合法性是有限的，而在討論詩性江南時則是完全缺乏證據的。」〔註57〕

　　最後，江南詩性文化的出場具有重要的現代意義。當代中國面臨著現代化過程中自我與他人之間日益嚴重的分裂與對立的精神困境。在中國傳統文化中，只有江南詩性文化才能提供解決這一現實問題的精神資源。「江南詩性文化最重要的現代性意義就在於，它最有可能成爲啓蒙、培育中華民族的個體性的傳統人文資源。儘管它主要的局限在情感機能方面，不夠全面，但畢竟是來自中國文明肌體自身的東西，也是我們所能設想的最有可能避免抗體反應的文化基因。在這個嚴重物化、欲望化的消費時代中，如何守護與開放好這一沉潛的詩性人文資源，如何依據它提供的原理創造出一種詩化新文明，就是在江南重新發現中國詩性文化的根本目的。」〔註58〕

〔註56〕 劉士林：《西洲在何處──江南文化的詩性敘事》，北京：東方出版社 2005 年版，第 38～39 頁。

〔註57〕 劉士林：《西洲在何處──江南文化的詩性敘事》，北京：東方出版社 2005 年版，第 40 頁。

〔註58〕 劉士林：《西洲在何處──江南文化的詩性敘事》，北京：東方出版社 2005 年版，第 213 頁。

（二）關於江南文化研究的兩個誤區：對上述觀點的評論

如前所述，關於江南文化的研究，古代學者主要是從南北朝時期的學術上進行總結的；近代學者一方面擴大了南北文化比較研究的範圍，另一方面指出了南北文化的差異是由南北地理環境的不同造成的；當代學者則指出南方文化根本上屬於道家文化，而且他們提出了「江南文化」的概念，進一步將其範圍縮小到今天的長江三角洲一帶，並且從總體的哲學美學的高度總結江南文化的特點，特別是形成了「江南詩性文化」這一理論成果。

以上的觀點具有一脈相承性，都發源於《世說新語》對於南北文化差異的論述。仔細考察下來，上述觀點存在兩個問題：一是誇大了地理環境對文化的影響，認為南北文化的不同皆是由於地理環境的差異造成，落入了地理環境決定論的誤區，關於這一點梁啓超和劉師培的論述最為明顯；二是認為道家文化是南方文化的產物，本然地認為道家文化是南方文化的代表，甚至將南方文化等同於道家文化。由於這兩個根本的誤區，上述觀點雖然揭示出了很多江南文化的特點，但總令人有這樣一種感覺，即它們得以立論的基礎不甚牢固。因此，必須首先對這兩個根本問題進行破除，走出這兩個誤區，我們才能接著「江南詩性文化」理論進行進一步的探索。

1、關於道家文化是南方文化的產物和代表這一觀點的破除

（1）老子不是南方人

如前所述，許多學者理所當然地認為老子、莊子及道家文化是南方文化的代表，似乎這是一個不證自明的觀點。然而，事實是怎樣的呢？仔細想來，完全不是如此。老子、莊子不是南方人，道家文化也不是南方文化的產物。其實，這無須多加證明，但由於把老莊道家看成是南方文化代表的觀點根深蒂固，所以還是有必要多方舉證，以徹底清理這一觀點，首先讓我們從老子不是南方人談起。

雖然《史記》卷六十三《老子韓非列傳》裏關於老子的記述有李耳、老萊子、太史儋等三種說法，但老子實有其人應該是可信的，其傳說不一正因為他如本傳所說是「隱君子」〔註59〕的緣故。鍾泰云：

> 孔子適周問禮於老子，見於《史記》，見於《莊子》之書，而《論

〔註59〕《史記》卷六十三《老子韓非列傳第三》，見《史記》第七冊，北京：中華書局1959年版，第2142頁。

語》記孔子自言，亦曰：「述而不作，信而好古，竊比我於老彭。」
（老彭即老子，近人廉江江瑔著《讀子巵言》，有論老子之姓氏名字，
甚爲可據）則其事必有。〔註60〕

王叔岷亦云：

老子後代明白可稽，則老子非神仙之列。……老子蓋晚年得子，
宗爲其子，當亦可信。〔註61〕

關於老子的籍貫的具體地點，有兩種說法。一是苦縣人。《史記》本傳記載爲
楚國苦縣人。對此，鍾泰說：

老子姓李，名耳，字耼。其曰老子者，則古稱壽考者之號。生
於楚之苦縣屬鄉曲仁里。苦縣當老子時屬陳，司馬遷《史記·老子
列傳》以其後追述之，實非楚人也。〔註62〕

可見老子即使是苦縣人，也應該是陳國苦縣人，說他是楚國苦縣人，只是後
來由於陳國滅亡於楚，苦縣也隨之歸楚，司馬遷「以其後追述之」，老子才被
認爲是楚國人。實際上老子應爲陳國人。《史記集解》認爲楚滅陳的時間爲楚
惠王十年〔註63〕，錢穆《先秦諸子繫年》認爲是楚惠王十一年，西曆紀元前
478 年。〔註64〕按照公認的觀點，此前一年即公元前 479 年孔子以七十三歲的
高齡去世，由於老子比孔子大許多，根據常理推斷，無論陳亡的時間是楚惠
王十年（公元前 479 年）還是楚惠王十一年（公元前 478 年），老子都很可能
已經不在人世了。那麼老子就根本不是楚人。即使老子在世，他也已經很大
年齡了，思想早已形成，無所謂楚文化的影響。而且按照張吉良先生的觀點
——老子「可能在楚滅陳之後流亡秦國而死」〔註65〕——楚滅陳後，老子流
亡到了秦國，也無所謂楚文化的影響。

　　關於老子籍貫的另一個說法——相縣人——也與楚國無關。馬敘倫認爲
老子是宋國相人，其論述如下：

《史記》曰：「老子者，楚苦縣屬鄉曲仁里人也。」《列仙傳》
曰：「陳人。」邊韶《老子銘》：「楚相縣人。」陸德明《老子音義》

〔註60〕　鍾泰：《中國哲學史》，北京：東方出版社 2008 年版，第 13 頁。
〔註61〕　王叔岷：《先秦道法思想之講稿》，北京：中華書局 2007 年版，第 29 頁。
〔註62〕　鍾泰：《中國哲學史》，北京：東方出版社 2008 年版，第 13 頁。
〔註63〕　《史記》卷四十《楚世家》云：「是歲也，滅陳而縣之。」《集解》徐廣曰：「惠
　　　　　王之十年。」見《史記》第五冊，北京：中華書局 1959 年版，第 1718、1719 頁。
〔註64〕　錢穆：《先秦諸子繫年》，石家莊：河北教育出版社 2002 年版，第 556 頁。
〔註65〕　張吉良：《中國古典道學與名學》，濟南：齊魯書社 2004 年版，第 25 頁。

曰：「老子姓李，名耳，（河上云：名重耳，字伯陽，陳國苦縣屬鄉人也）《史記》云：字聃；又云：仁里人；又云：陳國相人也）。」梁玉繩曰：「《四書釋地·又續》曰：『苦縣屬陳，老子生時，地尚楚未有。陳滅於楚惠王，在春秋獲麟後三年，孔子已卒，況老聃乎？史冠楚於苦縣上，以老子爲楚人者，非也。』余因考葛洪《神仙傳》謂苦縣人；邊韶《老子銘》謂楚相縣人，春秋之後，『相縣荒虛，今屬苦』者，並乃《史記》之誤。惟皇甫謐《高士傳》云陳人，《經典釋文·序錄》云陳國苦縣人，固未嘗誤，然《禮·曾子問疏》引《史記》作陳國苦縣，豈據別本乎？！」（《史記志疑》二七。）倫案司馬遷記漢以前人，詳其所生之地者，惟孔子與老子。而他所記，若顏回魯人，孟軻鄒人，張儀魏人，則記其國而不地；若莊子蒙人，申不害京人，則記其地而不國；若蘇秦東周洛陽人，李斯楚上蔡人，則並國與地記之。亦並無所詭，獨於老子以爲楚苦屬鄉曲仁里人也。而苦於春秋之際，尚不屬陳，將以陳亡於楚惠王，當獲麟後之三年。世傳老子老壽，與孔子同時，未必即死於春秋時，則陳之相已入於楚之苦，故從而楚之耶？傳言老子玄孫假仕於漢文帝，而假子解爲膠西王卬太傅，則所以詳其鄉里者，豈得之於其家耶？若然，則不宜詭陳之相爲楚之苦，將從時王之制耶。苦於漢屬淮陽國，余謂遷之所記，蓋曰「相人」也，與莊子蒙人、申不害京人者一例。邊韶《老子銘》曰「相人」者，蓋本之遷。（遷以太史公爲《史記》，其書藏於官，故漢世諸王有請其書，而漢亦嘗以五宗世家外戚世家賜諸王，外戚詔受命爲文，宜本之也。）或詔以爲相之地，不見於春秋，而苦有相，苦故楚縣，因曰楚相縣人。至《高士傳》曰「陳人」者，又本《列仙傳》；陸德明曰「陳國苦縣」者，春秋之陳無苦，漢則陳與苦並屬淮陽國，惟東京有陳國而苦屬之，則非遷文明矣。況檢之《史記》，詞例又不然耶，且陸氏於「《史記》云『字聃』」下又有「又云：『仁里人』」（《序錄》作「曲里人」），又云：「陳國相人也。」然則所謂「陳國苦縣賴鄉人」者，不本於《史記》明矣。依陸所見《史記》本作「陳國相人」，雖陳國之詞，《史記》無此例，而其本作相人則可證也。惟依所引《史記》既曰「仁里人」，又曰「陳國相人」，相是大名，仁里小名，可以並舉，何煩別舉而複人字？余疑今之陸書，蓋有偽矣。（《音義》有誤，事據甚眾）其本文當曰：「河上

云：『姓李，名重耳，字伯陽，陳國苦縣賴鄉曲仁里人』。《史記》云：『名耳，字聃，相人也。』」寫訛成今文耳。然則「陳國苦縣屬鄉曲仁里人」者，蓋本之河上注矣。且邊韶曰：「相縣荒虛，今屬苦，故城猶存，在賴鄉之東。」又《水經注》二三曰：「穀水又東逕賴鄉故城南……穀水自此東入渦水，渦水又北逕老子廟東……」又引永興元年譙令長沙王阜所立碑云：「老子生於曲渦間。」（永興爲桓帝第四改元，阜碑猶在韶《銘》前）則穀水經賴鄉而東爲渦水，老子生曲渦，又在渦北，是均可證老子非賴鄉人也。《水經注》曰：「渦水又屈東逕相縣故城南。」此與邊韶所謂「渦水處其陽」者合。然則渦經相而不經賴，老子自是相人。邊言「楚相縣人」而不曰「屬鄉曲仁里人」，則明於相與屬之不相屬也。今《史記》所記老子生地，非遷本文，益可證矣。且邊記在前，王阜、邊韶撰文不容不稽，而二碑與傳皆不合。漢初尚黃老，老子玄孫假、假子解皆仕於漢，與遷相接，遷又爲太史公，何以訛誤若此；又遷尊孔子，猶不記闕里之名，乃於老子獨具其鄉里委曲若此；並可疑者也。司馬貞謂「字聃」一本作「字伯陽」非正也，則遷文經人刊改，確有事據，獨貞見不及此耳。尋《漢書‧地理志》「淮陽國苦縣」，顏師古注引《晉太康地記》曰：「城有賴鄉祠，老子所生也」，《續漢書‧郡國志》曰：「陳國苦，春秋曰相，有賴鄉。」劉昭注引《古史考》曰：「有曲仁里，老子里也。」蓋自韶《銘》出，爲神仙之術者，因而張之，誤讀韶《銘》以爲老子生於賴鄉，又有以阜之碑附成曲仁里名。故葛洪爲《神仙傳》，即聯而書之曰「楚苦縣賴鄉曲仁里人也」。僞河上公者，知楚之不然，則易楚爲陳，而讀者據以改《史記》矣。《列仙傳》亦漢季之書，猶不記老子鄉里，韶《銘》亦不及此，則此說出於韶以後可知。《水經注》猶未嘗用此說，陸氏所引《史記》猶曰相人，則刊改蓋在唐世。復次，老子固陳之相人耶？亦無確證。相爲陳地，不見春秋《經》、《傳》。《楚策》曰：「魏將出兵，而攻陳留、方與、銍、胡陵、相、碭、蕭，故宋必盡。」所謂相者，即《漢書‧地理志》沛郡之相，而《春秋‧桓十五年》會於袤者也，於春秋戰國皆爲宋地。《莊子》載孔子、陽子居皆「南之沛見老聃」，沛與所謂陳之相者，相距甚遠，而《楚策》所謂相，沛之近地，然則老子其客於沛耶？抑爲沛之相人也。春秋之際，惟齊有沛。昭二十年《左

傳》「齊侯田於沛」。杜預注曰：「沛，澤名。」則即《漢志》之沛縣。
《水經注》所謂昔許由隱於沛澤，縣即澤爲名者也，又豈沛屬齊而
相屬宋耶？（《魏策》：「楚破南陽九夷，内沛許鄢陵危。」）程恩澤以
爲「沛」即「沛澤」。然楚破南陽九夷。入沛而許鄢危，則沛當在南
陽九夷至許鄢陵間，灼然可知。沛澤之沛，東西相距千餘里，可證
程説非是。）《史記‧宋世家》君偃時，「東敗齊取五城」，雖不知其
地所在，然言東敗齊，疑沛即於是時取之齊。莊子生當君偃之世，（詳
余所撰《莊子年表》。）即其時之地而言之，沛與相近，老子蓋嘗居
之，而其生則相人也。故《史記》謂之相人。然則老子宋之相人，
非陳之相人。〔註66〕

按，這也與楚無關，老子是北方人。

除了老子的籍貫與楚無關外，老子的行跡也基本上沒有涉及到楚國。《史
記》本傳云：

老子修道德，其學以自隱無名爲務。居周久之，見周之衰，乃
遂去。至關，關令尹喜曰：「子將隱矣，強爲我著書。」於是老子乃
著書上下篇，言道德之意五千餘言而去，莫知其所終。

對於這一段記載，《索隱》引李尤《函谷關銘》云：「尹喜要老子留作二篇，
而崔浩以尹喜又爲散關令是也。」《正義》引《抱朴子》云：「老子西遊，遇
關令尹喜於散關，爲喜著道德經一卷，謂之老子。」或以爲函谷關。又引括
地志云：「散關在岐州陳倉縣東南五十二里。函谷關在陝州桃林縣西南十二
里。」《集解》引《列仙傳》曰：「關令尹喜者，周大夫也。善內學星宿，服
精華，隱德行仁，時人莫知。老子西遊，喜先見其氣，知眞人當過，候物色
而迹之，果得老子。老子亦知其奇，爲著書。與老子俱之流沙之西，服臣勝
實，莫知其所終。亦著書九篇，名關令子。」《索隱》云：「《列仙傳》是劉向
所記。物色而迹之，謂視其氣物有異色而尋迹之。又按：《列仙傳》：老子西
遊，關令尹喜望見有紫氣浮關，而老子果乘青牛而過也。」〔註67〕由此可知，
關尹爲周大夫，其關在北方，與江南無關；而老子乘青牛、西出關也與江南
無關。

〔註66〕馬敍倫：《老子姓氏名字鄉里仕宦生卒考》，見馬敍倫：《老子校詁》，上海：
　　　上海古籍出版社1956年版，第23～25頁。
〔註67〕以上兩自然段之原文及注釋俱見《史記》卷六十三《老子韓非列傳第三》，見
　　　《史記》第七冊，北京：中華書局1959年版，第2141頁。

又根據張吉良的推論，「孔子適周問禮，見老耼」當在公元前 522 年，老子「居周久之，見周之衰」適值公元前 520～516 年的周室內亂時期。老子離開周室的時間很可能是在公元前 516 年，之後，老子曾「駐魯，歸沛，遊秦，客陳。可能在楚滅陳之後流亡秦國而死」。〔註 68〕可見老子一生行跡所至為周、魯、沛、秦、陳（按，如果按照馬敘倫的觀點，應是宋而不是陳，不過二者皆在北方，不影響我們的結論），皆在北方，與楚國關係不大。而且在楚滅陳之後流亡秦國，更加說明楚國不僅不是他的父母之鄉，而且是他的仇讎之國。

柳詒徵指出：「老子生於陳而仕於周，並非楚人。世之論者，以《史記》有『楚苦縣人』一語，遂以老子為楚人。因以其文學思想，為春秋時南方學者之首領，並謂與孔子之在北方者對峙（其說倡於日本人，而梁啓超盛稱之）。實則苦縣故屬陳，老子生時，尚未屬楚，《史記索引》、《正義》言之甚明。……借令其地屬楚，亦在淮水流域，距中夏諸國甚邇，未可以南北判之也。」〔註 69〕總之，老子不是楚國人，更不是南方人，他一生的行跡也基本上與南方無關，因此也根本談不上是南方文化的代表。

（2）老子不是南方人餘論

我們論證了老子不是南方人，但於理還有未安處。《史記》本傳除記載了「老子」外，還記載了兩個疑似「老子」的人，即老萊子和太史儋，有必要對二者加以論述。

學者們關於老子、老萊子、太史儋的論述可謂眾說紛紜，如果我們一一加以考量，也未必能說清楚他們的關係，因此我們不必在此一一引述。因為我們的目的是要證明老子不是南方人，所以，不管這三個名字是指同一個人，還是兩個人、三個人，只要我們證明了寫《道德經》的老子不是南方人就可以了。

錢穆認為老子就是老萊子，《史記·仲尼弟子列傳》中所記載的「孔子之所嚴事，於周則老子，於楚老萊子」是誤將一人分為兩人了。〔註 70〕今按《史記》本傳云：

〔註68〕 詳見張吉良：《中國古典道學與名學》，濟南：齊魯書社 2004 年版，第 25 頁。
〔註69〕 柳詒徵：《中國文化史》（上），上海：上海三聯書店 2007 年版，第 232 頁。
〔註70〕 錢穆：《老子雜辨·孔子所見老子即老萊子》，見錢穆：《先秦諸子繫年》，石家莊：河北教育出版社 2002 年版，第 245 頁。

> 或曰：老萊子亦楚人也，著書十五篇，言道家之用，與孔子同
> 時云。〔註71〕

又《漢書》卷三十《藝文志》云：

> 《老萊子》十六篇。（楚人，與孔子同時。）〔註72〕

無論老萊子著書篇目具體爲十五篇還是十六篇，都與《老子》上下篇的數目相去甚遠。因此老子和老萊子不可能是同一個人。況且《史記》本傳云「或曰：老萊子亦楚人也」，其意思是「有人說，老萊子也是楚國人」，也就是說有人認爲，老萊子也像老子一樣是楚國人，明明就是兩個人。（當然，如前所證，老子並不是楚國人。）另外，《史記》老子本傳說老萊子「與孔子同時云」，也說明他與那個年長孔子許多的老子不是同一個人。而且，老子本是周守藏史，見周衰而西去流沙，可見他隱居的地點是中國以西；而老萊子則是楚國的隱士，可見二者不是一人。

既然老萊子與孔子同時，那麼他就比老子年齡要小得多。因此，雖然老萊子也寫十五六篇體現了道家思想的著作，但是他並不是道家的最早開創者。一方面，他有可能是受了老子的思想的影響而寫作了《老萊子》，如果是這樣，這正好說明了南方道家思想是受了北方道家思想的影響才產生的；另一方面，他也有可能完全沒有受到老子的影響，而是孤明先發，雖然比老子略晚，但也是獨自創造了一種道家思想，但這也至少說明老子的思想不是南方思想的產物。

再看太史儋。《史記》老子本傳云：

> 自孔子死之後百二十九年，而史記周太史儋見秦獻公曰：「始秦
> 與周合，合五百歲而離，離七十歲而霸王者出焉。」或曰儋即老子，
> 或曰非也，世莫知其然否。老子，隱君子也。〔註73〕

我們不必糾纏太史儋和老子是不是同一個人。假如說孔子死後一百二十九年有太史儋其人，那麼他肯定不是那個年長孔子許多的「老子」，那麼即使他有著作也要比《道德經》和《老萊子》晚，這對論述南北文化已無意義，因此

〔註71〕《史記》卷六十三《老子韓非列傳第三》，見《史記》第七冊，北京：中華書局1959年版，第2141頁。

〔註72〕《漢書》卷三十《藝文志》，見《漢書》第六冊，北京：中華書局1962年版，第1730頁。

〔註73〕《史記》卷六十三《老子韓非列傳第三》，見《史記》第七冊，北京：中華書局1959年版，第2142頁。

可以置之不論。

　　然而又出現了另外一個問題：如果說《道德經》比《老萊子》晚呢？是不是就可以說道家思想產生於南方？如錢穆認爲從思想以及行文風格來看，《道德經》當成書於「孔子後。當自莊周之學既盛，乃始有之」。〔註74〕這甚至認爲《道德經》在《莊子》之後了。當然這個觀點並未得到學術界的認同。如果說《道德經》是很晚的作品，是不是可以說《老萊子》影響了它？如果說《老萊子》影響了《道德經》甚至《莊子》，那是不是就可以說道家思想是南方文化的產物？這確實是個非常複雜的問題。

　　然而，如果說《老子》是晚出的作品，那麼，《老萊子》也未必就眞的出自老萊子之手，它也可能是後學的產物。那麼也就不能說道家思想是南方文化的產物。如果說《老萊子》眞的出自老萊子之手，而且比《老子》和《莊子》都早，那麼我們也不能說《老子》和《莊子》都是受了《老萊子》的影響。這是因爲：老子和老萊子兩個人確實是存在的，孔子向二者都請教過。兩個人都有道家的思想，而老子又比老萊子年長，老子是北方人，老萊子是南方人，就無法說道家思想是南方文化的產物了。

（3）道家思想不是南方文化的產物

　　關於老子的時代、籍貫等問題眞是令人煞費腦筋。因爲迄今爲止，似乎所有關於老子的論述都不能說肯定是正確的，因此前面的推論也有可能站不住腳。我們不妨換一個角度，即只要我們證明了道家思想的本原不是來自南方文化而是北方文化的產物，這個問題不就解決了嗎？因爲雖然老子寫了《道德經》（或者說後人根據老子的思想寫了《道德經》，或者說後人寫了《道德經》而假託老子，都無妨），老萊子寫了《老萊子》，但他們也未必是道家思想的創始人。只要我們證明了道家思想另有源頭，而且這個源頭來自北方文化，一切問題不就迎刃而解了嗎？

　　張舜徽先生在《道論足徵記》中說：

> 先秦諸子之學，皆前有所承。故《莊子・天下篇》敘述諸子源
> 流，每云古之道術有在於是者，某某聞其風而說之。則百家之說，
> 悉非所自創，亦明矣。〔註75〕

〔註74〕錢穆：《老子雜辨・老子書之年代》，見錢穆：《先秦諸子繫年》，石家莊：河北教育出版社 2002 年版，第 256 頁。

〔註75〕張舜徽：《張舜徽集》，武漢：華中師範大學出版社 2005 年版，第 67 頁。

按《莊子·天下篇》論述老子的文字為：

> 以本為精，以物為粗，以有積為不足，澹然獨與神明居。古之
> 道術有在於是者，關尹、老聃聞其風而悅之。（中略）關尹老聃乎！
> 古之博大真人哉！〔註76〕

也就是說，在老子之前，已有許多道家思想的代表人物。羅焌先生說：

> 《漢志》載道家之書，老子以前，有伊尹、太公、辛甲、鬻子、
> 管子五家，則道家者流，必不創始於老子，惟老子為集古來道術之
> 大成者耳。〔註77〕

可見，老子並不是道家思想的創始者，他只是一位述而不作的偉大的繼承者。
據說，老子的老師是商容：

> 《淮南子·稱謬篇》：「老子學商容，見舌而知其柔。」劉向《說
> 苑·敬慎篇》商容作常樅。《文子·上德篇》亦作常樅。此一故事，
> 觀《御覽》五○九引嵇康《高士傳》、皇甫謐《高士傳》、及《偽愼
> 子外篇》，常樅皆作商容，與淮南子合，音近相通，即是一人。〔註
> 78〕

當然，商容也並非道家思想的創始者。道家思想還有更早的源頭：

> 道家產生之年代，其實可以追溯很久遠。《山海經》中的巫咸、
> 巫即等可以看作是道家產生的前身，傳說中黃帝時代的方士，亦可
> 以是道家。……可以說老子之前道家就產生了，只是之前尚未有，
> 或說尚未發現比老子更早更權威者罷了。〔註79〕

關於道家思想的淵源，王叔岷說：

> 《莊子》論關尹、老聃道術之淵源，從理論探索。《漢志》言道
> 家之淵源，從史實處說。《漢志》之意，是道家淵源於史官之後，才
> 建立自己之理論基礎。莊子卻認為古代早有一種理論影響道家之思
> 想。合而觀之，史實和理論之淵源，再加上時代之影響，因此產生
> 道家。其他各家之產生，大抵亦如此。

〔註76〕 郭慶藩：《莊子集釋》（下），北京：中華書局2004年第2版，第1093、1098
頁。
〔註77〕 羅焌：《諸子學述》，羅書慎點校，上海：華東師範大學出版社2008年版，第
314頁。
〔註78〕 王叔岷：《先秦道法思想之講稿》，北京：中華書局2007年版，第23～24頁。
〔註79〕 游建西：《道家道教史略論稿》，北京：光明日報出版社2006年版，第1頁。

　　關於道家思想之淵源，還有道家出於儒家、道家出於墨家、道
家出於陰陽、道家出於黃帝、道家是隱者所形成的、老子是道家之
祖、楊朱是道家之前驅，種種各執己見之說。〔註80〕
漢代將老子之學與黃帝聯繫起來，稱黃老之學。據張舜徽考證，道家思想確
實與古代帝王的統治之術有關。他在《道論足徵記》中說：

　　余既博稽周秦諸子，爲《危微論》以明古者君道之要。意欲取
　　周秦人之見，還之周秦。俾世之治故書雅記者，無復以後人之所謂
　　「道」，上衡周秦人所謂「道」。周秦人所謂「道」，無慮皆爲君道而
　　發。非特道德之論，悉所以闡明「無爲」之旨，即所揭櫫「人心道
　　心」、「內聖外王」諸語，亦無非古者君人南面之術耳。苟能平心靜
　　氣，以直求之古人辭言之情，而不雜以後起附會之義，則二千餘年
　　前先民立說之眞諦，庶在此不在彼也。〔註81〕

他指出，老子的「道」是自古傳下來的君人南面之術，即一種帝王統治的手
段，韓非在《解老》、《喻老》等篇中有非常恰當的論述，後來的儒生也有很
多懂得這些道術的，但後來的學者如魏晉玄學家和宋明理學家對「道」這一
概念的發揮越來越偏離了其本義，以致後人在理解《老子》時也常常失眞。
　　這一作爲君人南面之術的道，胡孚琛先生認爲是古代的聖王伏羲、黃帝
所傳，他說：

　　道學本是伏羲、黃帝所傳的聖人之道，周代雖以禮教爲朝廷的
　　方內之教，道學被置之方外，師傳不明，但尚有史官掌握，爲王者
　　師。直至漢代相國曹參將在方外師徒相傳的道學宗師蓋公推薦給朝
　　廷，漢文帝以黃帝、老子的道學治國，才使道學興盛起來。〔註82〕

而伏羲、黃帝所傳的聖人之道來源於母系氏族社會原始宗教的巫史文化：

　　考察中華民族形成和發展的歷史，有幾個關節點應當注意。中
　　華文明肇始於伏羲，繁榮於黃帝，這正是道家文化興盛的時代。聞
　　一多先生曾經有一個天才的猜測：「我常疑心這哲學或玄學的道家思
　　想必有一個前身，而這個前身很可能是某種富有神秘思想的原始宗

〔註80〕　王叔岷：《先秦道法思想之講稿》，北京：中華書局 2007 年版，第 17 頁。
〔註81〕　張舜徽：《張舜徽集》，武漢：華中師範大學出版社 2005 年版，第 63 頁。
〔註82〕　胡孚琛、呂錫琛：《道學通論》，北京：社會科學文獻出版社 2004 年版，第 4
　　　　頁。

教，或更具體點講，一種巫教。這種宗教在基本性質上恐怕與後來的道教無大差別，雖則在形式上與組織上盡可截然不同。」聞一多先生猜測的這個道家的前身，就是伏羲、黃帝時代的母系氏族社會原始宗教的巫史文化。〔註83〕

因此，胡孚琛斷言：「中國道家的哲學，便源於母系氏族社會部落酋長的政治經驗。」〔註84〕

既然道家思想的產生與政治統治有關，那麼它本身就不能說是崇尚虛無的了。《漢書》卷三十《藝文志》云：「道家者流，蓋出於史官，歷記成敗存亡禍福古今之道，然後知秉要執本，清虛以自守，卑弱以自持，此君人南面之術也。合於堯之克攘，《易》之嗛嗛，一謙而四益，此其所長也。及放者為之，則欲絕去禮學，兼棄仁義，曰獨任清虛可以為治。」〔註85〕這是很中肯的學術評價。

由此可見，道家思想起初是一種君人南面術，它是中原發達的政治文化的產物，不僅與南方思想無關，而且它本身並非崇尚虛無，因此所謂的崇尚虛無的道家思想代表了南方文化的特徵這一觀點是沒有根據的。而且道家思想發展到崇尚虛無、任性自然階段的代表人物莊子卻恰恰是北方學者。

（4）北方學者莊子之《莊子》中的典故主要來源於中原文化

關於莊子的居邑，王叔岷列舉了兩種說法：

> 宋之蒙人。日本高山寺舊鈔卷子本《莊子·天下篇》末郭象《後語》引太史公曰：「莊子者，名周，守蒙縣人也。」守乃宋之誤，今本《莊子傳》無宋字。《索引》引劉向《別錄》亦云：「宋之蒙人也。」漢末高誘《呂氏春秋·必己篇注》及《淮南子·修務篇注》、晉皇甫謐《高士傳》中，皆稱莊子為宋之蒙人。今河南商邱南二十里有蒙城。

> 梁之蒙人。《釋文敘錄》稱莊子為「梁國蒙縣人」。《史記·莊子傳》裴駰《集解》、司馬貞《索引》並云：「《地理志》，蒙縣屬梁國。」

〔註83〕 胡孚琛、呂錫琛：《道學通論》，北京：社會科學文獻出版社2004年版，第21頁。

〔註84〕 胡孚琛、呂錫琛：《道學通論》，北京：社會科學文獻出版社2004年版，第10頁。

〔註85〕 《漢書》卷三十《藝文志》，見《漢書》第六冊，北京：中華書局1962年版，第1732頁。

唐孔穎達《詩‧商頌譜疏》:「《地理志》云：宋地，今之梁國。」蓋
戰國時蒙屬宋地，至漢屬梁國。今山東菏澤縣北。〔註86〕
毫無疑問，莊子是北方人。

　　再看莊子的師友。莊子思想宗法老子，如上所述，老子是北方人。關於
莊子的朋友惠施，《呂氏春秋》卷十八《審應覽‧淫辭》高誘注曰:「惠子，
惠施，宋人也，仕魏爲惠王相也。孟子所見梁惠王也。」〔註87〕可見惠施也
是北方人，且主要活動範圍也在北方。莊子的弟子中，有姓名流傳的僅藺且
一人，見《莊子‧山木篇第二十》，〔註88〕其籍貫未有明確記載，按照莊子及
其友人的主要活動範圍都在北方來推測，藺且是北方人的可能性比較大。

　　那麼莊子的著作呢？劉亞虎先生說:

　　　　人們一般都認爲，與楚辭一樣，《莊子》也是從當時南方各民族
　　　文化中吸取了養料，融進了他們的神話、傳說。但很少有人進行過
　　　具體的論述。〔註89〕

但從他的論述來看，他所說的《莊子》受南方民族文化影響，多屬猜測。如
他論述莊周夢蝶的典故時說:

　　　　如果我們把這段文字與南方苗族原始神話相對照，馬上就會發
　　　現它們之間有相通之處，即都有以蝴蝶爲中心的物人之間的轉化，
　　　而苗族神話的情節更積澱厚重的文化內涵，即帶圖騰的性質。妹榜
　　　妹留生下 12 個蛋，其中一個孵出人類的始祖姜央，故蝴蝶被苗族尊
　　　爲圖騰。在原始圖騰信仰盛行的時代，圖騰與人的互化是人們心目
　　　中最普遍的物人之間轉化的形式，其時三苗當中當流傳不少這類情
　　　節，從三苗地域及莊子對待神話的態度來看，「莊子化蝶」的故事有
　　　可能受苗族蝴蝶圖騰文化的影響。〔註90〕

〔註86〕　王叔岷:《先秦道法思想之講稿》，北京:中華書局 2007 年版，第 58 頁。
〔註87〕　《呂氏春秋》卷十八《審應覽‧淫辭》，見王利器注疏:《呂氏春秋注疏》，第
　　　　三冊，成都:巴蜀書社 2002 年版，第 2208 頁。
〔註88〕　《莊子‧山木第二十》云:「莊周反入，三月不庭。藺且從而問之。」疏云:
　　　　「姓藺名且，莊子弟子。」見〔清〕郭慶藩:《莊子集釋》（中），北京:中華
　　　　書局 2004 年第 2 版，第 697 頁。
〔註89〕　劉亞虎:《〈莊子〉與南方民族文化》，中南民族大學學報，第 23 卷第 6 期，
　　　　2003 年 11 月，第 37 頁。
〔註90〕　劉亞虎:《〈莊子〉與南方民族文化》，中南民族大學學報，第 23 卷第 6 期，
　　　　2003 年 11 月，第 38 頁。

可見，這一論述僅具有推論性質，而非實證，只能說《莊子》有可能受了南方文化的影響，但不能說《莊子》主要反映了南方文化的特色。相反，《莊子》受中原文化的影響更大，它是北方文化的產物。由於《莊子》外篇和雜篇多出自莊子後學，下面我們僅考察《莊子》內篇。

　　如《莊子‧逍遙遊第一》開篇所講的鯤鵬的故事，按照《逍遙遊》的說法，是引用了「齊諧」的內容。關於「齊諧」，成玄英《莊子疏》記載了兩種說法。一是認爲齊諧爲人名，二是認爲齊諧爲書名，是齊國的俳諧之書。〔註91〕如果說《齊諧》是產生於齊國的書籍，那麼很顯然《逍遙遊》是受了北方文化的影響。如果說齊諧是人名，應該是姓齊名諧。葛洪《抱朴子‧論仙》云：「雖有禹、益、齊諧之志，而所嘗識者，未若所不識之眾也。」〔註92〕這裡將齊諧和禹、益並提，則葛洪認爲齊諧當爲一人名。籍秀琴《中國姓氏源流史》記載齊氏的起源云：

　　　　《元和姓纂》云：「齊，炎帝姜姓之後。太公望子牙封營邱，爲齊國，因氏焉。」由此可知齊姓出自姜姓，始祖爲姜太公，號太公望。〔註93〕

又云：

　　　　齊姓的另一支出自姬姓，春秋時衛國有一位大夫齊子，名不可考。齊子的孫子以其祖父的字爲姓，成爲齊姓。〔註94〕

兩支齊姓的來源地一爲齊國，一爲衛國，那麼齊諧是北方人的可能性最大（當然不排除齊諧的某一位祖先遷到了南方）。可見，《逍遙遊》的鯤鵬典故最有可能是北方人先記載下來的，具體來說，從「齊諧」二字所透露的信息來看，最有可能是齊國人的記載。還可以舉一個旁證。從鄒衍的「大九州」等言論來看，齊國人善於發一些怪誕的言論。當然還有一個可能，即齊諧這個人或《齊諧》這本書本來並不存在，只不過是莊子的杜撰。即便如此，莊子杜撰了一個齊諧而非楚諧，本身就說明了中原文化而非南方文化的影響。

　　遍檢《莊子》內篇，約有48個故事，今列其首句或其關鍵字如下：

〔註91〕〔清〕郭慶藩：《莊子集釋》（上），王孝魚點校，北京：中華書局2004年第2版，第5頁。

〔註92〕〔晉〕葛洪：《抱朴子內篇》，張松輝譯注，北京：中華書局2011年版，第21頁。

〔註93〕籍秀琴：《中國姓氏源流史》，臺北：文津出版社民國八十七年版，第284頁。

〔註94〕籍秀琴：《中國姓氏源流史》，臺北：文津出版社民國八十七年版，第285頁。

　　《逍遙遊第一》13 個：北冥有魚；楚之南有冥靈者；上古有大椿者；彭祖；湯之問棘；宋榮子；列子；堯讓天下於許由；肩吾問於連叔曰：「吾聞言於接輿」；藐姑射之山；宋人次章甫而適越；藐姑射之山，汾水之陽；惠子謂莊子。

　　《齊物論第二》5 個：南郭子綦隱機而坐；堯問於舜；齧缺問乎王倪；瞿鵲子問乎長梧子；麗之姬。

　　《養生主第三》3 個：庖丁為文惠君解牛；公文軒見右師；老聃死，秦失弔之。

　　《人間世第四》10 個：顏回見仲尼；昔者桀殺關龍逢，紂殺王子比干；昔者堯攻叢枝、胥、敖，禹攻有扈；葉公子高將使於齊；顏闔將傅衛靈公大子，而問於蘧伯玉；匠石之齊，至於曲轅，見櫟社樹；南伯子綦遊乎商之丘；宋有荊氏者；支離疏者，頤隱於齊；孔子適楚，楚狂接輿遊其門。

　　《德充符第五》：5 個：魯有兀者王駘；申徒嘉，兀者也，而與鄭子產同師於伯昏無人；魯有兀者叔山無趾，踵見仲尼；衛有惡人焉，曰哀駘它；闉跂支離無脤說衛靈公。

　　《大宗師第六》6 個：惠子謂莊子；南伯子葵問乎女偊；子祀、子輿、子犁、子來四人相與語；子桑戶、孟子反、子琴張三人相與友；意而子見許由；子輿與子桑友。

　　《應帝王第七》6 個：齧缺問於王倪，四問而四不知；肩吾見狂接輿；天根遊於殷陽，至蓼水之上，適遭無名人而問焉；陽子居見老聃；鄭有神巫曰季咸；南海之帝為儵，北海之帝為忽，中央之帝為渾沌。〔註95〕

這 48 個故事中，涉及到南方的僅 8 個（楚之南有冥靈者；肩吾問於連叔曰：「吾聞言於接輿」；宋人次章甫而適越；南郭子綦隱機而坐；南伯子綦遊乎商之丘；孔子適楚，楚狂接輿遊其門；南伯子葵問乎女偊；肩吾見狂接輿），其中楚國 7 個，越國 1 個。而且在涉及到楚國的 7 個故事中，涉及到的人很少，其中 3 個是關於楚狂接輿的，3 個是關於南郭子綦（南郭子綦、南伯子綦、

〔註95〕〔清〕郭慶藩：《莊子集釋》（上），王孝魚點校，北京：中華書局 2004 年第 2 版，第 1～310 頁。

南伯子葵爲同一人）的。

可見，在《莊子》內篇中，涉及到的南方典故遠遠少於北方典故。莊子思想主要不是南方文化的影響，恰恰相反，他深受中原文化的浸淫。

（5）先秦道家以及漢代老學者多為北方人

道家思想是南方文化的代表這一觀點的影響實在太深了，爲了使人們徹底從這一具有強大貫性的思考中解放出來，我們不妨再深入論述一下。

羅焌在《諸子學述》第四章《諸子書之眞僞及存佚》中列舉了 21 位先秦時期道家思想的代表人物，〔註96〕今重新列表如下：

序號	姓名	籍　貫	出　　　　　　　　處
1	伊尹	莘	《孟子·萬章上》：伊尹耕於有莘之野，而樂堯舜之道焉。
2	太公	東海上	《史記》卷三十二《齊太公世家》：太公望呂尚者，東海上人。
3	辛甲	未詳	按《漢書》卷三十《藝文志》云：「紂臣，七十五諫而去，周封之。」則辛甲爲北方人無疑。
4	鬻子	未詳	《漢書》卷三十《藝文志》：名熊，爲周師，自文王以下問焉，周封爲楚祖。（關於他是南方人還是北方人詳見下文。）
5	管子	潁上	《史記》卷六十二《管晏列傳》：管仲夷吾者，潁上人也。
6	老子	宋	按前引馬敘倫文。
7	文子	周？楚？	見羅焌《老子弟子考》，羅焌《諸子學述》，上海：華東師範大學出版社 2008 年版，第 350～353 頁。
8	關尹子	秦	見羅焌《老子弟子考》，羅焌《諸子學述》，第 344 頁。
9	莊子	宋	「9 莊子～18 黃帝」見羅焌《諸子書之眞僞及存佚》，羅焌《諸子學述》，第 21～24 頁。其中黃帝爲六國賢人所託名。
10	列子	鄭	
11	老成子	宋	
12	長盧子	楚	
13	公子牟	魏	

〔註96〕詳閱羅焌：《諸子書之眞僞及存佚》，見羅焌：《諸子學述》，上海：華東師範大學出版社 2008 年版，第 21～24 頁。本文表中出處除了注明出自羅焌書者外，均爲筆者所添加。

序號	姓名	籍　貫	出　　　　　　處
14	田子	齊	
15	老萊子	楚	
16	黔婁子	齊	
17	鶡冠子	楚	
18	黃帝	未詳	
19	鄭長者	鄭？	按：鄭長者，顧名思義，當爲鄭人。
20	楊子	魏	即楊朱、陽子居。《大辭海・哲學卷》（上海辭書出版社 2003 年版，第 233 頁）：「魏國人。」
21	亢倉子	陳？吳？	即庚桑子。見羅焌《老子弟子考》，羅焌《諸子學述》，第 344 頁。

這 21 人幾乎囊括了先秦時期道家思想的主要代表人物。其中老子之後的道家思想人物明確爲楚人者僅 3 人，只占少數，絕大多數都是北方人。老子之前的 5 位代表人物中，伊尹、太公、辛甲、管子可以確定是北方人。而鬻子由於是楚國之祖，常被認爲是南方文化人物。

按《史記》卷四十《楚世家》云：

> 陸終生子六人，……六曰季連，羋姓，楚其後也。……季連生附沮，附沮生穴熊。其後中微，或在中國，或在蠻夷，弗能紀其世。周文王之時，季連之苗裔曰鬻熊。鬻熊子事文王，蚤卒。其子曰熊麗。熊麗生熊狂，熊狂生熊繹。熊繹當周成王之時，舉文、武勤勞之後嗣，而封熊繹於楚蠻，封以子男之田，姓羋氏，居丹陽。〔註97〕

鬻熊即鬻子。由此可知，鬻熊是楚國國君的祖先，但其本人並不是楚國國君。《世本・居篇》云：「楚鬻熊居丹陽。」〔註98〕這則材料顯示了兩種可能，一是鬻熊本來居丹陽，後來到中原輔佐周文王，周王朝只是做個順水人情將其後代封在丹陽，二是鬻熊本來一直在中原，由於其後裔被封在丹陽，後人就以爲他也在丹陽，猶如老子本宋國，後其居邑屬楚，他也就被認爲是楚人了。如果說他本人本來一直居住在中原地區，只是到了周成王之時，鬻熊的曾孫才被封爲楚子，這距離鬻熊應該有數十年了，那麼鬻熊也就談不上是南方文化的代表。

〔註97〕《史記》卷四十《楚世家》，見《史記》第五冊，北京：中華書局 1959 年版，第 1690～1692 頁。

〔註98〕《二十五別史・世本・居篇》，濟南：齊魯書社 1998 年版，第 60 頁。

如果說鬻熊本來居住丹陽，那麼丹陽這個地方是在南方嗎？雖然楚國給後人的印象是一個南方的大國，但這只是它後來的情形。從丹陽的地望來看，在楚受封之始，楚只是一個小諸侯國，且靠近中原地區。關於丹陽的位置，學界主要有以下幾種說法：

> 楚國始都丹陽，至楚武王（前 740～前 690 年）開始遷都郢。
> 關於丹陽的地望，自古就有湖北秭歸說、湖北枝江說、河南淅川說等不同說法。經過多年的研究和考辨，秭歸說目前已經被基本否定，研究者的意見大多集中到丹、淅二水之間的河南淅川說，以及新出現的湖北南漳說上，此外還有一些學者將最初的丹陽更鎖定在丹江上游的陝西商縣。〔註 99〕

在綜合考察了楊寬、石泉、徐德寬、王光鎬等多位學者的論述之後，孫華先生得出「丹陽最初應當在陝西商縣丹江北岸」〔註 100〕的結論。因此可以說，楚國國都最初是緊靠著中原的，整個西周時期都是如此。只是到了東周以後，楚武王才遷都於郢，楚國才成了真正意義上的南方國家。因此，楚國國君的祖先鬻熊不能算是南方文化的代表人物，鬻熊的思想仍然是中原文化的產物。

楊樹達先生在《漢代老學者考》一文中搜集了史書上明確記載的兩漢「習《老子》或稱好其術」的學者「凡得五十餘人」，〔註 101〕今重新列表如下：

序號	姓名	籍　貫	出　　　　　處
1	蓋公	膠西	《史記》卷五十四《曹相國世家》：膠西有蓋公，善治黃、老言。
2	曹參	長安	《史記》卷五十四《曹相國世家》：平陽侯曹參者，沛人也。
3	陳平	陽武	《史記》卷五十六《陳丞相世家》：陳丞相平者，陽武戶牖鄉人也。
4	田叔	趙人	《史記》卷一百四《田叔列傳》：田叔者，趙陘城人也。

〔註 99〕 孫華：《楚國國都地望三題》，華中師範大學學報，第 44 卷第 4 期，2005 年 7 月，第 51～52 頁。

〔註 100〕 孫華：《楚國國都地望三題》，華中師範大學學報，第 44 卷第 4 期，2005 年 7 月，第 52 頁。

〔註 101〕 詳閱楊樹達：《漢代老學者考》，見楊樹達：《周易古義‧老子古義》，上海：上海古籍出版社 2006 年版，第 104～112 頁。本文表中所注籍貫及出處，多為筆者添加。

序號	姓名	籍　貫	出　　　　　處
5	河上公	居黃河之濱	葛玄《道德經序》：河上公者，莫知其姓名也。漢孝文皇帝時，結草庵於河之濱。
6	漢文帝	長安	其祖漢高祖爲沛人。居長安。
7	司馬季主	楚	《史記》卷一百二十七《日者列傳》：司馬季主者，楚人也。
8	竇太后	趙	《史記》卷四十九《外戚世家》：竇太后，趙之清河觀津人也。
9	漢景帝	沛	同漢文帝。
10	竇氏子弟	趙	同竇太后。
11	直不疑	南陽	《史記》卷一百三《萬石張叔列傳》：塞侯直不疑者，南陽人也。
12	王生	未詳	事見《史記》卷一百二《張釋之馮唐列傳》。
13	汲黯	濮陽	《史記》卷一百二十《汲鄭列傳》：汲黯字長孺，濮陽人也。
14	鄭當時	陳	《史記》卷一百二十《汲鄭列傳》：鄭當時者，字莊，陳人也。
15	黃子	未詳	《史記》卷一百三十《太史公自序》：太史公學天官於唐都，受易於楊何，習道論於黃子。
16	楊王孫	成固	《華陽國志》卷十下《先賢士女總贊》：楊王孫，成固人也。
17	劉德	河間	《史記》卷五十九《五宗世家》：河間獻王德，以孝景帝前二年用皇子爲河間王。
18	鄧章	成固	《史記》卷一百一《袁盎晁錯列傳》：鄧公，成固人也，……其子章以修黃老言顯於諸公間。
19	嚴遵	蜀	《漢書》卷七十二《王貢兩龔鮑傳》：蜀有嚴君平。皇甫謐《高士傳》卷中：嚴遵，字君平，蜀人也。
20	鄰氏	未詳	《漢書》卷三十《藝文志》：《老子鄰氏經傳》四篇。姓李，名耳，鄰氏傳其學。
21	傅氏	未詳	《漢書》卷三十《藝文志》：《老子傅氏經說》三十七篇。述老子學。
22	徐氏	臨淮	《漢書》卷三十《藝文志》：《老子徐氏經說》六篇。字少季，臨淮人，傳《老子》。

序號	姓名	籍貫	出　　處
23	劉向	彭城	《漢書》卷三十《藝文志》：劉向《說老子》四篇。按《漢書》卷三十六《楚元王傳》，劉向爲楚元王劉交之後。又劉嚮之父劉德亦修黃老術。
24	蔡勳	陳留	《後漢書》卷二十五《卓魯魏劉列傳》：陳留蔡勳。
25	安丘望之	京兆	皇甫謐《高士傳》卷中：安丘望之者，京兆長陵人也。
26	耿況	扶風	《後漢書》卷十九《耿弇列傳》：耿弇字伯昭，扶風茂陵人也。……父況……學《老子》於安丘先生。
27	王伋	東平陵	同耿況。又按《漢書》卷九十八《元后傳》，王莽先祖居東平陵。
28	班嗣	扶風	按《漢書》卷一百上《敘傳上》，班嗣與班彪爲叔兄弟。又《後漢書》卷四十上《班彪列傳上》：班彪字叔皮，扶風安陵人也。
29	杜房	沛	桓譚《新論·袪蔽第八》：余嘗過故陳令同郡杜房，見其讀《老子》書。又按《後漢書》卷二十八上《桓譚馮衍列傳》上：桓譚字君山，沛國相人也。
30	甄宇	北海	《後漢書》卷七十九下《儒林列傳》下：甄宇字長文，北海安丘人也。
31	馮衍	京兆	《後漢書》卷二十八上《桓譚馮衍列傳》上：馮衍字敬通，京兆杜陵人也。
32	向長	河內	《後漢書》卷八十三《逸民列傳》：向長字子平，河內朝歌人也。
33	高恢	京兆	《後漢書》卷八十三《逸民列傳》：（梁）鴻友人京兆高恢。
34	任光	南陽	《後漢書》卷二十一《任李萬邳劉耿列傳》：任光字伯卿，南陽宛人也。
35	任隗	南陽	按《後漢書》卷二十一《任李萬邳劉耿列傳》，任隗爲任光之子。
36	范升	代	《後漢書》卷七十九上《儒林列傳》上：楊政字子行，京兆人也。少好學，從代郡范升受《梁丘易》。
37	淳于恭	北海	《後漢書》卷三十九《劉趙淳于江劉周趙列傳》：淳于恭字孟孫，北海淳于人也。
38	楚王英	彭城	見《後漢書》卷四十二《光武十王列傳》。
39	鄭均	東平	《後漢書》卷二十七《宣張二王杜郭吳承鄭趙列傳》：鄭均字仲虞，東平任城人也。

序號	姓名	籍貫	出　　　　處
40	樊融	南陽	《後漢書》卷七十七《酷吏列傳》：樊曄字仲華，南陽新野人也。子融，有俊才，好黃、老，不肯為吏。
41	習醖	？	？
42	馬融	扶風	《後漢書》卷六十上《馬融列傳》上：馬融字季長，扶風茂陵人也。
43	楊厚	廣漢	《後漢書》卷三十上《蘇竟楊厚列傳》上：楊厚字仲桓，廣漢新都人也。
44	周勰	？	？
45	矯慎	扶風	《後漢書》卷八十三《逸民列傳》：矯慎字仲彥，扶風茂陵人也。
46	漢桓帝	河間	《後漢書》卷七《孝桓帝紀》：孝桓皇帝……祖父河間孝王開。
47	張角	鉅鹿	《後漢書》卷八《孝靈帝紀》：鉅鹿人張角自稱「黃天」。
48	向栩	河內	《後漢書》卷八十一《獨行列傳》：向栩字甫興，河內朝歌人，向長之後也。
49	折象	廣漢	《後漢書卷》八十二上《方術列傳》：上：折象字伯式，廣漢雒人也。
50	劉先	？	？
51	馮顥	廣漢	《後漢書卷》八十六《南蠻西南夷列傳》：廣漢馮顥為太守。

　　從表中我們可以看出，在全部 51 名老學者中，除 3 名不知籍貫外，僅有 5 名南方人（司馬季主、嚴遵、楊厚、折象、馮顥）。而在這五名南方人中，有四名都是蜀人，只有司馬季主為楚人。而漢代的楚的概念與先秦頗不相同，其治所在彭城。因此，司馬季主還不能肯定是否是嚴格意義上的南方人。可見，漢代的老學者絕大多數都在北方，在中原文化發達之地，南方談不上是道家文化的代表。

（6）崇尚自然不是南方區別於北方的特徵

　　不僅道家思想不是南方文化的產物，而且崇尚自然也不是南方區別於北方的特徵。晉人皇甫謐《高士傳》﹝註102﹞共收錄先秦時的高士 44 人，今按其

────────────

﹝註102﹞下引內容皆見〔晉〕皇甫謐：《高士傳》，叢書集成初編，北京：中華書局 1985 年新一版。

原來記載的順序列清單如下（其中的籍貫爲《高士傳》裏所記載的，打問號的表示《高士傳》裏未說明其籍貫的）：

序號	姓名	籍貫	備註
1	被衣	？	按《高士傳》云：堯時人也。應爲中原人。
2	王倪	？	按《高士傳》云：堯時賢人也，師被衣。應爲中原人。
3	齧缺	？	按《高士傳》云：堯時人也。應爲中原人。
4	巢父	？	按《高士傳》云：堯時隱人也。應爲中原人。
5	許由	陽城槐里	
6	善卷	？	按《高士傳》云：古之賢人也。堯聞得道，乃北面師之。應爲中原人。
7	子州支父	？	按《高士傳》云：堯時人也。應爲中原人。
8	壤父	？	按《高士傳》云：堯時人也。應爲中原人。
9	石戶之農	？	按《高士傳》云：不知何許人也，與舜爲友。應爲中原人。
10	蒲衣子	？	按《高士傳》云：舜時賢人也。應爲中原人。
11	披裘公	吳	
12	江上丈人	楚	
13	小臣稷	齊	
14	弦高	鄭	
15	商容	？	按《高士傳》商容爲老子之師，爲北方人的可能性比較大。
16	老子李耳	陳	
17	庚桑楚	楚	按羅焌《老子弟子考》，庚桑楚爲陳人，一云吳人。（羅焌《諸子學述》，上海：華東師範大學出版社 2008 年版，第 344 頁。）
18	老萊子	楚	
19	林類	魏	
20	榮啓期	？	按《高士傳》云：孔子游於泰山，見而問之。應爲北方人。
21	荷蕢	衛	
22	長沮桀溺	？	按《論語》，爲楚人。
23	石門守	魯	
24	荷篠丈人	？	按《論語》，爲楚人。

序號	姓名	籍　貫	備　　　　　　　　　　註
25	陸通	楚	
26	曾參	南武城	按《高士傳》云：居於衛……後卒於魯。
27	顏回	魯	
28	原憲	宋	
29	漢陰丈人	楚	
30	壺丘子林	鄭	
31	老商氏	？	按《高士傳》云：列禦寇師焉。可能是鄭人。
32	列禦寇	鄭	
33	莊周	宋	
34	段干木	晉	
35	東郭順子	魏	
36	公儀潛	魯	
37	王斗	齊	
38	顏斶	齊	
39	黔婁先生	齊	
40	陳仲子	齊	
41	漁父	楚	
42	安期生	琅琊	
43	河上丈人	？	按《高士傳》云：居河之湄。應爲北方人。
44	樂臣公	宋	

　　這些高士可以說都是隱居不仕、崇尙自然的人。從《高士傳》的記載來看，第一位有明確籍貫的高士爲許由，爲中原人而不是南方人。而前 10 名中沒有明確籍貫的 9 名高士，皆爲堯舜時人，那麼他們爲中原人的可能性最大。在後面的 34 位高士中明確記載爲吳人和楚人的有 7 人，而籍貫不明但是北方人的可能性比較大的有 4 人（商容、榮啓期、老商氏、河上丈人），沒有透露籍貫信息的有 2 人（長沮桀溺、荷篠丈人，按《論語》記載應爲楚人），而其餘 31 人皆明確爲北方人。由此可知，崇尙自然決不是南方文化區別於北方文化的特徵。

　　而從前 10 名高士來看，崇尙自然這一特徵應該是中原文化的產物。就像規則和自由是一對孿生姊妹一樣，只有在政治發達的中原地區才有可能產生

厭惡政治、崇尚自然的高士。後來的楚國之所以產生高士，也是因爲受了中原政治的影響的緣故。

2、關於地理環境決定論的破除

老莊道家思想之所以被誤認爲是南方文化的代表，如前所述，與地理環境決定論有關。如梁啓超和劉師培等人的論述，北方被認爲是多山的，因此北方思想比較凝重，南方被認爲是多水的，因此南方思想比較虛靈。北方被認爲是苦寒貧瘠的，因此北方人重實際；南方被認爲是溫暖豐饒的，因此南方人任自然。（北方倫理文化與江南詩性文化之分也有這一二元對立的影子。）根據我們的論述，這一二元對立已經被推翻了。由於這一二元對立是建立在地理環境決定論上的，因此，對地理環境決定論這一思想做一番檢討就是非常有必要的了。

地理環境決定論容易使人得出比較空泛的結論，從諸位學者對南北文化區別的論述來看，主要表現在以下幾點：

首先，說北方文化的重實際、重倫理與山國環境有關無法解釋下面這段材料：

> 鄒、魯濱洙、泗，猶有周公遺風，俗好儒，備於禮，故其民齪齪。頗有桑麻之業，無林澤之饒。地小人眾，儉嗇，畏罪遠邪。及其衰，好賈趨利，甚於周人。〔註103〕

這段材料的後半部分從地理環境的角度分析了魯國民風的特點。魯國人的儉嗇與土地貧瘠有關。但其前半部分表明，魯國居洙、泗之濱，無疑是一個處在水邊的國家，但卻沒有透露出魯國人有崇尚虛無、任性自然的特點。而且魯國人的好儒崇禮並不是由於地理的關係，而是由於周公的教化。

其次，如果說南方是澤國，故崇尚虛無自然，北方是山國，故重視實際倫理，那麼就無法解釋下面這段材料：

> 荊、揚南有桂林之饒，內有江、湖之利，左陵陽之金，右蜀、漢之材，伐木而樹穀，燔萊而播粟，火耕而水耨，地廣而饒財：然民觜窳偷生，好衣甘食，雖白屋草盧，歌謳鼓琴，日給月單，朝歌暮戚。趙、中山帶大河，纂四通神衢，當天下之蹊，商賈錯於路，諸侯交於道：然民淫好末，侈靡而不務本，田疇不修，男女矜飾，

〔註103〕《史記》卷一百二十九《貨殖列傳第六十九》，見《史記》第十冊，北京：中華書局 1959 年版，第 3266 頁。

家無斗筲，鳴琴在室。是以楚、趙之民，均貧而寡富。〔註104〕

在這裡很顯然桓寬是把北方的趙和南方的楚放在一起論述的，而且認爲它們的風俗相似。楚、趙都不注重實際。那麼山國、澤國之論無法解釋這一點。如果說這種「好衣甘食」、「歌謳鼓琴」、「男女矜飾」、「鳴琴在室」是詩性文化的表現的話，那麼無疑南北都有，而詩性文化也不能說是南方文化區別於北方文化的特點了。《史記》卷一百二十九《貨殖列傳第六十九》亦云：

今夫趙女鄭姬，設形容，挈鳴琴，揄長袂，躡利屣，目挑心招，出不遠千里，不擇老少者，奔富厚也。游閒公子，飾冠劍，連車騎，亦爲富貴容也。〔註105〕

可見，對於美和愉快的追求是各地人類共同的特點，並非只有江南愛好逸樂。

且《鹽鐵論‧通有第三》又云：

宋、衛、韓、梁，好本稼穡，編户齊民，無不家衍人給。〔註106〕

莊子，逍遙任世，卻生在「好本稼穡」的宋國，可見地理環境決定論無法用在這裡。

再次，地理環境決定論者的根本錯誤在於，他們往往是先假定南北文化有某種區別，然後再從地理環境中去尋找某種根據，是一種以論帶史的研究方法。由於這種南北文化的區別是先假定好了的，而每位學者所假定的特點又稍有不同，結果導致他們從南北地理環境的角度所得出的結論就有矛盾。以王國維、梁啓超和劉師培爲例。王國維雖然沒有明確指出南北文化的不同是由於地理環境所致，但其南北二元之對立則暗含了地理的因素。如前所引，王國維認爲南方人少情感而多想像，所以南方僅有散文的文學，北方則富於情感而缺乏想像，故北方僅有詩歌的文學，屈原的詩歌則是南方人的想像與北方人的感情融合的產物。而劉師培則認爲北方人重實際，故所著之文不外記事析理二端，南方人尚虛無，故所作之文或爲言志抒情之體。可見王國維說北方人富於情感，而劉師培卻說南方人善於抒情，兩人發生了矛盾。又王國維說南方本無詩歌，但屈原之前楚人有「滄浪之水清兮，可以濯吾纓；滄

〔註104〕〔漢〕桓寬：《鹽鐵論‧通有第三》，見王利器校注：《鹽鐵論校注》（上），北京：中華書局1992年版，第41～42頁。

〔註105〕《史記》卷一百二十九《貨殖列傳第六十九》，見《史記》第十冊，北京：中華書局1959年版，第3271頁。

〔註106〕〔漢〕桓寬：《鹽鐵論‧通有第三》，見王利器校注：《鹽鐵論校注》（上），北京：中華書局1992年版，第42頁。

浪之水濁兮，可以濯吾足」，〔註107〕越人則有「山有木兮木有枝，心悅君兮君
不知」，〔註108〕又怎麼解釋？王國維認為詩歌是北方人的事情，所以他把散文
和詩歌的區別作為南北文學之分；劉師培則認為南北皆有詩歌，「惟《詩》篇
三百則區判南北」。可見二者之間的矛盾。又前引梁啟超說「散文之長江大河，
一瀉千里者，北人為優」，這也與王國維說的南方散文北方詩歌矛盾。由此可
見地理環境決定論的缺陷。

　　宋史專家張家駒先生在論述經濟重心的南移時說：

　　　　環境決定論者認為，社會的發展取決於自然環境，在一定的環
　　　境中，必然產生一定的人文現象。因此他們應用這種見解來說明歷
　　　史演變，以為歷史的發展，不外是歷史條件支配的結果。這樣，他
　　　們就將歷史上和現代地區經濟發展的不平衡性，完全理解作自然條
　　　件的影響。根據他們的說法，我國經濟重心由北而南的轉移，純然
　　　受著我國南北地理條件的差異所決定。環境決定論者蔑視人類的勞
　　　動過程是決定人類社會的力量這一事實，忽略了社會中物質財富的
　　　生產方式，認定自然環境的影響為決定性的影響，這是十分錯誤的。
　　　人類從勞動實踐中，累積起豐富的經驗，不斷在增加自己的知識和
　　　能力，改進生產工具和生產技術，結果就能改變地理環境的影響，
　　　就能改造自然。所以，隨著人類社會的發展，地理對於人類社會的
　　　作用，也有所差異。同一地理環境，在同一地區發展的不同階段中，
　　　便可能有不同的作用。因此地理區域進展的特性，不僅僅在於這個
　　　地區的地理條件，更重要的是必須從整個歷史和社會的進展來考
　　　察。〔註109〕

這一關於經濟的論述也適用於文化方面，南北文化的差異不能歸根於南北地
理環境的差異。張家駒還說：

　　　　近幾千年來我國的自然環境，從大處說來並沒有很大的差別。
　　　對封建時代主要的農業生產來說，我國南方是擁有這樣一些特點：

〔註107〕《漁父歌》，見〔宋〕郭茂倩：《樂府詩集》，第四冊，卷 83，雜歌謠辭一，
　　　　北京：中華書局 1979 年版，第 1170 頁。
〔註108〕《越人歌》，見〔宋〕郭茂倩：《樂府詩集》，第四冊，卷 83，雜歌謠辭一，
　　　　北京：中華書局 1979 年版，第 1169 頁。
〔註109〕張家駒：《兩宋經濟重心的南移》，武漢：湖北人民出版社 1957 年版，第 160
　　　　～161 頁。

這裡的水道交錯，灌溉著肥沃的原野，氣候溫暖濕潤，適宜於耕作。
這對歷史上南方經濟的發展，無疑地提供了有利條件。但是從上述
發展的三個階段看來，西晉以前我國經濟重心一定是在北方；直至
五代十國時期，南方的發展水準才開始超過黃河流域。這和我國歷
史上的發展，我們祖先活動的範圍自北而南的擴展，是分不開的。
長期以來，我們的祖先勞動人民，用他們的辛勤勞動，來開闢了南
方。優越的地理環境，加速了這一發展的進程。但這卻是在下列情
況下發生它的影響：由於封建剝削制度下面，小農經濟的分散和落
後，農民忍受殘酷的剝削，對自然無力征服，即使在平時，往往由
於生產不足而不能自給，在這樣的社會條件下，只是有利於農業生
產的地區，才首先被利用起來。這就是為什麼我國東南經濟特別發
展的主要原因之一。〔註110〕

細細體會這段話，再結合前面的論述，我們從而可以得知，我國文化的發展
也有一個自北而南的過程。道家思想就是產生於中原，而後向南擴展的。厭
惡政治、崇尚自然的處世方式，也是在中原政治發展的情況下產生的。而後，
當南方的政治也發展起來後，也產生了隱士。因為隱士本身就是相對於政府
來說的。關於北方文化的南傳以及進一步發展我們後面還要進一步論述。總
之，我們不能首先假想南北文化有一種天然的性質不同，又進而從南北地理
環境的差異上尋找這種不同的原因。黑格爾有言：

　　　我們不應該把自然界估量得太高或者太低：愛奧尼亞的明媚的
　　天空固然大大地有助於荷馬詩的優美，但是這個明媚的天空絕不能
　　單獨產生荷馬。〔註111〕

雖然劉勰說過：「然屈平所以能洞鑒風騷之情者，抑亦江山之助乎！」〔註112〕
但我們不能把地理環境的作用太過誇大。我們知道，美國著名女詩人艾米麗‧
狄金森自二十五歲以後就一直把自己封閉在家中，過著隱居式的生活，極少
與人交往，也極少出門旅行，卻在家務勞動之餘寫了一千八百首詩歌。

〔註110〕張家駒：《兩宋經濟重心的南移》，武漢：湖北人民出版社 1957 年版，第 161
　　　　～162 頁。
〔註111〕〔德〕黑格爾：《歷史哲學》，王造時譯，北京：商務印書館 1963 年版，第
　　　　123 頁。
〔註112〕〔南朝〕劉勰：《文心雕龍‧物色第四十六》，見詹鍈：《文心雕龍義證》（下），
　　　　上海：上海古籍出版社 1989 年版，第 1759 頁。

三、本文的新意以及研究方法

在前面的學術史綜述裏，我們破除了歷來關於江南文化研究的兩個誤區。以此爲出發點本文將要做的研究分以下幾步：

首先，從江南詩性文化形成的客觀原因和主觀原因兩個方面，給江南詩性文化理論建立一個更爲堅實的基礎。既然與江南詩性文化關係密切的道家文化不是南方文化的產物，而且江南詩性文化也並非完全由地理環境決定的，那麼，江南詩性文化的基礎何在？本文通過對江南文化的發展演變的歷史考察，從南北文化的聯繫與交流上爲江南詩性文化提供一個新的基礎。本文認爲江南詩性文化有江南詩性文化的萌芽階段與江南詩性文化階段之分。萌芽階段的江南詩性文化是指在中國遠古時代，江南地區本來就存在的詩性文化的萌芽，同時，北方也存在著詩性文化的萌芽，並且北方由於處於政治中心地位，其詩性文化要比南方發達一些。我們通常所說的江南詩性文化則涉及到中原文化的南傳問題。本文認爲，由於中原文化的南傳，特別是六朝時期和唐宋時期，中原文化傳到江南地區並進一步發展起來，而同一時期的中原地區則由於少數民族的入侵和戰亂的破壞，文化日趨保守，江南文化相比於北方文化的特徵越來越明顯，就形成了新的江南詩性文化。我們通常所說的江南詩性文化就是指中原文化南傳並進一步發展而形成的江南詩性文化。這是江南詩性文化形成的客觀原因。從主觀方面，本文分析了江南詩性文化的形成也是歷代文人士大夫對江南的鍾情與不斷闡釋的結果，並從地理環境、政治、經濟、南北文化的不同發展等角度闡釋了其原因。

其次，在上述基礎上，本文給江南詩性文化做了界定，對其內涵做了進一步的闡釋，如江南軸心期之前，江南文化是怎樣發展變化的？江南詩性文化是軸心期的江南人面臨挑戰的痛苦產物嗎？等等。並對江南詩性文化理論的成立條件和重要意義作了說明。隨後，本文又進一步描述了江南文化詩性精神的諸多外在表現。

第三，在給江南詩性文化提供新的基礎之後，本文對江南文化的詩性精神做了進一步的探索。本文努力從江南詩性精神的哲學闡釋、江南詩性精神的主體闡釋、江南詩性精神的空間表現、江南詩意生活方式的要素與理想等幾個方面來把握江南詩性精神的核心。雖然在《西洲在何處》等著作中，這幾個方面都有所涉及，但並沒有一個完整的論述。本文即努力進行一次重新命名和集中論述。並且，在某一方面的具體論述中，論文都努力去挖掘新的東西。

　　關於江南詩性精神的哲學闡釋。本文以江南哲學的高峰陽明心學為代表闡述了江南詩性精神在本質上是詩與哲學的統一，並以王陽明為代表說明了江南人物是亦詩亦哲的。

　　關於江南詩性精神的主體。江南詩性文化是由生活在江南的各種各樣的人物來具體實踐的。他們促進了江南詩性空間的形成和江南詩性文化的發展。他們是江南詩性空間的建立者和享有者。江南詩性人物是江南詩性文化的主體。

　　關於江南詩性精神的空間表現。江南詩性文化是在江南的各種空間中展開的。江南為詩性文化的發展提供了一個繽紛的舞臺。大到江南的總體環境，山山水水；小到一個茶館、一座橋、一葉扁舟，都是江南詩性空間的重要組成部分。既有自然的，也有人造的，自然的詩性空間有著豐富的人文內涵，人造的詩性空間又非常貼近自然。江南詩性空間是江南文化的詩性精神的載體。

　　關於江南詩意生活方式的要素與理想。江南人對自己的人生有何理想？他們有一個怎樣的規劃？這些理想和規劃如何體現了詩性智慧？一個詩意的生活理想一般包含哪些要素？它們是江南詩性文化的凝結物和顯現的基礎，也是先輩們留給我們的江南詩性文化遺產。

　　最後，本文的結語部分在簡單地描述了江南詩性文化的衰落以及近現代文化的發展之後，也提出一個自己的思考，即認為我們不必為古典江南詩性文化的衰落感到惋惜，因為江南詩性文化本來就是北方中原文化南傳並不斷發展的結果，現在，西方文化的湧入江南並不斷發展，也許並不是壞事，江南詩性文化在吸納、融合西方文化之後，也許會有一個更高的發展。當然，我們不能聽天由命，而是在認清這種情勢的基礎上，充分發揮主觀能動性，努力創造出一個更為輝煌的新江南詩性文化。

　　本文以上觀點的提出，主要基於這樣幾個研究方法。一是注重歷史的考察。雖然江南詩性文化理論更多地是從美學的角度提出的，但只有不排斥歷史細節的考察，才能使這一理論有更為堅實的基礎。本文就努力從歷史事實出發，重新審視江南詩性文化的起源、發展問題。二是注重反向思考法。以江南詩性文化理論的各種論斷為基礎和參照，本文都努力重新進行審視：這一論斷如果反過來看是否正確？正是這一省察使筆者更確信了許多原有論斷的正確性，也使筆者對某些論斷有了不同的認識（雖然這種不同是很有限的，

但畢竟有了自己的想法在裏面）。三是注重對江南文化的詩性精神的核心內容的把握。江南文化的詩性精神表現在很多方面，在《西洲在何處》等著作裏面早有許多方方面面的論述，本文力圖把握住江南詩性精神的最核心的東西。從這些著作裏，筆者領悟到，江南詩性文化中最重要的是生活，是一種貼近大地又渴望飛翔的詩意生活。

第一章　江南詩性文化的形成原因、主要內涵及外在表現

第一節　歷史考察之一：從南北文化的聯繫看江南詩性文化形成的客觀原因

一、中原文化的南傳與屈原詩歌的誕生

　　前面我們論述了道家思想原是中原文化的產物，南方的道家思想是從中原傳過去的。其實，南方文化與北方文化中本來都具有那種天然的愛好自然、審美，追求享樂的詩性因素，這從我們前面所引楚國和趙國的人們都喜歡裝飾打扮、愛好彈琴唱歌等現象中可以看出。但南方文化後來能有非常繁榮的發展，以及江南詩性文化的形成，則與北方文化的南傳有關。

　　有人把《詩經》與《楚辭》的不同作為南北文化差異的一個好例子，但這個比較有很多不能成立之處。首先，這一觀點與我們前文所引的劉師培的《詩經》分南北相矛盾，其次，與王國維關於《楚辭》是南北文化融合的結果相矛盾。王國維關於南北二元對立的觀點的欠妥之處前面已經論述過了，但說《楚辭》是南北文化融合的產物是成立的。江南文化本身無法誕生屈原詩歌，江南美麗的風景本身也無法誕生屈原詩歌。屈原詩歌的誕生是中原文化南傳的產物。《國語》卷十七《楚語上》記載了這樣一個歷史事件：

　　　　莊王使士亹傳太子箴，辭曰：「臣不才，無能益焉。」曰：「賴
　　　子之善善也。」對曰：「夫善在太子，太子欲善，善人將至；若不欲

善，善則不用。故堯有丹朱，舜有商均，啓有五觀，湯有太甲，文王有管、蔡。是五王者，皆有元德也，而有奸子。夫豈不欲其善，不能故也。若民煩，可教訓。蠻、夷、戎、狄，其不賓也久矣，中國所不能用也。」王卒使傅之。

問於申叔時，叔時曰：「教之《春秋》，而爲之聳善而抑惡焉，以戒勸其心；教之《世》，而爲之昭明德而廢幽昏焉，以休懼其動；教之《詩》，而爲之導廣顯德，以耀明其志；教之禮，使知上下之則；教之樂，以疏其穢而鎮其浮；教之令，使訪物官；教之《語》，使明其德，而知先王之務用明德於民也；教之故志，使知廢興而戒懼焉；教之訓典，使知族類，行比義焉。

若是而不從，動而不悛，則文詠物以行之，球賢良以翼之。悛而不攝，則身勤之，多訓典刑以納之，務慎惇篤以固之。攝而不徹，則明施捨以導之忠，明久長以導之信，明度量以導之義，明等級以導之禮，明恭儉以導之孝，明敬戒以導之事，明慈愛以導之仁，明昭利以導之文，明除害以導之武，明精意以導之罰，明正德以導之賞，明齊肅以耀之臨。若是而不濟，不可爲也。

且誦《詩》以輔相之，威儀以先後之，體貌以左右之，明行以宣翼之，制節義以動行之，恭敬以臨監之，勤勉以勸之，孝順以納之，忠信以發之，德音以揚之，教備而不從者，非人也。其可興乎！夫子踐位則退，自退則敬，否則赧。」〔註1〕

對此，李學勤說：

《國語‧楚語上》記楚莊王時申叔時談太子的教育，應該「教之《春秋》」，「教之《世》」，「教之《詩》」，「教之《樂》」等。可見當時已將《詩》、《禮》、《樂》、《春秋》等書籍作爲經典傳授給學生了。申叔時說這番話時屬春秋中葉，當時的楚國被視作荊蠻之地，尚且存在這種經典的教育，那麼在中原地區的流傳和普及應該更早。〔註2〕

〔註 1〕 《國語》卷十七《楚語上》，見見黃永堂譯注：《國語全譯》，貴陽：貴州人民出版社 2009 年版，第 484～485 頁。

〔註 2〕 李學勤：《清代學術的幾個問題》，見李學勤：《中國古代文明十講》，上海：復旦大學出版社 2003 年版，第 251 頁。

可見，楚國雖然被視爲蠻荒之地，但中原文化的經典之作也被作爲貴族教育的重要內容。應該可以說，這種經典的教育是從中原傳到楚國的。我們不難想像，屈原、宋玉能在文學上取得偉大的成就，與此有關。劉勰對屈原有非常精到的評論，他說：

> 故其陳堯舜之耿介，稱禹湯之祗敬：典誥之體也。譏桀紂之猖披，傷羿澆之顛隕：規諷之旨也。虯龍以喻君子，雲蜺以譬讒邪：比興之義也。每一顧而掩涕，歎君門之九重：忠恕之辭也。觀茲四事，同於《風》、《雅》者也。至於託雲龍，說迂怪，豐隆求宓妃，鴆鳥媒娀女：詭異之辭也。康回傾地，夷羿彈日，木夫九首，土伯三目：譎怪之談也。依彭咸之遺則，從子胥以自適：狷狹之志也。士女雜坐，亂而不分，指以爲樂；娛酒不廢，沉湎日夜，舉以爲歡：荒淫之意也。摘此四事，異乎經典者也。〔註3〕

由此可見，屈原對經典是非常熟悉的。可以說，這正是崇尚中原經典的楚國貴族教育的成果。而且，雖然楚國國君熊渠說「我蠻夷也」，但楚國貴族的觀念中，他們也是黃帝之後。如屈原在《離騷》的開頭就說自己是「帝高陽之苗裔」，〔註4〕可見他們是以此爲自豪的，那麼他們學習中原的經典也是自然而然的事情。

　　楚國貴族教育學習中原文化經典很可能比楚莊王時還要早得多。李學勤在談到西周王朝的文化一統時說：

> 多年來我個人一直反對所謂「秦始皇統一中國」這個提法，我認爲這個提法應該再加一個「再」字，叫「秦始皇再統一中國」。爲什麼這麼說呢？因爲在秦始皇之前的夏商週三代都是統一的，只不過那時的統一沒有秦兼併時那麼完整嚴密而已。但必須指出的是，夏商週三朝的政教影響到了相當廣大的地區。就西周來說，大家可能會注意到，西周時期，不管什麼地方出土的青銅器，其銘文的字體都一樣，如出一手。如北京房山琉璃河出土的燕國青銅器，與陝西、湖北、江蘇等地出土的青銅器幾乎一樣，這就反映了西周王朝

〔註3〕〔南朝〕劉勰：《文心雕龍・辨騷第五》，見詹鍈：《文心雕龍義證》（上），上海：上海古籍出版社1989年版，第146～148頁。

〔註4〕〔戰國〕屈原：《離騷》，見陳子展：《楚辭直解》，上海：復旦大學出版社1996年版，第3頁。

的統一性。這種西周青銅器統一的局面，到了東周便不統一了，由
於東周時王朝政教的勢力弱了，所以青銅器上的銘文字體也是千奇
百怪，反映出它的分裂。〔註5〕

可見，在西周時期，北方、東方、南方的文化都統一到了中原文化的旗幟之
下。很可能，在西周時期，中原的經典教育就開始慢慢往楚國傳播了，到了
楚莊王時期出現了一個叫申叔時的人對此進行了總結，最後，這一教育在楚
國文化中結出了碩果。

二、魏晉時期中原文化的南傳

在緒論中我們介紹了李延壽等古代學者關於南北朝時期南北文化差異的
論述，不過，這完全是北方少數民族進入中原、中原士族南遷之後的情況（而
且也不完全正確，詳見下文），在此之前，南北文化的區別，並不是如學者們
所說的南方文化崇尚虛無、任性自然、追求詩性審美，北方文化重視實際、
克己保守、傾向倫理道德，而是恰恰相反。

劉勰《文心雕龍‧時序篇第四十五》云：

自中朝貴玄，江左稱盛，因談餘氣，流成文體。是以世極迍邅，
而辭意夷泰，詩必柱下之旨歸，賦乃漆園之義疏。故知文變染乎世
情，與廢繫乎時序，原始以要終，雖百世可知也。〔註6〕

又鍾嶸《詩品序》云：

永嘉時，貴黃老，稍尚虛談。於時篇什，理過其辭，淡乎寡味。
爰及江表，微波尚傳。孫綽、許詢、桓、庾諸公詩，皆平典似《道
德論》，建安風力盡矣。先是，郭景純用雋上之才，變創其體；劉越
石仗清剛之氣，贊成厥美。然彼眾我寡，未能動俗。〔註7〕

從劉勰說的「自中朝貴玄，江左稱盛」以及鍾嶸說的「爰及江表，微波尚傳」
來看，東晉以及南朝時期的玄風以及詩風是中原文化南下的結果。與此同時，
由於中原地區處於北方少數民族的統治之下，其文化的特徵也轉變了。因此，

〔註5〕 李學勤：《夏商周與山東》，見李學勤：《中國古代文明十講》，上海：復旦大
　　　　學出版社 2003 年版，第 211 頁。
〔註6〕 詹鍈：《文心雕龍義證》（下），上海：上海古籍出版社 1989 年版，第 1710～
　　　　1713 頁。
〔註7〕 曹旭：《詩品集注》，上海：上海古籍出版社 1994 年版，第 24 頁。

南北朝時期南北文化的差異是後天的結果，而非先天性的，尤其與地理環境無關。

我們再看今人的論述。

唐長孺先生以紮實的考據對魏晉南北朝時期南北文化的差異得出了令人信服的結論。他指出：「褚褒所謂『北人學問淵綜廣博』乃指大河以北流行的漢儒經說傳注；孫盛所謂『南人學問清通簡要』乃指大河以南流行的玄學。」〔註8〕如果說李延壽的南北之論是因襲了《世說新語》的觀點的話，那麼他對於南北的界限的理解則是完全錯的，而後來學者的相襲也是錯的。更進一步說，學者們根據這一南北之分進而上溯到先秦時期，因此得出的關於南方文化和北方文化差異的觀點則是根本錯誤的。

由此可見，魏晉時期的玄學根本地是在中原地區產生的。（前面提到，有的學者認為，雖然玄學產生於中原，但玄學的來源道家文化是南方文化的產物，因此玄學根本上是南方文化的產物和代表。我們已經指出了這個觀點的錯誤。）在玄學流傳到江南之前，江南的學風是比較保守的。以《易》學為例，在孫吳時江南有幾種《易注》。其一是陸績的《京氏易傳》，其特點是守西京博士之遺緒，較之馬融更為專門，也更為保守，跟王弼的距離更不必說了。其二是虞翻的《易注》，出於家傳孟氏《易》的世家。第三種不大出名，是《隋書·經籍志》中記載的吳太常姚信《易注》十卷。姚信是陸績的外甥，其《易》學可能與陸績有關。據此，唐長孺說：「孫吳時期同時出現了三種《易注》，可見易學之盛，而就三種《易注》來看江南所流行的乃是孟氏、京氏，都是今文說，這與時代學風相背馳，從這一點可以證明江南學風較為保守。」〔註9〕

從書法藝術來看，在北方民間首先出現了被認為創始於劉德升的行押書，後來鍾繇等文人接受了這種書體並進行了加工，成為一種更能表現藝術之美的行書體。「行書一體既然在漢末始在潁川受到提倡，曹魏時才流行於中原士大夫間，江南民間雖或流行，而號稱書家的士大夫則尚未接受。」〔註10〕江南士大夫的書法還是古樸的一路。

〔註 8〕唐長孺：《讀〈抱朴子〉推論南北學風的異同》，見朱雷、唐剛卯編：《唐長孺文存》，上海：上海古籍出版社 2006 年版，第 412 頁。

〔註 9〕唐長孺：《讀〈抱朴子〉推論南北學風的異同》，見朱雷、唐剛卯編：《唐長孺文存》，上海：上海古籍出版社 2006 年版，第 415 頁。

〔註 10〕唐長孺：《讀〈抱朴子〉推論南北學風的異同》，見朱雷、唐剛卯編：《唐長孺文存》，上海：上海古籍出版社 2006 年版，第 404 頁。

從士大夫的性格來看，中原由於動亂和禮樂的再一次崩壞，士大夫中已經產生了蔑視名教、任情放蕩的人物，而南方則仍有漢儒之風。如魏晉時期「如嵇、阮之流作出了一些軼出名教範圍的行動，統治階級中以之結合向秀縱慾自肆的理論傾向造成了一時放蕩恣情的風氣，一到晉惠帝時更爲流行。東晉初期葛洪所著的《抱朴子》中《疾謬》、《刺驕》二篇便曾力加申斥。」〔註11〕葛洪爲南方人，大肆討伐竹林人物，這充分說明南方學者的保守。

另外，與魏晉玄學有關的寒食散也是在吳亡之後由北方傳入南方的。唐長孺引《世說新語·言語篇》何平叔條注引秦丞相《寒食散論》云：「寒食散之方，雖出漢代，而用之者寡，靡有傳焉。魏尚書何晏首獲神效，由是大行於世，服者相尋也。」〔註12〕他因此推斷：「服散既出何晏提倡，吳亡之前在江南大概不會盛行。但吳亡之後，此風亦即傳入。」〔註13〕

總之，魏晉時期，江南的學風是比較保守的，只是在晉室東遷之後，京洛風氣移到了以建康爲中心的江南地區，江南名士不少接受了新學風，才開始重視三玄，而如《抱朴子》所云其他如書法、語言也多仿傚北人。「因此我們可以說東晉以後所謂江南的風尚有一部分實際上乃是發源於洛陽而以僑人爲代表，並非江南所固有。」〔註14〕而這些風尚正是學者們所說的江南的崇尚虛無、任性自然、追求詩性審美的風尚，它正是來自中原文化。

由於江南的保守，玄學傳入江南很長一段時間之後，卻仍未能深入，所以入洛吳士在十年之後仍然沒有能以此見長。而且江南士人學習玄學的人數也相對較少。「東晉以後的江南名士受新風氣的影響自無可疑，但江南土著與渡江僑舊在學風上仍然有所區別；這只要看《世說新語》中敘述南人者大都不是虛玄之士，而一時談士南人中可與殷浩、劉惔輩相比的更是一個都沒有，便可知道玄談還不是南士的專長。另一方面我們卻可以看到

〔註11〕唐長孺：《魏晉玄學之形成及其發展》，見朱雷、唐剛卯編：《唐長孺文存》，上海：上海古籍出版社2006年版，第175頁。
〔註12〕〔南朝宋〕劉義慶：《世說新語》卷上《言語第二》，第14則，見楊勇校箋：《世說新語校箋》，第一冊，北京：中華書局2006年版，第63頁。
〔註13〕唐長孺：《讀〈抱朴子〉推論南北學風的異同》，見朱雷、唐剛卯編：《唐長孺文存》，上海：上海古籍出版社2006年版，第408～409頁。
〔註14〕唐長孺：《讀〈抱朴子〉推論南北學風的異同》，見朱雷、唐剛卯編：《唐長孺文存》，上海：上海古籍出版社2006年版，第409頁。

南士還相當重視傳統經學。」「晉室東渡之後，玄學開始在江南發展，江南成為各種新學風的移殖地域，但南方土著保守舊業者還有其人，例如上述的賀、虞、顧、陸諸家和葛洪都是。一般說來，江南土著之學還是以儒家經典注釋見長。《梁書》卷四八《儒林傳序》稱梁武帝設立五經博士，『以平原山賓、吳興沈峻、建平嚴植之、會稽賀瑒補博士，各主一館』，五人中四人為南士。《南史》卷七一《儒林傳》連附傳在內一共二十九人，其中南人占十九人。」「這不但在南朝如此，隋唐之際還是一樣，《隋書‧儒林傳》有四個江南人，吳郡褚輝、餘杭顧彪、餘杭魯世達、吳郡張沖，而無僑人，也表示南人治經比僑人多注意一點。」〔註15〕由此可見，江南新風尚還主要是中原遷來的士人的風尚，總體來說，即使是晉室南渡以後，江南土著的學風也還是比較保守的。

　　有的學者還從佛教的風行來談六朝文化的風流。這有兩點需要討論。一是魏晉南北朝時期佛教的風行不僅是南方的事情，北方也同樣風行。南朝的梁武帝崇佛，北魏以及十六國中許多北方少數民族政權如西秦等也同樣崇信佛教。南方有許多擅長思辨的高僧，北方也有僧肇著《肇論》、《不真空論》和《物不遷論》，談佛教的玄理。佛教的盛行與南北文化的差異無關，而是與政治有關。「佛教流傳中國之後，在宗教信仰上固然有了變化，但就實際作用來說卻只是為名教羽翼，以為現實政治服務。不單是佛教如此，歷代常常有人提倡三教同源，不論怎樣說法，總之是必須肯定儒家名教，至少在現實問題的處理上如此。肯定了這一點，什麼宗教都可以在中國傳播，而且也都受統治者的歡迎。」〔註16〕雖然說南北朝時期北方佛教總體上傾向於修持、實踐，南方則傾向於教義的思辨，但這種變化也與少數民族進入中原以及晉室南渡、玄風南移有關。江南傾向於教義思辨的佛教是從中原傳進來的。湯用彤先生說：

　　　　正始之風至永嘉而熾盛。明俊輻輳集於洛都，爭談虛玄無為之理，竟以清言放達相高尚。洛中自漢以來，已被佛化。……當時竺法護、帛法祖、竺叔蘭、支孝龍，後世名士均激賞其玄理風格。而

〔註15〕唐長孺：《讀〈抱朴子〉推論南北學風的異同》，見朱雷、唐剛卯編：《唐長孺文存》，上海：上海古籍出版社2006年版，第420～421、426、428頁。

〔註16〕唐長孺：《魏晉玄學之形成及其發展》，見朱雷、唐剛卯編：《唐長孺文存》，上海：上海古籍出版社2006年版，第191～192頁。

> 蘭與樂令酬對，龍共庾阮交遊。清談佛子漸相接近，是不待至東晉
> 而始然也。〔註17〕

又說：

> 老莊清談佛教玄學之結合，想必甚早。王何嵇阮之時，佛法已
> 間爲學士所眷顧。及名士避世江東，亦遂與沙門往還。此乃奉行中
> 朝之舊習，非全爲南中新有之好尚也。……江左所談名理，固來自
> 中原也。〔註18〕

江左名僧支遁即從洛陽白馬寺而來，支謙本居河南，也是在永嘉之際遷往江
南的。

　　總之，南朝時期的江南玄風是從中原傳過來的，而且也主要表現在從中
原來的世家大族身上，江南的土著居民總的來說還是比較質樸、保守的。

三、魏晉時期中原文化的南傳餘論

　　有人或許會說，這股由何晏、王弼掀起的玄風來源於漢末劉表治下的荆
州學派，其實還是起源於南方。荆州學派的代表人物宋衷，與後來王弼的學
問有密切的關係，如湯用彤說：

> 夫宋氏重性與天道，輔嗣好玄理，其中演變應有相當之連繫也。
> 又按《三國志・王肅傳》說王肅「年十八，從宋衷讀《太玄》，而更
> 爲之解」。張惠言說，王弼注《易》，祖述肅說，特去其比附爻象者。
> 此推論若確，則由首稱子仲（宋衷），再傳子雍（王肅），終有輔嗣，
> 可謂一脈相承也。〔註19〕

再如錢穆的論述：

> 王弼之學，原於荆州。時稱劉表之在荆州也，廣開雍泮，親行
> 鄉射，設俎豆，陳磬彝，鴻生巨儒，朝夕講誨，雖洙泗之間，學者
> 所集，方之蔑如。深愍末學遠本離質，乃令諸儒改定《五經章句》，

〔註17〕 湯用彤：《漢魏兩晉南北朝佛教史》（增訂本上），北京：崑崙出版社 2006 年
　　　　版，第 152 頁。
〔註18〕 湯用彤：《漢魏兩晉南北朝佛教史》（增訂本上），北京：崑崙出版社 2006 年
　　　　版，第 155 頁。
〔註19〕 湯用彤：《王弼之〈周易〉、〈論語〉新義》，見湯一介、孫尚揚導讀《魏晉玄
　　　　學論稿》，上海古籍出版社 2001 年版，第 79 頁。按：此是發揮了蒙文通《經
　　　　學抉原・南北學第六》裏的說法，見《蒙文通文集》第 3 卷，成都：巴蜀書
　　　　社 1995 年版，第 80～81 頁。

刪劃浮辭，芟除煩重，贊之者用力少，而探微知機者多。又謂其開
立學官，博球儒士，使蔡毋闓、宋忠（即宋衷）等撰定《五經章句》，
謂之後定。《隋書·經籍志》劉表有《周易章句》五卷，梁有宋忠注
《周易》十卷。弼父業乃劉表外孫，則弼之易學，遠有端緒。其兼
道老子，亦時風率然。荊州既儒雅所萃，而別駕劉先以好黃老著。
鍾會與王弼同時，其父鍾毓，即為《周易老子訓》。會稚年，四歲受
《孝經》，七歲誦《論語》，八歲誦《詩》，十歲誦《尚書》，十一歲
誦《易》，十二歲誦《春秋左氏傳》、《國語》，十三歲誦《周禮》、《禮
記》，此可窺當時士族家教之一斑。然會之自稱，「涉獵眾書，特好
《易》、《老子》」，即此可徵時尚。意弼之於會，學業塗轍，亦無大
異。〔註20〕

然而，首先，根據朱伯崑的研究，宋衷之學與王弼之學有根本的不同，其中
看不出有什麼傳承關係，朱伯崑說：

由於宋衷的著作並沒有流傳下來，也就無法窺得其全貌，但從
李鼎祚《周易集解》所引用的情況看，他之解易不脫漢象數則是無
疑的。那麼，說他「重性與天道」，也就難有論據來支持。因為象數
學的天道乃是漢學的宇宙論的天道，而性命義理的天道，即本體論
的天道，多半是宋衷所無力提供的。宋衷之理路，可能仍停留於《太
玄》的框架上。故他之所謂「新經義」，也就要大打折扣。那麼，學
術的傳承與流變，就必須要辯證來看。玄學所以是「新學」，就在於
它能夠超越漢象數的舊說。象數之學，無論怎麼樣繁雜精細，它也
只是停留於現「象」的層面：只能說明形而下的現象世界的生成變
化，而無力追溯形而上的世界，即現象世界存在的根據、本體。易
學的義理學取代象數學，在哲學上便意味著本體論取代生成論成為
主導，其意義是巨大的。而從文本和範疇的角度說，這只能是在將
《老子》的道、無、玄等吸收進來並整合成一個理論系統時，才可
能發生。故易學與老學的結合，便是「新學」的創生所以可能的最
基本的前提。〔註21〕

〔註20〕錢穆：《記魏晉玄學三宗》，見錢穆：《莊老通辨》，北京：三聯書店 2002 年版，
　　　　第 309～310 頁。
〔註21〕朱伯崑：《易學哲學史》，第一卷，北京：崑崙出版社 2005 年版，第 69 頁。

朱伯崑認為王肅雖曾從宋衷學，但他的《周易注》，是在其祖父王朗的舊稿的基礎上寫成的，這與宋衷的《太玄注》很難說有什麼聯繫。揚雄雖為古文經派的人物，但他的《太玄》乃卦氣說的一種形式，宋衷既然為該書作解詁，也就表示他並不排斥漢易中的象數之學。而王肅解《易》則是排斥象數之學的。如宋衷《易注》釋泰卦六四爻《象》辭「翩翩不富」時說：「四互體震，翩翩之象也。」這是以互體說《易》，而王肅和王弼都是排斥互體的。「總之，王弼易學乃其所處的時代，所謂『正始之音』的產物，歸之於其祖父所處的學術環境，是缺乏說服力的。」他認為《隋書·經籍志》以王肅和王弼均是傳承了古文經學費氏易的觀點，是正確的。其學術傳承如下：費氏——陳元、鄭眾——馬融——鄭玄——荀爽——王肅、王弼。〔註22〕

可見，王弼的玄學是中原儒學發展的結果，其源頭根本來自中原學術。

其次，荊州學派本身也是由於北方戰亂導致中原學術南移的結果，或者說是中州學派的南移：

> 東漢中後期，學術大師如汝南許慎、河南服虔、潁川荀爽、陳留蔡邕等多出自中州。學術中心實在中州，只是學者未被組織起來，也沒有建立官學，因而不易覺察。中州學派出現在荊州是迫於中原的戰亂，因而只能是暫時的。學術中心最終還將回到中州。唐長孺先生曾敏銳地發現了河南的重要性，他指出：「魏晉新學風的興起實在河南。王弼創通玄學，乃是山陽人，同時名士夏侯玄是譙郡人，阮籍是陳留人，嵇康是山陽人。潁川荀氏雖然還世傳經學，但荀氏的易學與王弼接近，而荀粲『獨好言道』，也屬於新學派開創人之一。創立行書法的鍾繇、胡昭均是潁川人，而鍾會也是精練名理。這些人都是河南人。」唐先生所說的「河南」，就是本文所說的「中州」。魏晉間新學風興起於河南，正是學術中心回到中州的極好證明。

> 綜上所述，南陽雖屬荊州，但文化上卻屬於中州系統，由南陽士參預其間的荊州學派並非突然而來，它是中州學術在荊州的延續。荊州作為學術中心只是一種暫時的、表面的現象。真正的學術中心在漢晉時期始終不離中州。〔註23〕

〔註22〕 詳見朱伯崑：《易學哲學史》，第一卷，北京：崑崙出版社 2005 年版，第 275 ～276 頁。本自然段中所引文字見第 276 頁。

〔註23〕 胡寶國：《漢代政治文化中心的轉移》，見胡寶國：《漢唐間史學的發展》，北京：商務印書館 2003 年版，第 227 頁。

可見，學術的中心原在中原的中州學派，只是由於戰亂的關係，暫時轉移到了劉表統治下比較安定的荊州，出現了所謂的荊州學派，當南北統一、北方穩定下來之後，學術中心又回到了中原，何晏、王弼的玄學是中州學術繼續發展的結果。等西晉的統治變得無力，北方又陷入戰亂，玄學便隨著晉室的東遷傳到了江南，那些代表時代學術水準的世家大族也遷移到了江南。而北方由於處於少數民族統治之下，中州的玄學未來得及在北方傳播便遷移到了南方，因此北方的學問還是主要保留了傳統的東西，比較保守。這就造成了後來學者們所謂的南學約簡、北學深蕪的差異。正如柳詒徵說，魏晉時期北方士族遷往江南，「泊久而相安，北人遂爲南人。留仕異族及羌胡諸種乃爲北人。學問文章，禮尚風俗，從此有南北之殊矣」〔註24〕但這其實不是江南文化與北方文化的差異，而是代表時代學術的玄學與傳統的儒學的差異。在江南，玄學還主要是在中原來的世家大族中影響較大，而江南土生土長的學者絕大多數仍然是十分保守的。

四、唐宋時期中原文化的南傳及宋代江南文化重心地位的確立

從南北朝時期的情況來看，南朝比北朝更具備詩性氣質，當然這種詩性氣質是中原文化影響的結果。然而，南方文化的繁榮最終超過北方又經歷了一個漫長的過程。

從整個唐代的詩人數量來看，根據陳尚君先生的考證，京畿道有226人，關內道6人，都畿道200人，河南道157人，河東道149人，河北道245人，山南東道77人，山南西道4人，關隴道27人，淮南道60人，江南東道404人，江南西道159人，劍南道66人，嶺南道27人。〔註25〕可見北方的詩人數遠遠超過了南方。

不過，從唐代歷史的發展來看，安史之亂引發的又一次北人南遷對南北文化的發展有重大影響。安史之亂前的初唐時期，詩人主要集中在關中地區，特別是關中的幾大家族，如韋氏、白氏、盧氏、楊氏、柳氏等。〔註26〕與之相比，南方的詩人則要少得多。

〔註24〕柳詒徵：《中國文化史》（上），上海：上海三聯書店2007年版，第375頁。
〔註25〕陳尚君：《唐代文學叢考》，北京：中國社會科學出版社1997年版，第138～170頁。
〔註26〕李浩：《唐代關中的文學士族》，《文學遺產》，1999年第3期。

　　另據凍國棟的統計，安史之亂以前，長江流域有詩人 78 人，北方 228 人，安史之亂以後，南方詩人已升至 363 人，北方爲 330 人。散文作家，唐前期南方 82 人，北方 319 人；唐中後期南方 191 人，北方 499 人。進士，中唐以前南方 29 人，北方 68 人；中唐以後南方 225 人，北方 245 人。〔註27〕高僧，唐前期長江流域 138 人，占 39.09％；唐後期 127 人，占 62％。安史之亂後各類人才均有不同程度的增長，總體上與北方已不相上下。〔註28〕

　　南方文化眞正超過北方並把這種優勢一直延續下來，是在兩宋時期。由於唐末五代時期北方戰亂對北方經濟文化造成了嚴重的破壞，而同一時期南方則由於比較穩定經濟文化持續上升，使南北文化的力量對比又發生了重要變化。

　　因此，有學者根據資料統計認爲南方文化在北宋時期就超過了北方：

> 北宋王朝建立後，長江流域經濟繁榮，社會環境安定，文化事業昌盛，長江文化已有超越黃河流域之勢。唐詩宋詞一向被譽爲我國古典文學的兩大成就，而據《宋六十名家詞》所選 61 位詞人，除 3 人籍貫不明外，北方僅 13 人，其餘都在南方。北宋時期著名的詩人或文人，十之八九出自南方。當時流行著「福建出秀才，大江以南士大夫」的民諺。「唐宋八大家」中的歐陽修、王安石、曾鞏以及「三蘇」父子兄弟全在南方。北宋時期的儒者南方 306 人，而北方僅 125 人。科考進士南方 7869 人，北方僅 789 人。畫家南方 152 人，北方 170 人。
>
> 《宋史》列傳人物，南方 537 人，北方 755 人。宰相南方 31 人，北方 38 人。南方在詩文、科舉及儒學上占絕對優勢，而在宰相及畫家方面卻不及北方。〔註29〕

張家駒先生認爲文化重心完全轉移到南方是在宋室南渡以後，他說：

> 這些人材的勃興，並且壓倒了北方的勢力，說明北宋南渡以後，我國文化重心南移的行程，也宣告完成。同時這種轉移的趨勢，反映

〔註27〕凍國棟：《唐代人口問題研究》，武漢：武漢大學出版社 1993 年版，第 309～317 頁。

〔註28〕《北人南來》，2004－4－22，來源：《中華長江文化大系》。見 http://www.cjw.com.cn/index/Civilization/detail/20040422/13141.asp。

〔註29〕《北人南來》，2004－4－22，來源：《中華長江文化大系》。以上資料來自《長江文化史》第 719～728 頁。見 http://www.cjw.com.cn/index/Civilization/detail/20040422/13141.asp。

出我國南方經濟發展已經遠遠超逾北方這一史實。南方文化的進步、
完全建築在南方經濟繁榮的基礎之上。古代我國經濟重心原在北方，
通過晉、宋兩個王朝的南渡，以及兩朝中間的一個發展階段，我國封
建經濟和文化的重心，逐漸轉向以至全部南移。從此就使南方成爲全
國經濟最發達、文化最燦爛的所在。這樣，南宋政權的南移，就成了
我國南方封建經濟發展的一個具有劃時代意義的歷史事件。〔註30〕
顯然，南方的文化的繁榮，還是與北方人口的南遷以及中原文化的南傳有關。
「這次人口南遷始於靖康元年（1126 年），一直持續到南宋滅亡（1279 年），
而以 1126 年至 1141 年 15 年間南遷規模最大，人數最多，南遷總人口約有 500
萬人之多（一說 150 萬～200 萬），占當時北方人口數的 1 / 3。移民浪潮波及
整個長江流域，甚至向南渡海到達今天海南島。移民分佈最多的是南宋都城
臨安所在的江南地區，其次是長江中游的江西、湖北、湖南；上游四川地區
接納移民最少。」〔註31〕

　　由於南宋政權建立在江南地區（即本文所指狹義的江南），而且移民分佈
最多的也是這裡，因此江南地區的文化繁榮更居於全國之首。如果說南宋以
後，南方成了中國文化的重心所在，那麼，江南便是重心的重心。從那時起，
江南文化的重要地位便確立下來，由於其經濟和文化的繁榮，江南成了一個
令人嚮往的地方，其作爲文化中最令人神往的詩性精神的代表地區也在人們
心中紮了根。如果說自唐代開始，江南作爲一個詩性的地方就已經爲文人所
稱頌，那麼，宋代以後，這種對江南地區是詩性文化的代表性區域的認可便
確定下來了，雖然那時候還沒有詩性文化這個名字。

五、文化的入鄉隨俗與移風易俗（或曰變化氣質）

　　《史記》卷三十三《魯周公世家》記載了這樣一個故事：

　　　　魯公伯禽之初受封之魯，三年而後報政周公。周公曰：「何遲
　　也？」伯禽曰：「變其俗，革其禮，喪三年然後除之，故遲。」太公

〔註30〕 張家駒：《兩宋經濟重心的南移》，武漢：湖北人民出版社 1957 年版，第 154
　　　　頁。
〔註31〕 見張家駒：《靖康之亂與北方人口的南遷》，《文史雜誌》第 2 卷 3 期，1942
　　　　年；吳松第：《宋代靖康之亂以後北方人民的南遷》，《中華文史論叢》1993
　　　　年總第 51 輯。轉引《北人南來》，2004－4－22，來源：《中華長江文化大系》。
　　　　見 http://www.cjw.com.cn/index/Civilization/detail/20040422/13141.asp。

　　亦封於齊，五月而報政周公。周公曰：「何疾也？」曰：「吾簡其君
　　臣禮，從其俗爲也。」〔註32〕

從這段話我們可以引申出文化轉變的兩種方式，一是文化的入鄉隨俗，二是
文化的移風易俗。伯禽的做法是用周的文化改變魯國原來的文化，屬於文化
的移風易俗；太公的做法是順齊國當地的風俗而爲之，不妨稱之爲文化的入
鄉隨俗。

　　其實，整個中國文化發展的歷史要麼是文化的入鄉隨俗的過程，要麼是
文化的移風易俗的過程。而處於中心的是漢族文化。大而言之，北方少數民
族進入中原後的漢化封建化過程，是文化的入鄉隨俗，即入中國（即中原），
揚棄本民族的落後習俗而隨先進的漢文化之俗；漢民族遷往邊裔後用先進的
工具、生產經驗和文化改造當地的過程，是文化的移風易俗，即以先進的漢
文化移易落後的蠻夷之俗。

　　從中原文化與南方文化或狹義的江南文化的關係來看，中原文化對南方
文化以及江南文化的影響就是從開始的入鄉隨俗到不斷地移風易俗的過程。

　　《史記》卷三十一《吳太伯世家》云：

　　　吳太伯，太伯弟仲雍，皆周太王之子，而王季歷之兄也。季歷
　　賢，而有聖子昌，太王欲立季歷以及昌，於是太伯、仲雍二人乃奔
　　荊蠻，文身斷髮，示不可用，以避季歷。季歷果立，是爲王季，而
　　昌爲文王。太伯之奔荊蠻，自號句吳。荊蠻義之，從而歸之千餘家，
　　立爲吳太伯。〔註33〕

吳太伯文身斷髮，是爲入鄉隨俗，而能以其義感化荊蠻，則是移風易俗。大
抵在中原人遷移到南方之初，入鄉隨俗的成分多。當遷移過來的人越來越多，
中原文化傳播過來的越來越多，移風易俗的成分就越大。中原文化與南方文
化以及江南文化就在入鄉隨俗與移風易俗的方式下逐漸融合，但以中原文化
的影響爲大。前文提到的楚國被封於丹陽，一開始也是入鄉隨俗的成分多，
所以一直被視爲蠻夷。楚莊王時期對中原經典的學習，就是中原文化對南方
文化移風易俗的代表。

〔註32〕《史記》卷三十三《魯周公世家》，見《史記》第五冊，北京：中華書局1959
　　　　年版，第1524頁。
〔註33〕《史記》卷三十一《吳太伯世家》，見《史記》第五冊，北京：中華書局1959
　　　　年版，第1445頁。

到了後來，特別是晉室東遷和宋室南渡，中原文化對南方文化熱別是江南文化的移風易俗使江南文化發生了氣質上的改變。記得劉夢溪先生來上海師範大學做講座時，引朱熹的話說讀書能使人變化氣質。同樣文化也能使一個地區變化氣質。先進文化對落後文化的移風易俗可以說就是一種變化氣質。江南文化在中原文化的影響之下的變化，就是一種氣質上的變化。章乃羹《兩浙人英傳・自序》云：「予推究兩浙文化，由句踐之摧強敵，會盟中國，中原文化，始傳播兩浙，至晉室都江左，趙宋都臨安，中原人物，翩然蒞止，由流寓而著籍。吾浙人物所以殷盛，要由寓賢始。」〔註34〕江南文化也是如此。「從學術文化的淵源來看，江南地區的文化傳統主要是受中原文化的影響，是華夏文化向江南輻射和傳播的結果。」〔註35〕「在江南民族的種種準備和積累中，最根本的則是從『好勇』到『尚文』的轉變。」〔註36〕沒有中原文化的移風易俗或者說變化氣質，就沒有後來的江南詩性文化。

第二節　歷史考察之二：從文人士大夫的描述看江南詩性文化形成的主觀原因

一、歷代文人士大夫對江南文化的熱愛和闡釋〔註37〕

除了中原文化的南傳在客觀上促進了江南文化的詩性精神的生長之外，歷代文人士大夫對江南和江南文化的喜愛和不斷地闡釋是江南文化的詩性精神不斷凸顯以及江南詩性文化理論能最終形成的主觀原因。顧頡剛在研究中國古代史時發現：「古史是層累地造成的，發生的次序和排列的系統恰是一個反背。」〔註38〕關於江南文化的觀點也有一個不斷「層累」的過程。

江南作為一個意象起於漢樂府《江南》，其辭云：

〔註34〕 章乃羹：《兩浙人英傳》，麗水（浙江）：唯生書局出版部民國三十一年（1942）版，自序。

〔註35〕 許輝、邱敏、胡阿祥主編：《六朝文化》，南京：江蘇古籍出版社2001年版，第153頁。

〔註36〕 劉士林：《西洲在何處——江南文化的詩性敘事》，北京：東方出版社2005年版，第30頁。

〔註37〕 本小節曾發表，此處有增刪。見拙作：《美國夢・江南夢・歐洲夢》，中國教育報，2007年1月18日。

〔註38〕 顧頡剛：《古史辨》第一冊自序，上海：上海古籍出版社1982年版，第52頁。

江南可採蓮，蓮葉何田田。魚戲蓮葉間，魚戲蓮葉東，

魚戲蓮葉西，魚戲蓮葉南，魚戲蓮葉北。〔註39〕

《樂府詩集》卷二十六此詩前有編者按語云：

《樂府解題》曰：「江南古辭，蓋美芳晨麗景，嬉遊得時。若梁
簡文『桂楫晚應旋』，唯歌遊戲也。」按梁武帝作《江南弄》以代西
曲，有《採蓮》《採菱》，蓋出於此。唐陸龜蒙又廣古辭為五解云。
〔註40〕

此處認為《江南》為西曲，《樂府詩集》卷四十四有「江南吳歌、荊楚西聲」，
〔註41〕可見《江南》一詩中的江南當指荊楚一帶。但因為「江南」這個詞語
沒有變，因此《江南》一詩對後代江南意象的形成起了重要的作用。

到了南朝時期，有《江南思》、《江南曲》、《江南弄》〔註42〕等各種以江
南為名的詩歌題目，從南朝一直到唐代，共有數十名作者用這些題目寫了數
十百首詩歌，從而強化了江南在人們心中的形象。由於這些題目為南朝帝王
所造，而這些詩歌多歌頌美人和愛情，因此「江南佳麗地，金陵帝王州」〔註
43〕的形象便被初步勾勒了出來。

寫到這裡，也許讀者會問，南朝民歌這麼優美，與北朝民歌差別很大，
難道不是江南詩性文化的最好證明嗎？乍一看似乎如此，但細考之我們會發
現南朝民歌其實也同樣是中原文化南傳的產物。江南詩性文化絕不能離開中
原詩性文化而存在。南朝民歌中最具代表性的詩歌有清商曲辭，按《樂府詩
集》卷四十四論清商曲辭的起源和發展云：

清商樂，一曰清樂。清樂者，九代之遺聲。其始即相和三調是
也，並漢魏已來舊曲。其辭皆古調及魏三祖所作。自晉朝播遷，其
音分散，苻堅滅涼得之，傳於前後二秦。及宋武定關中，因而入南，

〔註39〕〔宋〕郭茂倩：《樂府詩集》，第二冊，卷26，相和歌辭一，北京：中華書局
1979 年版，第 384 頁。

〔註40〕〔宋〕郭茂倩：《樂府詩集》，第二冊，卷26，相和歌辭一，北京：中華書局
1979 年版，第 384 頁。

〔註41〕〔宋〕郭茂倩：《樂府詩集》，第二冊，卷44，清商曲辭一，北京：中華書局
1979 年版，第 638 頁。

〔註42〕見〔宋〕郭茂倩：《樂府詩集》，第二冊，卷26，相和歌辭一，第三冊，卷50，
清商曲辭七，北京：中華書局 1979 年版，第 377、726 頁。

〔註43〕〔南朝〕謝朓：《齊隨王鼓吹曲·入朝曲》，見〔宋〕郭茂倩：《樂府詩集》，
第二冊，卷20，鼓吹曲辭五，北京：中華書局 1979 年版，第 294 頁。

不復存於內地。自時已後，南朝文物號爲最盛。民謠國俗，亦世有新聲。故王僧虔論三調歌曰：「今之清商，實由銅雀。魏氏三祖，風流可懷。京洛相高，江左彌重。而情變聽改，稍復零落。十數年間，亡者將半。所以追餘操而長懷，撫遺器而太息者矣。」後魏孝文討淮漢，宣武定壽春，收其聲伎，得江左所傳中原舊曲，《明君》、《聖主》、《公莫》、《白鳩》之屬，及江南吳歌、荊楚西聲，總謂之清商樂。至於殿庭饗宴，則兼奏之。遭梁、陳亡亂，存者蓋寡。及隋平陳得之，文帝善其節奏，曰：「此華夏正聲也。」乃微更損益，去其哀怨，考而補之，以新定律呂，更造樂器。因於太常置清商署以管之，謂之「清樂」。〔註44〕

可見，中原是清商曲辭的發源地之一。該卷又論《吳聲歌曲》云：

《晉書・樂志》曰：「吳歌雜曲，並出江南。東晉已來，稍有增廣。其始皆徒歌，既而被之管絃。蓋自永嘉渡江之後，下及梁、陳，咸都建業，吳聲歌曲起於此也。」〔註45〕

這段話頗有矛盾之處。一說吳歌雜曲產生於江南，東晉建立後，又增添了一些；又說吳聲歌曲起源於晉室東遷之後。雖然顧頡剛說吳歌的起源「不會比《詩經》更遲」〔註46〕，但我們可以想像，「蓋自永嘉渡江之後，下及梁、陳，咸都建業，吳聲歌曲起於此也」一說絕不是空穴來風，收集在《樂府詩集》中的吳歌必定與東晉南朝的中原文化因素的影響有關。只是由於同一時期北方被少數民族所統治，北朝民歌中少數民族文化的因素明顯，因此南朝民歌便漸漸地被認爲是南方文化所特有的東西了，從而忽略了其中原文化的因素。

到了唐朝時期，江南的形象便被定型了。王勃的《採蓮歸》云：

採蓮歸，綠水芙蓉衣。秋風起浪鳧雁飛，桂棹蘭橈下長浦，羅裙玉腕搖輕櫓。葉嶼花潭極望平，江謳越吹相思苦。相思苦，佳期不可駐。塞外征夫猶未還，江南採蓮今已暮。今已暮，採蓮花，今

〔註44〕〔宋〕郭茂倩：《樂府詩集》，第二冊，卷44，清商曲辭一，北京：中華書局1979年版，第638頁。

〔註45〕〔宋〕郭茂倩：《樂府詩集》，第二冊，卷44，清商曲辭一，北京：中華書局1979年版，第639～640頁。

〔註46〕顧頡剛：《吳歌小史》，見顧頡剛等輯，王煦華整理：《吳歌・吳歌小史》，南京：江蘇古籍出版社1999年版，第603頁。

渠那必盡倡家。官道城南把桑葉，何如江上採蓮花？蓮花復蓮花，花葉何稠迭。葉翠本羞眉，花紅強如頰。佳人不在茲，悵望別離時。牽花憐共蒂，折藕愛蓮絲。故情何處所？新物徒華滋。不惜南津交佩解，還羞北海雁書遲。採蓮歌有節，採蓮夜未歇。正逢浩蕩江上風，又值徘徊江上月。徘徊蓮浦夜相逢，吳姬越女何豐茸！共問寒江千里外，征客關山更幾重。〔註47〕

最值得我們注意的是這兩句：「官道城南把桑葉，何如江上採蓮花？」前半句比喻在現實（因爲儒家文化提倡「學而優則仕」，所以從政可以說是中國古代士大夫的最大現實）中的摸爬滾打，後半句比喻人們嚮往的自由境地。在官道上扭曲的人性，必然需要到江上，在採蓮花的過程中恢復自然。本詩中與「官道」相近的詞語是「塞外」，意指北方。這首詩體現了古代中國的兩個意象的截然不同，即「江南意象」與「北方意象」代表的兩種生活。北方常常指涉爲官、行役，是一種人們不得已的生活；而江南則常常指涉愛情、幸福等人們嚮往的生活。詩裏的詞語不僅僅是原初意義上的，它們更是一種隱喻。「江南」代表著我們所從來的自然、與萬物爲一體的適合居住之地，「吳姬越女」代表著能夠與我們建立和諧的人際關係的群體，「採蓮」則代表符合人性的、能夠令我們感到自由和美的活動。可見，江南在初唐時期就已經確立了在人們心中的詩性形象。

這裡的江南可能還是具體的。另一位初唐詩人上官婉兒有《綵書怨》一詩云：

葉下洞庭初，思君萬里餘。露濃香被冷，月落錦屏虛。

欲奏江南曲，貪封薊北書。書中無別意，惟悵久離居。〔註48〕

施蟄存評論道：

「江南曲」本來不是此詩中必要的詞語，但爲了給「薊北書」找配偶，就想到了「欲奏江南曲」一句，可以欣賞她對法之靈妙。〔註49〕

〔註47〕〔唐〕王勃：《採蓮歸》，見〔宋〕郭茂倩：《樂府詩集》，第三冊，卷50，清商曲辭七，北京：中華書局1979年版，第736頁。

〔註48〕〔唐〕上官昭容：《綵書怨》，見《全唐詩》，第一冊，卷5，北京：中華書局1960年版，第61頁。

〔註49〕施蟄存：《唐詩百話》，上海：上海古籍出版社1987年版，第727頁。

也就是說上官婉兒只是在意象上使用「江南」一詞，這說明江南不僅是人們嚮往的地方，而且它已經作為一個意象深入人心了。

於是有了大詩人白居易的《憶江南詞三首》：

> 江南好，風景舊曾諳。日出江花紅勝火，春來江水綠如藍。能不憶江南？
>
> 江南憶，最憶是杭州。山寺月中尋桂子，郡亭枕上看潮頭。何日更重遊？
>
> 江南憶，其次憶吳宮。吳酒一杯春竹葉，吳娃雙舞醉芙蓉。早晚復相逢。〔註50〕

於是便有了岑參的「夢江南」：

> 洞房（一作庭）昨夜春風起，故人尚隔（一作遙憶美人）湘江水。枕上片時春夢中，行盡江南數千里。〔註51〕

經過唐朝詩人的書寫，「江南意象」最終得到了強化和定型，對於江南的夢想也被以後歷代的詩人所詠唱。「江南可以說是讓無數中國作家魂牽夢繞的地方」，〔註52〕無論在現實中怎樣地憂慮、焦灼，中國古人始終嚮往和追求著這個夢，在那裏尋找著心靈的平衡和寧靜。而這一切，都與中國古代文人士大夫對江南和江南文化的熱愛和不斷闡釋有關。

就這樣，歷代的士大夫、文人和學者出於一種對於詩性生活理想的願望，懷著對江南的熱愛，不斷地闡釋著江南文化的詩性精神，而江南文化中已經被提煉和總結出來的關於詩與美的清澈的光輝形象又反過來以其巨大的魅力和推動力感化了一代代的士大夫、文人和學者。這些人可以被稱作「為江南文化所化之人」。「為江南文化所化之人」是江南文化精神的代言人和形象大使，可以在與其他類型的人的比較中得出：

> 有希臘哲學的人，有中國儒家的人，有現代語境中非理性的人，也有後現代文化中的欲望主題，因而，在闡釋江南文化精神時，必然要碰到以什麼人為中心，或者說，什麼時代的、什麼性格的人，

〔註50〕〔唐〕白居易：《憶江南詞三首》，見《全唐詩》，第14冊，卷457，北京：中華書局1960年版，第5196頁。

〔註51〕〔唐〕岑參：《春夢》，見《全唐詩》，第六冊，卷201，北京：中華書局1960年版，第2107頁。

〔註52〕吳曉東：《理解現代派詩歌的幾個形式要素》，見溫儒敏、姜濤編：《北大文學講座》，北京：中央編譯出版社2005年版，第355頁。

才具有合法身份的代表。對於中國文化而言，如果「表現此文化之
程量」者，即陳寅恪所謂「爲此文化所化之人」，那也不妨將江南詩
性文化理念與精神的歷史承載者與創造者呼爲「爲江南文化所化之
人」。〔註53〕

這也可以說是「文化想像的力量」，是一種情感的眞實，詩的眞實：

> 我第一次去江南之前，關於江南的想像都來自於文學作品，我
> 早已經建構了關於南方的形象。到了南方之後才發現，眞正的南方
> 和我想像中的並不一樣。奇怪的是，以後我再想起南方，腦海裏出
> 現的仍然是文本中想像化的南方，而不是現實中我見過的南方。這
> 就是文化想像的力量。〔註54〕

當代詩人柏樺的一段回憶可以說明江南詩性文化的巨大感化力量，他說：

> 我對江南的初始印象卻來自幼時在終日幽暗的重慶家中閱讀丘
> 遲的一篇文章《與陳伯之書》，當讀到「暮春三月，江南草長，雜花
> 生樹，群鶯亂飛」時，無不歡欣鼓舞，心嚮往之。江南從那一刻起，
> 便成爲我生命中的一個象徵、一個符號，甚至一個幻覺。〔註55〕

丘遲的《與陳伯之書》中的美好句子參與了江南文化詩性精神的最初闡釋，
它描繪出的江南文化的詩性形象甚至在千百年之後依然感化著柏樺這樣的當
代詩人。柏樺的閱讀過程成了一個「爲江南文化所化」的過程，這種感化就
是在閱讀的一瞬間完成的，可見江南詩性文化的魅力之大，而在江南詩性文
化成爲他「生命中的一個象徵、一個符號，甚至一個幻覺」的那一剎那，他
實際上也已經加入了江南詩性文化的又一次闡釋之中。這種情況也同樣發生
在詩人戈麥的身上：

> 像是從前某個夜晚遺落的微雨 / 我來到南方的小站 / 簷下那隻
> 翠綠的雌鳥 / 我來到你妊娠著李花的故鄉 //
>
> 我在北方的書籍中想像過你的音容 / 四處是亭臺的擺設和越女
> 的清唱 / 漫長的中古，南方的衰微 / 一隻杜鵑委婉地走在清晨 //
>
> 我的耳畔是另一個國度，另一個東方 / 我抓住它，那是我想要

〔註53〕劉士林：《緒篇：在江南發現詩性文化精神》，見劉士林主編：《江南文化精神》，
上海：上海大學出版社 2009 年版，第 14 頁。

〔註54〕吳曉東：《理解現代派詩歌的幾個形式要素》，見溫儒敏、姜濤編：《北大文學
講座》，北京：中央編譯出版社 2005 年版，第 356 頁。

〔註55〕柏樺：《「流水」江南》，上海文學，2009 年第 2 期，第 91 頁。

尋找的語言／我就要離開那哺育我的原野／在寂寥的夜晚，徘徊於
燈火陌生的街頭∥

　　此後的生活就要從一家落雨的客棧開始／一爿門扉擋不住青苔
上低旋的寒風／我是誤入了不可返歸的浮萍的想像／還是來到了不
可饒恕的經驗樂園〔註56〕

有趣的是，在這種不斷的闡釋過程中，外鄉人（非江南地區的人）創造了江
南詩性文化，江南詩性文化又不斷地「化」著外鄉人，就這樣，江南變成了
幾乎是人人夢想的地方。

二、歷代文人士大夫鍾情江南的原因

　　這就引出了一個問題，即為什麼是江南文化這樣被中國文人士大夫所
熱愛並能形成一個意象，而不是中原文化？這說明江南自有其引人入勝之
處。中國文人士大夫之所以鍾情於江南，江南文化之所以能從最初的被描
述為「清通簡要」一直到當代的「江南詩性文化」理論的創立，主要有以
下幾點原因。

　　首先是地理環境因素。從氣候上來說，江南地區溫暖濕潤，更適合人類
的居住。「秋盡江南草未凋」，〔註57〕是杜牧盛稱的在文化意義上屬於江南地
區的揚州，可見揚州以南的江南各地的氣候之宜人了。「竺可楨先生在《中國
近五千年來氣候變遷的初步研究》一文中指出，5000～3000 年前，黃河流域
的年均溫度較今約高 2℃，冬季溫度則高 3℃～5℃，相當今長江流域的氣溫。」
〔註58〕可見在黃河流域漸漸變冷的同時，長江流域一直是比較溫暖濕潤的。
從大的地理環境上看，則如謝利恒先生所說：「長江以南，錢塘以北，縱橫五
十餘縣境，皆太湖盆地也。土淺水多，蠶桑稻米之利，為全國上腴。」〔註59〕

〔註56〕戈麥著、西渡編：《戈麥詩全編》，上海三聯書店出版社 1999 年版，第 324 頁。
〔註57〕〔唐〕杜牧：《樊川文集》卷四《寄揚州韓綽判官》：「秋盡江南草未凋」，一
　　　　作「草木凋」，見吳在慶校注：《杜牧集繫年校注》（第二冊），北京：中華書
　　　　局 2008 年版，第 545 頁。
〔註58〕鄒逸麟：《中國歷史地理概述》，福州：福建人民出版社 1999 年第 2 版，第 7
　　　　頁。
〔註59〕謝利恒：《中國醫學源流論》，見《謝氏全書：第一種》，1935 年，第 61 頁。
　　　　轉引自李玉尚：《地理環境與近代江南地區的傳染病》，《社會科學研究》，2005
　　　　年第 6 期，第 133 頁。

江南是著名的魚米之鄉，這都是良好的自然地理環境所賜。從小的居住環境來看，唐代詩人杜荀鶴《送人遊吳》中寫道：「君到姑蘇見，人家盡枕河。古宮閒地少，水港小橋多。夜市賣菱藕，春船載綺羅。遙知未眠月，鄉思在漁歌。」〔註60〕這是一幅多麼令人嚮往的生活圖景。雖然我們今天所說的江南詩性文化的最初產生不是在江南，我們也不讚同地理環境決定論，但江南宜人的氣候和地理環境無疑更適合詩性文化的生長。

其次是經濟方面的因素。如前所述，江南自古以來就是物產豐饒之地，特別是宋以後成為中國經濟的重心，江南作為財賦之地享有盛名。「一般而言，長江下游地區進入宋代，可以說就產生了較高的生產率（尤其是農業），作為宏觀觀察這是能夠籠統地肯定的，從時空變化的脈絡看，是頗具不規則變異而又有豐富內容的態勢。……作為總體而言：宋代長江下游地區農業的高生產率確實是客觀存在的事實，……中心區的核心地區急劇上升的啟動期開始於北宋的中後期，在南宋也還保持持續快速增長的趨勢。」〔註61〕雄厚的經濟基礎使江南成為人們嚮往的地方。經濟的發達促進了文化的發展繁榮。

再次是政治方面的因素。江南之所以為歷代文人所懷念、詠唱，與六朝在此建國三百餘年而最後卻都悲劇性地滅亡了有關。而後來南宋的滅亡更加深了這種悲劇性。因此江南的悲劇一方面使人們感悟到了生活的真諦，對歷史大徹大悟從而沉浸在一種詩性的日常生活之中，以南京為例：

> 南京文化是一種源遠流長然而又傷痕累累的文化，這一點從她開始建城的那一天似乎就已命中注定。大約在 2500 年前，吳王夫差以南京為作坊開始製造青銅兵器，並稱之為「冶城」。大約在 22 年後，臥薪嚐膽的句踐滅吳，又繼續於此製造兵器，改稱為「越城」。她的位址在今天南京的朝天宮一帶，這就是南京最早的城建歷史。與世界許多城市都依賴於商業活動而形成完全不同，南京從一開始就是一種國家兵工廠。「六朝文物草連空」，同時她也成為遭受兵戈蹂躪最多、歷史記憶最為悲慘的人類城市之一。而更為奇特的是，她不像許多北方城市，由於經受不住戰火的考驗而淪為無人問津的

〔註60〕〔唐〕杜荀鶴：《送人遊吳》，見《全唐詩》，第二十冊，卷 691，北京：中華書局 1960 年版，第 7925 頁。

〔註61〕〔日〕斯波義信：《宋代江南經濟史研究》，方鍵、何忠禮譯，南京：江蘇人民出版社 2001 年版，第 167 頁。

廢墟。一次次的折戟沉沙，一次次的烽火烈焰，不僅未能摧毀她的
經濟文化基礎，反而往往會構成她經濟文化再生產的歷史動力。這
就出現了一種十分奇特的南京命運：一方面，豐厚的經濟基礎與發
達的思想文化，必然地要求在政治與意識形態上得到保障與反映，
但另一方面，歷史上每一次鬥爭又總是武裝的先知戰勝文化的先
知，久而久之，在總是充滿大喜大悲的南京文化氛圍中，也就直接
孕育出一種近乎頹廢主義的南京的快樂，它是一種節奏緩慢、溫柔
富貴、「躲避崇高」、沉迷於日常生活的詩性情調。〔註62〕

另一方面也成了人們寄託政治感傷的重要詩意意象，以杭州為例：

十三世紀後半葉（宋亡而後至元至正年間）的詞壇人物的杭州
生活基本上被沉鬱的故國情懷所籠罩著。其結社、聚宴、遊集、聯
吟，之所能夠成為一定規模，也與杭州作為昔日的都城與而今國破
景殘兩相映照所致。此間的辛酸悲慨，構成了此一時期詞人的集體
抒寫。

在他們的追憶中，杭州作為都城的實體化成了思緒中飄動的虛
渺幻景。當數十年之後，意大利人馬可‧波羅帶著對於東方的嚮往
踏上杭城的街道時，曾為如此繁盛的都市所折服。在卡爾維諾的小
說中，曾經生動虛構出馬可‧波羅回國後的敘述：在他向意大利國
王描述包括杭城在內的東方生活時，昏沉欲睡的國王竟為之感到思
緒飛越、心嚮往之。南宋都城臨安，這座看不見的城市，在人們的
追述中，至今仍然縈回著靈動媚人的詩性氣息。〔註63〕

而南京的「六朝煙水氣」使江南普通人物也兼具了這兩種情懷。《儒林外史》
第二十九回寫到杜慎卿與蕭金鉉在雨花臺觀景時有這樣一段文字：

坐了半日，日色已經西斜，只見兩個挑糞桶的，挑了兩擔空桶，
歇在山上。這一個拍那一個肩頭道：「兄弟，今日的貨已經賣完了，
我和你到永寧泉吃一壺水，回來再到雨花臺看看落照。」杜慎卿笑
道：「真乃菜傭酒保都有六朝煙水氣，一點也不差！」〔註64〕

〔註62〕劉士林：《南京的憂傷與快樂》，見劉士林、萬宇：《江南的兩張面孔》，上海：
上海音樂學院出版社2003年版，第192頁。
〔註63〕徐寶餘：《論兩宋詞對杭州詩性文化形象的建構》，浙江學刊，2006年第5期。
〔註64〕〔清〕吳敬梓：《儒林外史》，上海：上海文藝出版社1996年版，第293頁。

這不能不說是六朝文化的影響。

從政治方面來說，還有一個原因，那就是江南雖然也建立過許多政權，但中國古代的政治話語權基本上一直被中原所佔據，江南則處於政治的邊緣狀態，這就為江南超越政治的異化、追求詩性的審美創造了前提。

最後，從魏晉南北朝時期江南文化的發展變化來看，江南的詩性存在是一個被「發現」的過程。一方面，北方的世家大族由於北方的戰亂而遷移到南方，南方的安定與他們剛剛離開的混亂淒慘的北方形成了鮮明的對比，於是像找到了桃花源一樣，便很自然地稱讚起江南來。另一方面，江南地區還是中原士大夫流放的地區，那些在政治中失意的文人士大夫來到江南，很自然地在這裡看破官場中爾虞我詐的鬥爭，而傾向於享受平凡的日常生活。而這裡的自然環境、多情女子正好為他們提供了溫柔鄉。但哪裏沒有優美的自然環境，哪裏沒有多情的女子呢？主要原因就在於那些失意的人恰好來到了這裡，來到了這個恰好可以遠離政治的地方，於是便成就了這裡的詩性文化。從這裡也可以呼應前面的論述，即江南詩性文化並不是江南地區本身產生的，而是來自中原的異鄉人在感受中不斷闡釋的結果。劉士林先生在《江南文化精神》後記中說「本書的作者大都不是正宗的江南人」〔註65〕，其深刻原因正在於此。

第三節　江南詩性文化的主要內涵、成立條件及重要意義

一、江南詩性文化的界定

詩性文化與詩性智慧有關。詩性智慧一詞來源於 17 至 18 世紀的意大利哲學家維柯。他在研究「異教世界」中最初的人類思維的時候發現各種語言和文字的起源都有一個原則，即「原始的諸異教民族，由於一種已經證實過的本性上的必然，都是些用詩性文字來說話的詩人」，〔註66〕「古代人的智慧就是神學詩人們的智慧」。〔註67〕從維柯這段話來看，詩性智慧是原始人共有

〔註65〕劉士林主編：《江南文化精神》，上海：上海大學出版社 2009 年版，第 377 頁。
〔註66〕〔意大利〕維柯：《新科學》，朱光潛譯，北京：人民文學出版社 1986 年版，第 28 頁。
〔註67〕〔意大利〕維柯：《新科學》，朱光潛譯，北京：人民文學出版社 1986 年版，第 155 頁。

的智慧，而不單單是某一個地區特有的現象。詩性智慧的特點在於用感官以直覺的方式理解世界。維柯說：「詩人們首先憑凡俗智慧感覺到的有多少，後來哲學家們憑玄奧智慧來理解的也就有多少，所以詩人們可以說就是人類的感官，而哲學家們就是人類的理智。」〔註68〕

詩性智慧源於原始人的無知和好奇。維柯說：「詩性的智慧，這種異教世界的最初的智慧，一開始就要用的玄學就不是現在學者們所用的那種理性的抽象的玄學，而是一種感覺到的想像出的玄學，像這些原始人所用的。這些原始人沒有推理的能力，卻渾身是強旺的感覺力和生動的想像力。這種玄學就是他們的詩，詩就是他們生而就有的一種功能（因為他們生而就有這些感官和想像力）；他們生來就對各種原因無知。無知是驚奇之母，使一切事物對於一無所知的人們都是新奇的。」〔註69〕「這樣他們就開始運用本性中的好奇心。好奇心是無知之女，知識之母，是開人心竅的，產生驚奇感。凡俗人至今還保留著這種特性，每逢看到一顆彗星，一種太陽幻相或其他自然界的離奇事物，特別是天象中的怪事，他們就馬上動起好奇心，急於要瞭解它有什麼意義。」〔註70〕

劉士林先生批判地接受了維柯的觀點，他說：「維柯雖然提出了詩性文化觀念，建立了『起源決定本質』的方法論，但局限於西方人的歷史經驗和文化視野，卻未能把這個問題闡釋好。一方面是受西方思維方式影響，維柯仍有比較明顯的文明中心論色彩，例如他把詩性智慧看做是『粗糙的玄學』、『粗野本性』等；另一方面是西方詩性文化本身不夠典範，它在青銅——軸心時代的斷裂性演進方式，在原始時代與文明時代之間開掘了一道鴻溝，並直接導致了維柯本人的一個顛倒行為，即把軸心時代中已經變形的、瓦解的詩性智慧（荷馬史詩），當做了『詩性智慧的萌芽』。其後果十分嚴重，它導致了人們把詩性智慧當做理性思維的感性初級階段，而詩性智慧的本體結構也就被遮蔽起來。由此看來，要想正確闡釋詩性智慧的本體內涵，首先必須從這兩方面的批判入手。需要提醒的是：僅僅摒棄掉文明中心論這先入之見仍是

〔註68〕〔意大利〕維柯：《新科學》，朱光潛譯，北京：人民文學出版社1986年版，第152頁。
〔註69〕〔意大利〕維柯：《新科學》，朱光潛譯，北京：人民文學出版社1986年版，第164～162頁。
〔註70〕〔意大利〕維柯：《新科學》，朱光潛譯，北京：人民文學出版社1986年版，第163頁。

不夠的，還必須以一種更爲典範的詩性文化爲研究對象，才能眞正使理論思維觸及到詩性智慧的存在本身。因此不論從何種意義上講，對詩性智慧的解釋權都不可能在西方人手中。我就是希望以自己的努力來繼續講這個話題。」〔註71〕在此基礎上，他寫了《中國詩性文化》一書。在他看來，中國文化無疑是最能代表詩性文化的。中國文化的非主體化、非對象化充分體現了詩性智慧的特徵。

後來，他把中國詩性文化主要分爲兩種，一種是齊魯政治——倫理型的詩性文化，一種是江南詩性——審美型的詩性文化，也就是我們所說的江南詩性文化。這種關於詩性文化的定義與前面有很大差別。如前所述，它主要是關於審美的。他在《西洲在何處》中提到這樣一件有趣的事：「在《中國詩性文化》出版後，我在許多場合都會碰到一種被誤讀的苦惱與尷尬，一談及『中國詩性文化』這個概念，人們總是要把它理解爲除了大自然的『暮春三月，草長鶯飛』之外，就主要是由柳永、唐伯虎、徐渭等白衣卿相所代表的以『詩與酒』爲文化象徵的江南士子生活。」〔註72〕可見，詩性在人們的心目中很自然地被認爲是關乎審美的。據此，本文所關注的江南文化的詩性精神主要就是指江南文化中發達的審美要素以及江南人的審美生活方式。

二、江南詩性文化的萌芽與江南詩性文化

江南詩性文化的發展分兩個大的階段，即江南詩性文化的萌芽階段與江南詩性文化階段。

江南詩性文化的萌芽階段在本文指的是江南自身本來就具有的詩性文化。南方人民本然地具有一種詩意審美的生活方式。如前文所引桓寬《鹽鐵論・通有第三》云荊、揚之南的人民「鴜偸生，好衣甘食，雖白屋草廬，歌謳鼓琴，日給月單，朝歌暮戚」。〔註73〕他們本身就有一種對於美的追求：喜歡漂亮的衣服、甘美的食物。在物質之外，他們本能地追求一種超越的生

〔註71〕 廖明君、劉士林：《中國文化精神的本體論闡釋——劉士林訪談錄》，劉士林：《西洲在何處——江南文化的詩性敘事》，北京：東方出版社 2005 年版，第229～230 頁。

〔註72〕 劉士林：《西洲在何處——江南文化的詩性敘事》，北京：東方出版社 2005 年版，第 60 頁。

〔註73〕 〔漢〕桓寬：《鹽鐵論・通有第三》，見見王利器校注：《鹽鐵論校注》（上），北京：中華書局 1992 年版，第 42 頁。

活：彈琴唱歌，逍遙度日。

劉向《說苑》卷十一《善說》記載了這樣一個故事：

> 襄成君始封之日，衣翠衣，帶玉璏劍，履縞舄，立於流水之上。
> 大夫擁鍾錘，縣令執桴號令，呼誰能渡王者。於是也，楚大夫莊辛
> 過而說之，遂造託而拜謁，起立曰：「臣願把君之手，其可乎？」襄
> 成君忿然作色而不言。莊辛遷延盥手而稱曰：「君獨不聞夫鄂君子晳
> 之汎舟於新波之中也？乘青翰之舟，極芮苊，張翠蓋，而擁犀尾，
> 班麗裀衽，會鐘鼓之音畢，榜枻越人擁楫而歌，歌辭曰：『濫兮抃草
> 濫予，昌桅澤予，昌州州鷈州焉乎，秦胥胥，縵予乎，昭澶秦踰，
> 滲惿隨河湖。』鄂君子晳曰：『吾不知越歌，子試爲我楚說之。』於
> 是乃召越譯，乃楚說之曰：『今夕何夕兮，搴舟中流。今日何日兮，
> 得與王子同舟。蒙羞被好兮，不訾詬恥。心幾頑而不絕兮，得知王
> 子。山有木兮木有枝。心說君兮君不知。』於是鄂君子晳乃揄修袂
> 行而擁之，舉繡被而覆之。鄂君子晳親楚王母弟也，官爲令尹，爵
> 爲執珪，一榜枻越人猶得交歡盡意焉。今君何以踰於鄂君子晳？臣
> 獨何以不若榜枻之人？願把君之手，其不可何也？」襄成君乃奉手
> 而進之，曰：「吾少之時，亦嘗以色稱於長者矣，未嘗遇僇如此之卒
> 也。自今以後，願以壯少之禮，謹受命。」〔註74〕

這首《越人歌》是南方的土著越人用本民族語言唱的，這充分說明了古代南
方民族是具有詩性智慧的民族。而古代的浙江北部的越國人民也稱爲「越
人」，說明狹義的江南地區的人民也是本然地具有這種詩性智慧和詩性審美的
生活方式的。

但這種萌芽狀態的江南詩性文化並不是區別於北方文化的獨特之處。正
如維柯所說詩性智慧是原始人類普遍的思維特徵一樣，以中國爲例，詩性文
化也不是南方文化獨有的東西。北方文化中也同樣具有較普遍的詩性審美的
生活方式。如前引桓寬《鹽鐵論·通有第三》云北方的趙國和中山國也是「民
淫好末，侈靡而不務本，田疇不修，男女矜飾，家無斗筲，鳴琴在室」。〔註
75〕由此可見，在先秦時期的中國，南方和北方都具有一種詩性審美的生活方

〔註74〕　向宗魯：《說苑校證》，北京：中華書局 1987 年版，第 277～279 頁。
〔註75〕　〔漢〕桓寬：《鹽鐵論·通有第三》，見王利器校注：《鹽鐵論校注》（上），北
　　　　　京：中華書局 1992 年版，第 42 頁。

式。江南也本然地具有詩性智慧，江南人民本然地過著一種詩性審美的生活。
但北方民族也是如此。

所謂江南詩性文化階段，是指魏晉南北朝以後，由於中原文化的南傳，
文化重心逐漸南移，南方文化最終超越了北方文化，而江南文化又是南方文
化最成熟的組成部分，因而江南文化中的詩性精神的光芒遂超越了其他地區
文化中的詩性精神的光芒，於是江南文化便被看做是詩性文化的代表（雖然
古代並沒有詩性文化一詞），直到被認爲其本身就是詩性文化而且這種詩性文
化是它區別於中原文化的獨特之處。

正如前面所說，詩性文化並不是江南所特有的，與此同時，北方也同樣
具有詩性文化，而且超越了萌芽狀態的江南詩性文化是中原文化傳入南方並
進一步發展的結果。只是由於它最爲成熟，最具有代表性，最爲歷代文人士
大夫所鍾情，它才被認爲是獨特的。

劉士林先生在列舉了李學勤先生《長江文化史》中論及的長江文明獨立
於黃河文明的五個證據之後說：「正是在這裡，作爲長江文明一個重要分支的
江南文化，才可以說眞正找到了自己可以擺脫北方文化及其解釋系統的文化
根據地。儘管不能說這兩種大河文明完全是涇渭分明的，但至少可以用『二
水分流』來描述它們的關係。」〔註76〕雖然關於長江流域的考古學推翻了黃
河文化中心論，但是我們不能忽略以下兩點。其一，雖然說南北文化形態有
很大差別，但古老的文化不論南方還是北方都是詩性文化，那裏的人民都擁
有一種詩性審美的生活方式這一點是毫無疑問的。其二，雖然長江文化與黃
河文化是各自獨立產生的，但後來畢竟長江流域的文化發展得緩慢，甚至徘
徊不前了，本文所說的江南詩性文化是中原文化南傳並在江南進一步發展的
結果。也就是說，魏晉南北朝以後的江南詩性文化絕不是原來的萌芽階段的
江南詩性文化，它與中原文化有著血緣關係。「中國古代文明誠然是多源的、
多區域的，然而也必須看到，不同時期、不同區域的文化發展是不平衡的。
也就是說，在若干關鍵的當口，特定的區域會起特殊的歷史作用。例如大家
關心的『跨進文明的門檻』，便不可能同時在好多地區實現。從來人所共知，
夏商周三代是中國文明興起以至定型的重要時代，而其中心無不在黃河中下

〔註76〕劉士林：《西洲在何處——江南文化的詩性敘事》，北京：東方出版社2005年
版，第23頁。

游地區，這是永遠不可抹殺的。」〔註77〕

　　總之，中國的遠古時期無論南方北方的民族都具有一種詩性的智慧和詩性審美的生活方式，與萌芽階段的江南詩性文化同時，北方文化也具有普遍的詩性精神。由於江南文化發展比較緩慢，中原文化一直處於文明的重心和話語霸權地位。中原文明也由於漢人在南方建立政權以及漢民族南遷而不斷向江南傳播。到了魏晉南北朝時期，中原代表時代精神的玄學隨著晉室東遷而傳入南方，逐漸使江南詩性文化超越了萌芽狀態。這一意義上的江南詩性文化是中原文化南傳並進一步發展的結果。可以想像，如果當時北方不遭受少數民族的入侵，中原文化在中原會繼續發展成為非常繁榮的詩性文化。只是由於北方被落後的少數民族統治，中原的文化世家遷入南方，於是本來高度發展的中原文化只好在南方尋求生存和發展的機會。由於他們在江南處於優勢地位，於是中原文化的勢頭超過了原來的江南文化，「北人遂為南人」的同時，中原文化也遂成為南方文化，原先的南方文化反而湮沒不彰了。與此同時，北方由於落後的少數民族佔據統治地位，由於戰爭的破壞和落後文化的影響，其文化反而趨於保守，發展緩慢，原來先進的中原文化越來越不如江南文化繁榮。江南文化超過了中原文化，江南文化的詩性精神遂成為中國文化詩性精神的代表，由於這種詩性精神的凸顯，江南文化本身也就被認為是有別於其他區域文化的詩性文化了。

三、關於江南詩性文化的軸心期的再思考

　　本文讚同把江南軸心期定在「魏晉南北朝時代」，〔註78〕其原因主要在於在中原文化南傳的過程中，魏晉南北朝時代是第一個最為令人矚目的時代。由於中原世家大族的南遷，給江南文化的發展提供了絕好的時機：

　　　　對於江南而言，中原世族的南遷，大大提高了南方的文化水準。
　　可以說，東晉立國江東，京洛世族名流的南徙，實際上將文化中心
　　由洛陽遷到了建康，並由此向整個江南地區傳播。不僅如此，隨著
　　南遷僑姓世族逐漸適應江南的生活，他們在新的自然環境、生活狀

〔註77〕　《跨進文明的門檻──〈長江文化史〉》，華夏經緯網，http://www.huaxia.com/
　　　　wh/dskj/00244827.html。
〔註78〕　劉士林：《西洲在何處──江南文化的詩性敘事》，北京：東方出版社 2005 年
　　　　版，第 31 頁。

> 態下，其文化、思想也自然會發生一些變化，生長出一些新的文化
> 因素。從這個意義上說，永嘉亂後北方世族之南徙，既是東南文化
> 崛起之關鍵，也是中華文明新變之契機。〔註79〕

依筆者淺見，這種「中華文明新變」可以說就是詩性文化在江南的成熟。

不過，在讚同這一觀點的同時，還需說明以下幾點。

首先，說江南文化的軸心期是魏晉南北朝時代，並不意味著江南文化是從魏晉南北朝時期開始發生變化的。如前所述，中原文化對江南文化的移風易俗很早就開始了。只是一開始非常輕微，入鄉隨俗的成分大於移風易俗的成分。首先是吳太伯及其弟仲雍的奔吳給吳地帶去了周文化。《越人歌》的原文爲古越語，與楚人的語言不同。其實楚人來自中原，這也可以說是中原文化的南傳。自此以後至晉室東遷之前，即兩漢三國時期，還有幾次北人南遷。從西漢中期開始，北方移民不斷遷入江南，只不過規模不大，上層人士極少，且相當分散，因此史籍記載較少。兩漢之際，由於王莽政權帶來的動盪以及北方少數民族的威脅，中原人紛紛南下避難，但由於西漢近兩百年的安定，他們對避難無長遠打算，等天下稍安定後，他們又遷回中原了。東漢末至三國期間，有五次較大規模的遷移，這些遷移並不是都以大規模的移民爲結果的，有幾次遷出的人口或者以後又返回中原，或者大部分死亡，沒有多少人在遷入地定居。〔註80〕

到了西晉末年，由於五胡亂華局面的出現，北方人南遷的規模大大超過了以往，這次南遷史稱「永嘉南渡」。「若即以僑州、郡、縣之戶數當南渡人口之約數，則截至宋世（筆者按：指南朝劉宋）止，南渡人口約共九十萬，占當時全國境人口約共五百四十萬之六分之一。西晉時北方諸州及徐之淮北，共有戶約百四十萬（《晉書・地理志》），以一戶五口計，共有口七百餘萬，則南渡人口九十萬，占其八分之一強。換言之，即永嘉之喪亂，致北方平均凡八人之中，有一人遷徙南土；遷徙之結果，遂使南朝所轄之疆域內，其民六之五爲本土舊民，六之一爲北方僑民是也。南渡人戶中以僑在江蘇者爲最多，約二十六萬；山東約二十一萬，安徽約十七萬，次之；四川約十萬，湖北約六萬，陝西約五萬，河南約三萬，又次之；江西湖南約各一萬餘，最少。

〔註79〕 許輝、邱敏、胡阿祥：《六朝文化》，南京：江蘇古籍出版社 2001 年版，第 187
～188 頁。

〔註80〕 葛劍雄主編：《中國移民史》第二卷，福州：福建人民出版社 1997 年版，第
262～273 頁。

以是足知此次民族播徙，其主要目的地乃在江域下游，而與中上游之關係較淺。至中上游之開發，則猶有待於唐、宋、元、明之世。」〔註 81〕由於「永嘉南渡」的規模如此之大，而且建立了將近 300 年的南方政權，具有深遠的影響，且其中心區域在長江下游，即今江南地區周圍，因此以魏晉南北朝時代作爲江南詩性文化的軸心期是合適的。

　　其次，江南文化軸心期並不是江南人面對挑戰的產物，而是中原文化傳入江南後的自然發展。劉士林先生在尋找江南軸心期時說：

　　　　江南軸心期的開端應該這樣去尋找，即江南民族在某個歷史時期一定發生過什麼「質變」，它使得這些本來「好勇」、「輕死」的民族發現祖先的一套已經行不通了，並迫使他們必須改變自己獲得生活資料的方式，以及十分痛苦地在思想、情感與意志三方面壓抑自己的天性與本能。或者重新做人，或者走向滅絕，這正是人類在它的軸心期曾面臨過的生死抉擇。可以想像，也只有這樣一種刻骨銘心的經驗，才可能使江南民族啓動從野蠻到文明、從本能到審美的升級程序，進入到一個全新的版本中。〔註 82〕

又說：

　　　　「永嘉南渡」對於江南開發的意義是毋庸贅言的，但爲一般中國學者所忽略的卻是，所謂的南北衝突與交融，並不是詩人所謂的「取諸懷抱，晤言一室之內」，由於它直接關係到不同地區、人民的政治經濟利益與現實命運沉浮，因而其中各種劇烈的矛盾衝突與殘酷的鬥爭是可想而知的。在這一段的歷史文獻中常見的南人與北人從口音到政見的激烈衝突，實際上還表明他們雙方固有的思維與生活方式統統被葬送了。正是在這樣一種劇烈而痛苦的文化震盪中，才迫使所有生存在這方水土上的人們去找根源、想辦法，直至生產出一種可以回應現實挑戰的新智慧來。而這一切與人類在軸心時代的所作所爲是極其相似的。〔註 83〕

〔註81〕譚其驤：《晉永嘉喪亂後之民族遷徙》，見《長水集》（上），北京：人民出版社 1987 年版，第 219～220 頁。

〔註82〕劉士林：《西洲在何處——江南文化的詩性敘事》，北京：東方出版社 2005 年版，第 31 頁。

〔註83〕劉士林：《西洲在何處——江南文化的詩性敘事》，北京：東方出版社 2005 年版，第 32 頁。

這兩段話顯然是說江南軸心期所創造的江南詩性文化是江南人面對巨大的歷史挑戰的產物。然而事實上是中原人遭遇了災難性的巨變並作出應對的結果。而且它並不一定是中原人痛苦的產物。如果說痛苦，那些留守在中原的漢族人在少數民族的統治之下應該更痛苦，而其文化中的詩性精神反而沒有江南發達，此其一；其二，晉室東遷之後，那些南渡的中原世家大族在江南佔據優勢地位。從這兩點可以說東晉南朝時期的江南詩性文化不是痛苦的產物。實際上，江南詩性文化是中原文化的詩性精神自然生長的結果。也就是說，如果中原不遭遇北方少數民族的入侵，那麼中原文化中原有的詩性精神會自然生長，也會很發達；當中原遭到破壞，代表中原文化的詩性精神的那些世家大族紛紛南遷後，詩性精神的生長地便轉移到了江南。

另外，從應對災難性巨變的角度說，正是由於中原地區直接在少數民族政權的統治之下，留守中原的世家大族才更趨於保守，以維持文化的命脈；而東遷（南渡）的中原文化世家正是由於在江南處於優勢地位，所以他們才能使生命趨於詩性的審美。

四、詩性精神的自然生長

上節談到詩性精神的自然生長，請再細言之。《史記》卷一百二十九《貨殖列傳第六十九》云：

> 太史公曰：夫神農以前，吾不知已。至若詩書所述虞夏以來，耳目欲極聲色之好，口欲窮芻豢之味，身安逸樂，而心誇矜埶能之榮使。〔註84〕

正如追求快樂、愛好聲色是人們的本然願望一樣，詩性審美的生活也是中國南北地區人民的共同追求。不過對詩性審美的追求也有一個從「古者」到「今世」發展的過程：

> 古者，采椽不斫，茅茨不翦，衣布褐，飯土硎，鑄金爲鉏，埏埴爲器，工不造奇巧，世不寶不可衣食之物，各安其居，樂其俗，甘其食，便其器。是以遠方之物不交，而崑山之玉不至。今世俗壞而競於淫靡，女極纖微，工極技巧，雕素樸而尚珍怪，鑽山石而求金銀，沒深淵求珠璣，設機陷求犀象，張網羅求翡翠，求蠻、貉之

〔註84〕《史記》卷一百二十九《貨殖列傳第六十九》，見《史記》第十冊，北京：中華書局 1959 年版，第 3253 頁。

物以眩中國，徒邛、筰之貨，致之東海，交萬里之財，曠日費功，
無益於用。〔註85〕

當然，上面所引兩則材料只是一個比喻。不過求其本身，也是如此。魏晉時
期，中州學術居於領先地位。但從王弼、何晏到竹林七賢就有一個發展過程：

阮籍嵇康之學，則頗與王何異趣。輔嗣注《易》，平叔解《論語》，
皆顯遵儒轍。阮籍則菲薄經籍，直談老莊，此一異也。王何喜援老
子，少及莊周。阮籍則莊老並稱，而莊周有所尊尚。〔註86〕

如果說道家思想比儒家思想更傾向於詩性特徵，如果說重心在人生哲學的莊
子比重心在政治哲學的老子更富有詩意，那麼無疑地從王弼、何晏到阮籍、
嵇康的發展就是一個詩性精神自然生長的過程。同樣從兩漢經學到魏晉玄學
也是詩性精神自然生長的過程。

而從西晉到東晉，詩性精神得到了進一步的發展：

東晉人士，承西晉清談之緒，並精名理，善論難，以劉惔、王
蒙、許詢為宗：其與西晉不同者，放誕之風，至斯盡革。又，西晉
所云明理，不越老莊，至於東晉，則支遁、法深、道安、惠遠之流，
並精佛理，故殷浩、郗超諸人，並承其風，旁逮孫綽、謝尚、阮裕、
韓伯、孫盛、張憑、王胡之，亦均以佛理為主，息以儒玄；嗣則殷
仲文、桓玄、羊孚，亦精玄論。大抵析理之美，超越西晉，而才藻
新奇，言有深致，即孫安國所謂「南人學問，清通簡要」也。〔註87〕

再以文學為例：

惟東漢以來，讚頌銘誄之文，漸事虛辭，頗背立誠之旨。……
非惟韻文為然也，即作論著書，亦蹈此失。故《世要論·序作篇》
曰：世俗之人，不解作體，而務泛溢之言，不存有益之義。文勝之
弊，即此可睹。故援引其說，以見當時文學之得失，亦以見文章各
體，由質趨華，非一朝一夕之故，其所由來者漸矣。〔註88〕

〔註85〕〔漢〕桓寬：《鹽鐵論·通有第三》，見王利器校注：《鹽鐵論校注》（上），北
　　　　京：中華書局 1992 年版，第 42～43 頁。
〔註86〕錢穆：《記魏晉玄學三宗》，見錢穆：《莊老通辨》，北京：三聯書店 2002 年版，
　　　　第 315 頁。
〔註87〕劉師培：《中國中古文學史講義》，見勞舒編：《劉師培學術論著》，杭州：浙
　　　　江人民出版社 1998 年版，第 278 頁。
〔註88〕劉師培：《中國中古文學史講義》，見勞舒編：《劉師培學術論著》，杭州：浙
　　　　江人民出版社 1998 年版，第 247 頁。

「其所由來者漸矣」即表明了詩性精神的自然生長過程。可見曹魏時期「文」的覺醒（以曹丕《典論‧論文》爲代表）並不是無根之木和無源之水。「建安文學，實由文帝、陳王提倡於上。……（魏文、明、少皆提倡文學，）故有魏一朝，文學獨冠於吳、蜀。」〔註89〕曹丕、曹植兄弟提倡文學也是由於受中原文化浸染之故。南朝文學的興盛也起因於中原西晉王朝的文學：

> 晉人文學，其特長處，非惟析理也已。大抵南朝之文，其佳者
> 必含隱秀，然開其端者，實惟晉文。又語出必雋，恒在自然，此亦
> 晉文所特擅。〔註90〕

可見，江南詩性文化不是突然從石頭縫裏跳出來的東西，它是中原詩性文化傳入並自然生長的結果。

五、江南詩性文化理論成立的條件和意義

由於北方也存在詩性文化，江南詩性文化只是由於它最爲發達、最爲凸顯、最爲歷代文人士大夫所鍾情才被認爲是獨特的，是區別於北方文化的，因此，要想使江南詩性文化理論的基礎更爲牢固，還需給出以下限定條件。

在學術史上，一個天才的理論往往從某一個側面強調了某一個問題，我們所要做的，不是單單去看這個理論錯在哪裏，更重要的是要看這個理論從什麼角度說明了什麼問題。事實上，任何理論都不可能是完美的。試舉一例說明之。意大利歷史學家克羅齊有個理論說「一切歷史都是當代史」，無疑道出了歷史研究的當下意義。但它在純粹的考據學上就未必成立，比如我們就無法用此理論去衡量清代乾嘉學派的工作。但我們所關注的並不是它不能說明什麼問題，而是它在何種條件下能夠說明什麼問題。再比如「藝術即形式」這一說法，看似有失偏頗，其實意在強調形式的重要性。江南詩性文化理論即向我們突出表明了這樣一種現象，即歷代的文人、士大夫和學者都有一種超越庸常生活的精神需求，需要一個詩意的生活空間和一種富有詩意的日常生活。它表明了歷代文人、士大夫和學者的這樣一種追求：「讓江南永遠是她自身，讓江南在話語之中穿越時光和空間，成爲中華民族生活中一個永恆的

〔註89〕 劉師培：《中國中古文學史講義》，見勞舒編：《劉師培學術論著》，杭州：浙江人民出版社1998年版，第246頁。
〔註90〕 劉師培：《中國中古文學史講義》，見勞舒編：《劉師培學術論著》，杭州：浙江人民出版社1998年版，第282頁。

精神家園。」〔註91〕王國維有言：「可信者不可愛，可愛者不可信。」有些東西我們所要追求的正是其可愛的一面。江南詩性文化正是歷代的文人、士大夫和學者用大丈夫的柔情創造出的一個可愛的理想模型。亞里斯多德的詩學理論認爲，有歷史的眞實，有詩的眞實，而詩比歷史更眞實：

> 詩人的職責不在於描述已經發生的事，而在於描述可能發生的事，即根據可然或必然的原則可能發生的事。歷史學家和詩人的區別不在於是否用格律文寫作（希羅多德的作品可以被改寫成格律，但仍然是一種歷史，用不用格律不會改變這一點），而在於前者記述已經發生的事，後者描述可能發生的事。所以，詩是一種比歷史更富哲學性、更嚴肅的藝術，因爲詩傾向於表現帶普遍性的事，而歷史卻傾向於記載具體事件。〔註92〕

江南詩性文化理論可以說具有一種詩的眞實。在文學藝術中，人們常說某一作品表達了一種情感的眞實。江南詩性文化理論可以說正是表達了歷代文人、士大夫和學者的情感眞實。而所有這些，就是江南詩性文化理論成立的條件。

　　江南詩性文化的構建具有重要的理論意義。歷代的詩人所歌頌的江南只是從感性的層面上描繪江南的圖景，梁啓超、王國維、劉師培等學者也只是總結了一些江南文化的特點，但都沒有上升到理論的高度。江南詩性文化理論第一次從理論的高度總結了江南文化的特點，給這一使歷代的文人、士大夫和學者所傾心嚮往的地區和文化命了名。這使人們以往對江南的朦朧的認識變得異常清晰。其在美學理論方面還有一個重要意義：「（《西洲在何處》）這部著作還有一層啓示，作者在以江南文化中的審美經驗這樣一種地方經驗爲基礎，在這種地方經驗中提取出鮮活而生動的審美意識與審美理念，這與以往的中國美學史研究截然不同，我們已經習慣於以時代爲線索的宏大敘述，在這種敘述中沒有地方經驗的位置，完全是一種時間性的研究而不是空間性的。但在《西洲在何處》這部著作中，劉士林以江南這一空間性的『地方』爲核心探索華夏審美精神的本源與結構，這似乎是在啓示我們，應當進

〔註91〕劉士林：《讓江南永遠是她自身——〈江南話語〉主編人語》，見劉士林：《西洲在何處——江南文化的詩性敘事》，北京：東方出版社 2005 年版，第 240 頁。

〔註92〕〔古希臘〕亞里斯多德：《詩學》，陳中梅譯注，北京：商務印書館 1996 年版，第 81 頁。

行一種空間性的研究，這實質上是在重建中國美學的深層結構。」〔註93〕

　　江南詩性文化理論的提出還具有重要的現實意義。首先它表達了一種對於現實的焦慮。江南詩性文化是在拜金主義氾濫的時代提出來的，是對商業化與功利化的反撥：「在這個越來越功利、商業化的消費時代中，如何消除商業的異化力量，全面地提高人的生活品質，在物質小康的基礎上獲得更高層次的精神發展，大而言之是一個全球性的難題，小而言之則關係到如何在江南地區落實科學發展觀。」〔註94〕其次，它表達了一種對於未來的設想。與其說江南詩性文化理論是對過去的總結，不如說它是對未來的規劃。這一理論猶如柏拉圖的完美理念，促使我們的現實向它靠攏，使江南文化未來的發展不是盲目的，而是有序的。

　　馬克斯·韋伯的《新教倫理與資本主義精神》一書有個重要的觀點，可以概括為：

> 新教倫理為資本主義經濟的發展提供了大量有節制、態度認真、工作異常勤勉的勞動者，他們對待自己的工作如同對待上帝賜予的畢生目標一樣。人們為了信仰而勞動，認為勞動是一種天職，是最善的，一種特殊的資產階級的經濟倫理形成了，在清教所影響的範圍內，在任何情況下清教的世界觀都有利於一種理性的資產階級經濟生活的發展。〔註95〕

這一觀點認為資本主義是在宗教精神的影響下發展起來的。如果按照馬克思主義的看法，這無疑是錯誤的。韋伯提出這一觀點的歷史背景是科學占統治地位的時代，宗教越來越不受人們的重視。韋伯的目的很可能就是為了要強調宗教的作用，重新提高宗教的神聖地位。與此相似，江南詩性文化理論也是在科學占統治地位、人類詩性的光芒被遮蔽的背景下提出的。它是對科學時代人類的永無休止的物質欲望的批判，表達了希望能夠重新回到詩性時代、過一種詩意的生活的美好願望。相信江南詩性文化理論的創造，將會使江南文化的建設和發展更加健康，因為它本身就是為江南文化預設的一個健康美好的未來。

〔註93〕劉旭光：《對民族審美精神的探尋》，光明日報，2005 年 8 月 22 日。
〔註94〕劉士林：《西洲在何處——江南文化的詩性敘事》，北京：東方出版社 2005 年版，第 212 頁。
〔註95〕李淑娟：《精神對經濟發展作用的反思——讀馬克斯·韋伯〈新教倫理與資本主義精神〉》，經濟研究導刊，2008 年第 11 期。

第四節　江南文化的詩性精神的外在表現

在緒論中，我們介紹了梁啓超、劉師培、王國維等學者在南北文化的比較中提出的南方文化的諸多方面的特點。雖然他們立論的基礎——在關於南方文化與道家文化的關係以及地理環境決定論等方面——有不能成立之處，因而在對於南方文化的特點的論述的某些方面有絕對和牽強之處，但他們關於南方文化特點的概括、對於南方文化在各個方面的描述有很多精彩的地方。這裡，我們進一步將研究對象從南方文化縮小到江南文化，從自然、人、文化等方面描述江南文化的詩性精神的外在表現。

一、自然方面的外在表現

從地理環境上的特點來看，按照劉師培的說法，北方為山國，南方為澤國。南方的水是非常有名的。江南的水，是溫暖的水，是柔情的水。錢穆在《師友雜憶》中深情地懷念了家鄉的水：

> 余盛讚嘉定（按指四川嘉定）江山之勝。一浮（按指馬一浮）告余，君偶來小住，乃覺如此。久住必思鄉。即以江水論，晨起盥洗，終覺刺面。江浙水性柔和，故蘇杭女性面皮皆細膩，為他處所不及。風吹亦剛柔不同。風水既差，其他皆殊。在此終是羈旅，不堪作久居計。〔註96〕

陳從周在《說紹興》中將越水與越酒聯繫在一起：

> 紹興是水鄉，以舟代車，每到斜陽在山，人影散亂，漁舟唱晚，船頭小飲，各極其態，「此身從不夢長安」，毫無官癮，沉醉在醉鄉之中，此景惟越人得之。紹興之有酒名，與越水難分，越水清而純，泉香酒冽，古之名言也。〔註97〕

從氣候上來說，人們常常把北方與秋冬聯繫起來，而把江南與春天聯繫起來。曹操《苦寒行》云：「樹林何蕭瑟，北風聲正悲。溪谷少人民，雪落何霏霏。」〔註98〕江南則是一個春意盎然的世界，《子夜吳歌》云：「春林花多媚，春鳥

〔註96〕錢穆：《八十憶雙親・師友雜憶》，長沙：嶽麓書社 1986 年版，第 206 頁。

〔註97〕陳從周：《說紹興》，司馬玉常選編：《陳從周天趣美文》，廣州：廣東人民出版社 1999 年版，第 233 頁。

〔註98〕〔漢〕曹操：《苦寒行》，見〔宋〕郭茂倩：《樂府詩集》，第二冊，卷33，相和歌辭八，北京：中華書局 1979 年版，第 496 頁。

意多哀。春風復多情，吹我羅裳開。」〔註99〕郁達夫的《故都的秋》描寫了北方的深沉，千百年以前張若虛的一首《春江花月夜》則寫出了南方的優美。明朝王越《雁門紀事》一詩這樣描寫大同風景：

> 雁門關外野人家，不養絲蠶不種麻。
>
> 百里全無桑柘樹，三春那見杏桃花。
>
> 簷前雨過皆成雪，塞上風來總是沙。
>
> 說與江南人不信，只穿皮襖不穿紗。〔註100〕

可見江南的氣候確實優於北方，更適合人們詩意的居住。

不光山水不同，不同文化背景下的人們觀看山水的方式也不同。齊魯倫理文化下的哲人是從道德的角度觀看水的，《荀子‧宥坐》記載了這樣一段對話：

> 孔子觀於東流之水。子貢問於孔子曰：「君子之所以見大水必觀焉者，是何？」孔子曰：「夫水大徧與諸生而無為也，似德；其流也埤下，裾拘必循其理，似義；其洸洸乎不淈盡，似道；若有決行之，其應佚若聲響，其赴百仞之谷不懼，似勇；主量必平，似法；盈不求概，似正；淖約微達，似察；以出以入以就鮮絜，似善化；其萬折也必東，似志。是故見大水必觀焉。」〔註101〕

而江南詩性文化視野中的詩人文士則常常以審美的眼光觀看山水。明代書法家黃汝亨云：「我輩看名山，如看美人，顰笑不同情，修約不同體，坐臥徙倚不同境，其狀千變。山色之落眼光亦爾，其至者不容言也。」〔註102〕張岱《西湖夢尋》云：「余弟毅孺常比西湖為美人，湘湖為隱士，鑒湖為神仙。余不謂然。余以湘湖為處子，眠娗羞澀，猶及見其未嫁之時；而鑒湖為名門閨淑，可欽而不可狎；若西湖則為曲中名妓，聲色俱麗，然倚門獻笑，人人得而媟褻之矣。人人得而媟褻，故人人得而豔羨；人人得而豔羨，故人人得而輕慢。」〔註103〕袁宏道在寫給吳敦之的尺牘中說：「東南山川，秀媚不可言，如少女時花，婉弱可

〔註99〕 《子夜四時歌》，見〔宋〕郭茂倩：《樂府詩集》，第二冊，卷44，相和歌辭八，北京：中華書局1979年版，第645頁。

〔註100〕 〔明〕蔣一葵：《堯山堂外紀》卷八十三《國朝》「王越」條。

〔註101〕 《荀子‧宥坐第二十八》，見王天海校釋：《荀子校釋》（下），上海：上海古籍出版社2005年版，第1117頁。

〔註102〕 〔明〕黃汝亨：《姚元素〈黃山記〉引》，見祝鼎民、於翠玲選注：《明代散文選注》，長沙：嶽麓書社1998年版，第359頁。

〔註103〕 〔明〕張岱：《西湖夢尋》西湖總記《明聖二湖》，見孫家遂校注：《西湖夢尋》，杭州：浙江文藝出版社1984年版，第1頁。

愛。」〔註104〕子將嘗言:「寶石（按:疑爲保俶）如美人。」〔註105〕就連飛來峰壁間「奇醜可厭」的佛像,袁宏道也要把它比喻爲「美人面上瘢痕」。〔註106〕

二、江南人本身的詩性表現

一方水土養育一方人。朱熹《中庸章句》云:「南方風氣柔弱,故以含忍之力勝人爲強,君子之道也。……北方風氣剛勁,故以果敢之力勝人爲強,強者之事也。」〔註107〕北方人崇尚的是剛強,南方人崇尚的則是堅韌。《神相全編·論形俗》云:「蜀人相眼,閩人相骨,浙人相清,淮人相重,宋人相口,江西人相色,魯人相軒昂,胡人相鼻,太原人相重厚。」〔註108〕叔本華《論觀相術》說:「人的外表是表現內心的圖畫,相貌表達並揭示了人的整個性格特徵。」〔註109〕《神相全編》裏的這段描述頗爲傳神。浙江人相清、江西人相色與魯人相軒昂、太原人相厚重鮮明地體現了南北文化精神的差異。「魯人相軒昂」還有一個通俗的說法叫做「山東大漢」。而江南的男人常常被想像爲「白面書生」,甚至有些貶義的有「奶油小生」的說法。當代,上海男人還以細心、小家子氣聞名。不過江南的男性有非常值得肯定的一點那就是溫柔多情。文學人物賈寶玉是最能體現這一優點的典型:

> 賈寶玉看到生命一個一個死亡,他也一個一個爲之感傷,特別是對於青春生命的死亡,更是悲痛不已。儘管晴雯、尤三姐、鴛鴦等均有赴死的勇敢,即赴死時全然沒有「畏」,但她們也滿腔悲憤,而見到她們死亡的大愛者更是悲傷欲絕。柳湘蓮爲尤三姐之死而從此了斷塵緣,賈寶玉爲晴雯之死而撰寫且歌且哭的《芙蓉女兒誄》,爲鴛鴦之死也痛哭一場。面對死亡的痛惜,背後是對生命的極端珍

〔註104〕錢伯城箋校:《袁宏道集箋校》（上）,卷十一,上海:上海古籍出版社 1981年版,第 505 頁。

〔註105〕〔明〕李流芳:《西湖臥遊圖題跋·雷峰暝色圖》,見施奠東主編:《西湖遊賞錄（外十種)》,上海:上海古籍出版社 1999 年版,第 98 頁。

〔註106〕〔明〕袁宏道:《西湖記述·飛來峰》,見施奠東主編:《西湖遊賞錄（外十種)》,上海:上海古籍出版社 1999 年版,第 87 頁。

〔註107〕〔宋〕朱熹:《四書章句集注》,新編諸子集成第一輯,北京:中華書局 1983年版,第 21 頁。

〔註108〕《神相全編一·論形俗》,見鄭同點校:《相術》,北京:華齡出版社 2008 年版,第 7 頁。

〔註109〕任立、潘宇編譯:《叔本華文集·悲情人生》,北京:華齡出版社 1997 年版,第 132 頁。

惜。賈寶玉來到人間，一面看到人間地獄般的黑暗與荒誕，另一方面也看到地獄中的一線光明，這就是青春女兒所展示的至真與至美，他爲自己能與她們相守相處而感到無窮的快樂，因此，他在看破功名利祿的同時又珍惜每一天每一刻，喜聚不喜散。無論是詩社的聚會還是平常與戀人、丫環、戲子朝朝夕夕的相處，都使他從內心深處感到生活的美，其珍惜之情處處表露出來。《紅樓夢》的色空哲學雖看空看破，但閱讀之後並不會讓我們消沉下去，因爲蘊藏於整部小說中的是對生命的珍惜，是對生與愛的眷戀。〔註110〕

江南的女人也別具風情。以金庸的武俠小說中關於江南女子的描寫爲例。〔註111〕如《飛狐外傳》中描寫南蘭的聲音：「這是江南姑娘極柔極清的語聲。」〔註112〕又描寫南蘭的美麗說：「那小姐相貌嬌美，膚色白膩，別說北地罕有如此佳麗，即令江南也極爲少有。她身穿一件蔥綠織錦的皮襖，顏色甚是鮮豔，但在她容光映照之下，再燦爛的錦緞也已顯得黯然無色。」〔註113〕《射雕英雄傳》中透過完顏洪烈的眼睛描寫韓小瑩：「那女子大約十八九歲年紀，身形苗條，大眼睛，長睫毛，皮膚如雪，正是江南水鄉的人物。她左手倒提銅槳，右手拿了簑笠，露出一頭烏雲般的秀髮。」〔註114〕江南的美女是最令英雄們傾心嚮往的。《天龍八部》這樣描寫段譽對阿碧的歡賞：

> 只聽得欸乃聲響，湖面綠波上飄來一葉小舟，一個綠衫少女手執雙槳，緩緩劃水而來，口中唱著小曲，聽那曲子是：「菡萏香連十頃陂，小姑貪戲採蓮遲。晚來弄水船頭濕，笑脫紅裙裹鴨兒。」歌聲嬌柔無邪，歡悅動心。

> 段譽在大理時誦讀前人詩詞文章，於江南風物早就深爲傾倒，此刻一聽此曲，不由得心魂俱醉。只見那少女一雙纖手皓膚如玉，

〔註110〕劉再復：《〈紅樓夢〉與西方哲學》，書屋，2009年第2期，第12頁。

〔註111〕關於金庸作品中對江南女子的描述參考：《盤點金庸筆下的十八個江南女子：各有各的風韻》，中國國學網，2009－6－17，http://www.confucianism.com.cn/html/wenxue/8659335.html。

〔註112〕金庸：《飛狐外傳》（上），第二章《寶刀和柔情》，見《金庸作品集》14，北京：三聯書店1994年版，第30頁。

〔註113〕金庸：《飛狐外傳》（上），第二章《寶刀和柔情》，見《金庸作品集》14，北京：三聯書店1994年版，第31頁。

〔註114〕金庸：《射雕英雄傳》（一），第二回《江南七怪》，見《金庸作品集》5，北京：三聯書店1994年版，第56～57頁。

映著綠波，便如透明一般。⋯⋯

　　⋯⋯說話聲音極甜極清，令人一聽之下，說不出的舒適。這少女約莫十六七歲年紀，滿臉都是溫柔，滿身盡是秀氣。

　　段譽心道：「想不到江南女子，一美至斯。」其實這少女也非甚美，比之木婉清頗有不足，但八分容貌，加上十二分的溫柔，便不遜於十分人才的美女。〔註115〕

江南女子的清純溫柔、天真爛漫在這一段描寫中展露無遺。

　　崔瑋在《南方女人&北方女人各有千秋》一文中對南北方女人做了這樣的對比：

　　如果說北方女人如火一般的熱情能融化男人的心，那麼南方女人如水一般的柔情就能淹沒男人的大腦。如果說一個賢慧開朗的北方妻子能讓男人回家的步履變得自信從容，那麼一個溫婉細緻的南方妻子會讓男人每一想起就覺得心頭情絲纏繞，千迴百轉。北方女人把自己的男人看成是「山」，甘願用自己的卑微和恭順來襯托其高大，南方女人把自己的男人看成是「天」，想讓自己的蕙質蘭心成為天空裏最美麗的風景，最難捨的牽掛。在佳茗的眼中，北方女人是一朵嬌豔綻放的牡丹，華美大氣，南方女人是一株素雅怡人的蘭花，楚楚動人。北方女人如酒，芬芳四溢，濃烈醉人，南方女人如茶，清香悠遠，回味悠長⋯⋯

　　也有人說：南方女人，安靜淡恬、柔媚可人，閨秀型居多。你一視之下，那白皙的膚色，玲瓏的身姿，柔婉的話語，那些人世間生活的審美愉悅是一下子就可以感覺到的。她們更多地體現了一種家園與秩序，是和平之域的使者，是歌舞昇平歲月的象徵，她們讓人記起安寧和諧。她們更像一個吟誦著生活甜美韻律，口中銜著橄欖枝的白色鴿子。你看到這樣的女人，心開始變得安靜，沒有焦灼，內心漸漸平復。這些安安靜靜隨時守分的女人，更讓男人感到熨貼自若、爽心悅目。她們在淡泊中體現的柔情，在矜持中顯示的神秘，會讓男人在溫和的撫愛中漸漸沉沉睡去⋯⋯她們清高冷傲，也慵懶繾綣，她們的確在熄滅某種熱忱與激情。她們也有怏怏不快的時候，

〔註115〕金庸：《天龍八部》（二），第十一章《向來癡》，見《金庸作品集》21，北京：三聯書店 1994 年版，第 428、429 頁。

但她們分寸適當，在她們身上，那種野性的如烈焰般激動人心又摧
毀人心的壯闊不已的情懷已是很少見到。她們更多的是被文明的禮
儀風範所規定的秩序中人。

而北方女人，則秉賦了奔放、熱情、粗糲、爽朗的個性。北方女
人的所有長處和優點，在起初並不是豁然呈現的，她們必須在你走進
這靈魂以後，才會逐漸瞭解與發現。這是一顆什麼樣的靈魂！這靈魂
中充滿了暴風驟雨，並且充滿大的熱情的渴望。只有一種單一表面審
美視線觀照的人，會在這樣的女人面前感到失望；然而，你進入這靈
魂，你將會為之久久吸引……北方貧瘠的土地和苦寂的歲月，孕育了
她們分外的多情與熱烈，那在匱乏之中升騰起的渴望、感覺以及想像
力，已穿越地表而入深奧。這女人在和平的日子裏，她不屬於秩序與
規範，她的騷動不安也惹人心煩；但是，在你——在男人瀕臨困境險
厄艱辛的日子，這女人身上則迸射出無私的犧牲、崇高的愛等等炙人
的火花。北方女人是男人在篳路藍縷中幫男人打江山的女人。

雖然南方女人和北方女人各有千秋，但他心中最完美的女子「應該是在江南
一帶」，「比如有『三秋桂子，十里荷花』的杭州，或者是有『二十四橋明月
夜』的揚州，小橋流水，亭臺樓榭，芳草青青，柳絲長長，所謂伊人，在水
一方……撐一把精緻的油紙傘，穿一襲碎花的旗袍，行不露足，笑不露齒，
輕言細語，柔情款款……」〔註116〕

不同地區的人說著不同的語言。江南一帶屬吳方言區，尤玉琪《三生花
草夢蘇州》中這樣談論吳語：

吳音，自古稱為「吳儂軟語」，一向有「軟、糯、甜、媚」之稱，
說起來婉轉動聽，尤其是姑娘們講話時的發音，一波三折，珠圓玉
潤。據外地人說，即使她已講完話，而仍有餘音嫋嫋之感。因此流
傳著「寧可與蘇州人相罵，不願與寧波人講話」的說法。〔註117〕

吳語被譽為「詩的、音樂的語言」，〔註118〕辛棄疾有「醉裏吳音相媚好」

〔註116〕崔瑋：《南方女人＆北方女人各有千秋》，見崔瑋的博客：《「紅龍」崔哥說事》，
http://blog.sina.com.cn/s/blog_4933b6510100d6pn.html。
〔註117〕轉引自劉士林：《西洲在何處——江南文化的詩性敘事》，北京：東方出版社
2003年版，第163頁。
〔註118〕李素英：《吳歌的特質》，見顧頡剛等輯，王煦華整理：《吳歌‧吳歌小史》，
南京：江蘇古籍出版社1999年版，第673頁。

〔註 119〕之詞句，現代小說家施蟄存也有「蘇州語軟出聲嬌」〔註 120〕之詩語。

三、文化藝術方面的詩性表現

有句話叫做「文學即人學」，南北人的差異也造成了南北文學的不同。

南北朝時期，北朝民歌與南朝民歌的差別十分明顯。北朝民歌多反映北地風光和游牧生活，如著名的《敕勒歌》：「敕勒川，陰山下，天似穹廬，籠蓋四野。天蒼蒼，野茫茫，風吹草低見牛羊。」〔註 121〕或者反映離鄉漂泊的悲哀和徭役從征的辛苦，如《隴頭歌辭》：「隴頭流水，流離山下。念吾一身，飄然曠野。朝發欣城，暮宿隴頭。寒不能語，舌捲入喉。隴頭流水，鳴聲嗚咽。遙望秦川，心肝斷絕。」〔註 122〕與此同時的南朝民歌中反映男女之情的情歌特別發達。這類情歌感情真摯細膩，情調豔麗柔弱，哀怨纏綿，語言清新自然。李素英這樣稱贊吳歌的特質：

> 水柔山麗、「文質彬彬」的江南，尤其是被稱為人間天堂的蘇州，風景天然，生活優裕。這種環境裏產生的歌謠，當然是溫婉清麗，恰與蘇州人一樣。吳歌裏確是一致地充溢著一種稀有的靈秀之氣、婉妙之情；任何人讀了都會覺得神志清明，中心愉悅，何況「吳儂軟語」一向是被認為聲調最優美的方言！要是能在「春二三月暖洋洋的時候」，走到菜花燦爛的油碧的田野裏，聽輕風裏嫻出縷縷歌聲，若不被陶醉，才怪！〔註 123〕

南朝民歌的代表作《西洲曲》云：「憶梅下西洲，折梅寄江北。單衫杏子紅，雙鬢鴉雛色。西洲在何處？兩槳橋頭渡。日暮伯勞飛，風吹烏桕樹。樹下即門前，門中露翠鈿。開門郎不至，出門採紅蓮。採蓮南塘秋，蓮花過人頭。

〔註 119〕〔南宋〕辛棄疾：《清平樂・村居》，見朱德才、薛祥生、鄧紅梅編：《辛棄疾詞新釋輯評》（上），北京：中國書店 2006 年版，第 463 頁。

〔註 120〕施蟄存：《浮生雜詠》第十三首，見施蟄存：《北山樓詩》，上海：華東師範大學出版社 2000 年版，第 134 頁。

〔註 121〕見程千帆、沈祖棻選注：《古詩今選》（上），上海：上海古籍出版社 1983 年版，第 119 頁。

〔註 122〕《隴頭歌辭》，見〔宋〕郭茂倩：《樂府詩集》，第二冊，卷 25，橫吹曲辭五，北京：中華書局 1979 年版，第 371 頁。

〔註 123〕李素英：《吳歌的特質》，見顧頡剛等輯，王煦華整理：《吳歌・吳歌小史》，南京：江蘇古籍出版社 1999 年版，第 672 頁。

低頭弄蓮子，蓮子青如水。置蓮懷袖中，蓮心徹底紅。憶郎郎不至，仰首望飛鴻。鴻飛滿西洲，望郎上青樓。樓高望不見，盡日欄杆頭。欄杆十二曲，垂手明如玉。捲簾天自高，海水搖空綠。海水夢悠悠，君愁我亦愁。南風知我意，吹夢到西洲。」〔註124〕其哀婉纏綿，情思緬邈，集中體現了南朝民歌的特色。南朝民歌中的女子是渴望愛情的女子，具有天然的女性的情懷，與此形成鮮明對照的是，北朝民歌中的女子多具有男子漢的風範。《木蘭詩》中的花木蘭代父從軍就是代表。「雙兔傍地走，安能辨我是雌雄？」〔註125〕北魏時期的李波小妹英勇善戰，十分著名，當時流傳著一首《李波小妹歌》：「李波小妹字雍容，褰裳逐馬如卷蓬。左射右射必疊雙，婦女尚如此，男兒安可逢？」〔註126〕這個李波小妹也是具有男子的氣概的。

宋詞則有北宋詞與南宋詞之分。南宋詞更注重藝術性的追求，以吳文英爲代表，柏樺曾有如下論述：

　　說點題外話，「夢窗的詞在後世並不是始終爲所有的人所推重的。比如喜歡赤裸裸的純粹感情的王國維等人，就當然不會喜歡南宋的文人詞，而作爲其代表的吳夢窗等人，當然也就只能成爲受批判的對象了」。王國維在《人間詞話》中認爲：「詞人者，不失其赤子之心者也。」他首推李煜，並批評南宋詞，認爲「隔」。他又說：「白石寫景之作……雖格韻高絕，然如霧裏看花，終隔一層。梅溪（史達祖）、夢窗諸家寫景之病，皆在一『隔』字。北宋風流，渡江遂絕。」國維此說差矣，猶如以上引文中被日本學者村上哲見所諷刺的那樣，他只能喜歡那些「赤裸裸的純粹感情流露」的詩，作爲一代大家，這樣的思路未免太狹窄簡單了吧。須知詩乃「不爲無益之事何以遣有涯之生」的事業，它的本質是「盡可能多地包含技藝的快樂」（羅蘭·巴特的一個觀點），而南宋文人詞，尤其是夢窗的詞，「在形式、修辭以及音樂性方面已達到高度洗煉」。給予這爛熟至純的詩詞技藝以中國文化的精粹地位應是情理之中的事。再說，

〔註124〕《西洲曲》，見〔宋〕郭茂倩：《樂府詩集》，第三冊，卷72，雜曲歌辭十二，北京：中華書局1979年版，第1027頁。

〔註125〕《木蘭詩》，見〔宋〕郭茂倩：《樂府詩集》，第二冊，卷25，橫吹曲辭五，北京：中華書局1979年版，第374頁。

〔註126〕《李波小妹歌》，見路南孚編：《中國歷代敘事詩歌·先秦兩漢魏晉南北朝編》，濟南：山東文藝出版社1987年版，第592～593頁。

　　風流何絕？渡江之後，風流在江南大盛也！〔註127〕

曲也有南北之分。明代戲曲作家、曲論家王驥德《曲律・總論南北曲》云：

　　　　曲之有南、北，非始今日也。關西胡鴻臚侍《珍珠船》引劉勰
　　《文心雕龍》謂：塗山歌於「候人」，始爲南音；《有娀》謠於「飛
　　燕」，始爲北聲。及夏甲爲東，殷整爲西。古四方皆有音，而今歌曲
　　但統爲南、北。如《擊壤》、《康衢》、《卿雲》、《南風》，《詩》之二
　　《南》，漢之樂府，下逮關、鄭、白、馬之撰，詞有雅、鄭，皆北音
　　也；《孺子》、《接輿》、《越人》、《紫玉》、吳歈、楚豔，以及今之戲
　　文，皆南音也。豫章左克明《古樂府》載：晉馬南渡，音樂散亡，
　　僅存江南吳歌，荊、楚西聲。自陳及隋，皆以《子夜》、《歡聞》、《前
　　溪》、《阿子》等曲屬吳，以《石城》、《烏棲》、《估客》、《莫愁》等
　　曲屬西。蓋吳音故統東南；而西曲則後之，人概目爲北音矣。以辭
　　而論，則宋胡翰所謂：晉之東，其辭變爲南、北；南音多豔曲，北
　　俗雜胡戎。以地而論，則吳萊氏所謂：晉、宋、六代以降，南朝之
　　樂，多用吳音；北國之樂，僅襲夷虜。以聲而論，則關中康德涵所
　　謂：南詞主激越，其變也爲流麗；北曲主忼慨，其變也爲樸實。惟
　　樸實故聲有矩度而難借，惟流麗故唱得宛轉而易調。吳郡王元美謂：
　　南、北二曲，譬之同一師承，而頓、漸分教；俱爲國臣，而文、武
　　異科。北主勁切雄麗，南主清峭柔遠。北字多而調促，促處見筋；
　　南字少而調緩，緩處見眼。北辭情少而聲情多，南聲情少而辭情多。
　　北力在弦，南力在板。北宜和歌，南宜獨奏。北氣易粗，南氣易弱。
　　此其大較。康，北人，故差易南調，似不如王論爲確；然陰陽、平
　　仄之用，南、北故絕不同。〔註128〕

這一段論述不僅論述了南北曲的不同，也追溯了南北詩詞的區別。羊春秋先
生梳理了徐渭等諸家關於南北曲的區別後認爲：「北曲顯得豪放粗獷一些，南
曲則顯得柔和宛轉一些；北曲顯得嚴密質樸一些，南曲則顯得靈活自由一些。」
〔註129〕由於南曲更具有藝術性，王驥德指出南曲代表著戲曲的發展方向：

〔註127〕柏樺：〈「流水」江南〉，上海文學，2009 年第 2 期，第 95〜96 頁。
〔註128〕〔明〕王驥德：《曲律》卷一《總論南北曲》，見中國戲曲學院戲曲研究所編：
　　　　《中國古典戲曲論著集成》（四），北京：中國戲劇出版社 1959 年版，第 56
　　　　〜57 頁。
〔註129〕羊春秋：《散曲通論》，長沙：嶽麓書社 1992 年版，第 82 頁。

曲，樂之支也。自《康衢》、《擊壤》、《黃澤》、《白雲》以降，
於是《越人》、《易水》、《大風》、《瓠子》之歌繼作，聲漸靡矣。「樂
府」之名，昉於西漢，其屬有「鼓吹」、「橫吹」、「相和」、「清商」、
「雜調」諸曲。六代沿其聲調，稍加藻豔，於今曲略近。入唐而以
絕句爲曲，如《清平》、《鬱輪》、《涼州》、《水調》之類；然不盡其
變，而於是始創爲《憶秦娥》、《菩薩蠻》等曲，蓋太白、飛卿輩，
實其作俑。入宋而詞始大振，署曰「詩餘」，於今曲益近，周待制柳
屯田其最也；然單詞隻韻，歌止一闋，又不盡其變。而金章宗時，
漸更爲北詞，如世所傳董解元《西廂記》者，其聲猶未純也。入元
而益漫衍其制，櫛調比聲，北曲遂擅盛一代：顧未免滯於絃索，且
多染胡語，其聲近嘮以殺，南人不習也。迨季世入我明，又變而爲
南曲，婉麗嫵媚，一唱三歎，於是美善兼至，極聲調之致。始猶南
北畫地相角，邇年以來，燕、趙之歌童、舞女，咸棄其捍撥，盡效
南聲，而北詞幾廢。何元朗謂：「更數世後，北曲必且失傳。」宇宙
氣數，於此可覘。至北之濫流而爲《粉紅蓮》、《銀紐絲》、《打棗竿》，
南之濫流而爲吳之「山歌」，越之「採茶」諸小曲，不啻鄭聲，然各
有其致。繇茲而往，吾不知其所終矣。〔註130〕

說到江南文人的追求藝術性，熊家良先生這樣談到現代江南的作家、詩人：

葉紹鈞還以他對形式的高度敏感，稱許戴望舒的《雨巷》替新
詩的音節「開了一個新的紀元」，使其獲得「雨巷詩人」的稱號，朱
自清也誇讚此詩「音律整齊」，足見江南作家對藝術形式的鍾愛。再
聯繫到徐志摩對現代格律詩的貢獻，施蟄存對現代心理分析小說的
功勞，錢鍾書作品的集幽默之大成，汪曾祺的以「文體家」自許……
恐怕再沒有哪一個區域的作家，能像江南出身的作家這樣普遍地把
文學形式當作重要目標來追求。〔註131〕

不過有意思的是，同樣是論述南北文化的不同，形式與格律卻被紀弦認爲是
北方文化中保守的表現，而自由的、打破韻律的做法則是南方詩人的革命精

〔註130〕〔明〕王驥德：《曲律》卷一《論曲源》，見中國戲曲學院戲曲研究所編：《中
　　　　國古典戲曲論著集成》（四），北京：中國戲劇出版社1959年版，第55～56
　　　　頁。
〔註131〕熊家良：《現代文學中的江南情懷》，江海學刊，2006年第1期。

神的表現：

> 這種文學上的南北區別也同樣表現在中國現代新詩的南北兩派
> 創作上，紀弦對當時的南北詩派的對峙及其特徵作了概括：「『北方
> 詩派』較爲保守，『南方詩派』較爲急進；『北方詩派』帶有濃厚的
> 學院氣息，『南方詩派』帶有強烈的革命精神；『北方詩派』使用韻
> 文工具，『南方詩派』使用散文工具——此乃兩者最大、最顯著的不
> 同之處。」根據這個判斷標準，在紀弦看來，許多生在南方或者生
> 在北方的詩人往往並不歸屬於與其出生地相符的南派或者北派。如
> 南星，雖然住在北方，又在北方謀事，但是其創作精神和文學屬性
> 應該算在南派。同樣地，他認爲廢名雖然也在北京任教，「和那些較
> 保守的大學教授們混在一起，但其作品的精神則是南方的」。他還把
> 上海灘上的文壇紅人邵洵美算在北派詩人陣營，原因也在於其詩作
> 採用格律體，又具備了北方詩派的文學精神。由於紀弦自己站在南
> 派詩人陣營之中，所以他得意地說：「自從《新詩》月刊問世以來，
> 『北方詩派』諸人，於不知不覺中，竟然一個跟著一個的南方化，
> 而也寫起自由詩來了。」（引文見紀弦：《戴望舒二三事》，《香港文
> 學》1990 年第 7 期。）〔註132〕

這一矛盾正說明了文人士大夫對江南文化的鍾情，似乎想將各種優點都歸到
它頭上。

中國的繪畫也有南北之分。明莫是龍《畫說》云：

> 禪家有南北二宗，唐時始分。畫之南北二宗，亦唐時分也。但其
> 人非南北耳。北宗則李思訓父子著色山，流傳而爲宋之趙幹、趙伯駒、
> 伯驌，以至馬、夏輩；南宗則王摩詰始用渲淡，一變勾斫之法，其傳
> 爲張璪、荆、關、郭忠恕、董、巨、米家父子，以至元之四大家。亦
> 如六祖之後，有馬駒、雲門、臨濟兒孫之盛，而北宗微矣。要之，摩
> 詰所謂「雲峰石跡，迴出天機，筆意縱橫，參乎造化」者。東坡贊吳
> 道子、王維畫壁亦云：吾於維也無間然。知言哉。〔註133〕

與莫是龍同時代的大家董其昌也有相近的論述。不過，後來的學者對畫的南

〔註132〕劉保昌：《戴望舒傳》，武漢：崇文書局 2007 年版，第 147～148 頁。
〔註133〕〔明〕莫是龍：《畫說》，見彭萊編著：《古代畫論》，上海：上海書店 2009
　　　　年版，第 263 頁。

北之分頗有不同。莫是龍將荊浩和關仝與董源、巨然同列為南宗畫家，後來
的學者卻將荊浩和關仝列為北派畫家：

> 五代，……出現了北方荊（浩）、關（仝）和南方董（源）、巨
> （然）兩大山水畫派。

> 以荊浩為代表的北方山水畫家，長於以全景構圖描繪北方高山
> 大川、層巒疊嶂、長松巨木。……他「善為雲中山頂，四面峻厚」，……
> 描繪江西廬山一帶景色：主山巍峨，群峰簇立，懸崖峭壁，飛瀑如
> 掛，氣勢宏大。……

> 關仝比荊浩筆墨更見概括，「筆愈簡而氣愈壯，景愈少而意愈
> 長」。傳世《關山行旅圖》巨峰兀立，氣勢雄壯，正表現出他「石體
> 堅凝，雜木豐茂」的個性風貌，畫風粗重而少深秀。

> 以南唐董源為代表的南方山水畫家，長於以長卷橫向鋪陳，表
> 現江南丘坡連綿、洲汀掩映的平遠景色。董源畫山水不為崎峭之
> 筆。……《夏山圖》、《夏景山口待渡圖》與《瀟湘圖》均以純披麻
> 皴和點子皴表現江南洲渚，近處蘆葦打破了水準構圖，遠處煙樹迷
> 蒙，漁舍隱現，給人煙雲明滅之感。

> 董源學生僧巨然，也以淡墨輕嵐畫江南山水，《萬壑松風圖》云
> 遮霧掩，蒼蒼茫茫，水墨濃淡，線條隱現期間。〔註134〕

莫是龍是以畫法區分南北宗，當代學者則是以畫的風貌來區別南北畫派的。
雖然這兩種區別方法不同，但他們都認為董源和巨然屬於南方畫派。而董源
的畫風也非常符合江南的特性，米芾《畫史》云：

> 董源平淡天真多，唐無此品，在畢宏上，近世神品，格高無與
> 比也。峰巒出沒，雲霧顯晦，不裝巧趣，皆得天真。嵐色鬱蒼，枝
> 幹勁挺，咸有生意。溪橋漁浦，洲渚掩映，一片江南也。〔註135〕

米芾「一片江南」一語表明了他心目中也有一個詩性的江南存在。

中國的園林藝術也有南北之分：

〔註134〕長北：《中國藝術史綱》（上），北京：商務印書館 2006 年版，第 299～302
頁。

〔註135〕〔北宋〕米芾：《畫史》，見彭萊編著：《古代畫論》，上海：上海書店 2009
年版，第 198 頁。

　　通常認爲，中國的造園藝術大致可分爲皇家園林和私家園林兩
大系列。無可非議，蘇州古典園林當屬後者。前者集中在北京一帶，
後者則以江南一帶，尤其是蘇州爲代表。由於政治、經濟、文化地
位和自然、地理條件的差異，兩者在規模、佈局、體量、風格、色
彩等方面有明顯差別，皇家園林以宏大、嚴整、堂皇、濃麗稱勝，
而蘇州園林則以小巧、自由、精緻、淡雅、寫意見長。由於後者更
注意文化和藝術的和諧統一，因而發展到晚期的皇家園林，在意境、
創作思想、建築技巧、人文內容上，也大量地汲取了私家花園的「寫
意」手法。〔註136〕

看來，正像南曲代表了中國曲藝的發展方向一樣，江南園林也是中國園林的
發展方向。著名的園林專家陳從周先生也持此論：

　　南方建築爲棚，多敞口；北方建築爲窩，多封閉。前者原出
巢居，後者來自穴處。故以敞口之建築，配茂林修竹之景。園林
之始，於此萌芽。園林以空靈爲主，建築亦起同樣作用，故北國
園林終遜南國。蓋建築以多門窗爲勝，以封閉出之，少透漏之妙。
而居人之室，更須有親切之感，「眾鳥欣有託，吾亦愛吾廬」，正
詠此也。〔註137〕

在陳從周看來，北方園林是「華麗」的，江南園林是「雅秀」的；北方園
林是「高亢」的，江南園林是「婉約」的；北方園林猶如「京劇」，江南園
林好似「崑曲」；北方園林是「平林落日歸鴉」，江南園林是「小橋流水人
家」。〔註138〕

　　江南的建築也與中國其他地區的建築有鮮明的區別。

　　總體來看江南建築是否可以用四處神韻來歸納：一是「水、橋、
房」的空間格局。水、橋、房融合成獨特的空間，且變化多樣，親
切宜人，「小橋流水人家」的空間特徵展示的是江南水鄉人間天堂般
的生活情景。二是「黑、白、灰」的民居色彩。它勾勒的是一幅清
淡的中國山水畫，把水鄉特色渲染到了極致，這也是它最負盛名和

〔註136〕吳恩培主編：《吳文化概論》，南京：東南大學出版社2006年版，第292頁。
〔註137〕陳從周：《說園（三）》，司馬玉常主編：《陳從周天趣散文》，廣州：廣東人民
　　　　出版社1999年版，第54頁。
〔註138〕陳從周：《園林分南北·景物各千秋》，《陳從周園林隨筆》，北京：人民文學
　　　　出版社2008年版，第60、61頁。

最具特色的所在。三是「輕、秀、雅」的建築風格。這體現在建築整體把握上，從人性方面來說也吻合了江南人的一些特點。四是「情、趣、神」的園林意境。江南園林自成一系，小巧靈活，精彩絕倫，在環境的構造上為人們提供了一個思考的意境和精神家園。〔註139〕

與江南建築風格不同，論者列舉了三種風格：

一是開朗大度的北方風格。組群方整規則，庭院較大，但尺度合宜；建築造型起伏不大，屋身低平，屋頂曲線平緩，多用磚瓦木結構，用料較大，裝修比較簡單。二是質樸敦厚的西北風格。院落的封閉性很強，屋身低矮，屋頂坡度低緩，還有相當多的建築使用平頂。傳統建築很少使用磚瓦，多用土坯，或夯土牆，木裝修更簡單。這個地區還常有窯洞建築，除靠崖鑿窯外，還有地坑窯、平地發券窯。三是輕盈細膩的嶺南風格。建築平面比較規整，庭院很小，房屋高大，門窗狹窄，多有封火山牆，屋頂坡度陡峻，翼角起翹更大。城鎮村落中建築密集，封閉性很強。裝修、雕刻、彩繪富麗繁複，手法精細。四是自由靈活的西南風格。集中在西南山區，有相當一部分是壯、傣、瑤、苗等民族聚居的地區。多利用山坡建房，為下層架空的杆欄式建築。平面和外形相當自由，很少成組群出現。屋面曲線柔和，拖出很長，出簷深遠，上鋪木瓦或草秸，不太講究裝飾。〔註140〕

從這一比較來看，無疑地，江南地區的建築更富有美感和審美特色。

江南建築與北方建築還有一個重要的區別是民間建築與官式建築的區別，陳從周先生在論述揚州園林時說：

揚州位於我國南北之間，在建築上有其獨特的成就與風格，是研究我國傳統建築的一個重要地區。很明顯，揚州的建築是北方「官式」建築與江南民間建築兩者之間的一種介體。這與清帝「南巡」、四商雜處、交通暢達等有關，但主要的還是匠師技術的交流。〔註141〕

〔註139〕陳抒：《江南傳統建築特色與文化審美》，江南論壇，2008 年第 12 期，第 60～61 頁。

〔註140〕陳抒：《江南傳統建築特色與文化審美》，江南論壇，2008 年第 12 期，第 61 頁。

〔註141〕陳從周編著：《揚州園林》，上海：同濟大學出版社 2007 年版，第 6 頁。

再以中國的傳統導引術八段錦為例，也有南北之分。八段錦分武八段與文八段兩種。武八段多為馬步式或站式，又稱北派，適合青壯年與體力充沛者。現在流行的晚清時所傳的歌訣云：

> 兩手托天理三焦，左右開弓似射雕。
>
> 調理脾胃臂單舉，五勞七傷往後瞧。
>
> 搖頭擺尾去心火，兩手攀足固腎腰。
>
> 攢拳怒目增氣力，背後七顛百病消。〔註142〕

文八段又稱南派，多用坐式，注重凝神行氣。其歌訣為：

> 閉目冥心坐，握固靜思神。叩齒三十六，兩手抱崑崙。
>
> 左右鳴天鼓，二十四度聞。微擺撼天柱，赤龍攪水津。
>
> 鼓漱三十六，神水滿口勻。一口分三咽，龍行虎自奔。
>
> 閉氣搓手熱，背摩後精門。盡此一口氣，想火燒臍輪。
>
> 左右轆轤轉，兩腳放舒伸。叉手雙虛托，低頭盤足頻。
>
> 以候神水至，再漱再吞津。如此三度畢，神水九次吞。
>
> 咽下汩汩響，百脈自調勻。河車搬運畢，想發火燒身。
>
> 邪魔不敢近，夢寐不能昏。寒暑不能入，災病不能侵。
>
> 子後午前作，造化合乾坤。循環次第轉，八卦是良因。〔註143〕

南北兩派八段錦一文一武，從歌訣來看，一強調形體，一強調意氣心神，也充分體現了南北文化的不同。

　　而從文化的核心來看，江南文化是詩性文化，以齊魯文化為代表的北方文化則是倫理文化。前者注重詩性——審美，後者注重政治——倫理：

> 　　第一，僅僅有錢、有雄厚的經濟基礎，即政治家講的「財賦」，並不是江南獨有的特色，在中國，「天府之國」的巴蜀，在富庶上就可以與它一比高下。第二，政治家講的文人薈萃，也不能算是它的本質特徵，這是因為，孕育了儒家哲學的齊魯地區，在這一方面是更有資格代表中國文化的。江南之所以會成為中國民族魂牽夢縈的一個對象，恰是因為它比康熙最看重的「財賦」與「文人」，要再多一點東西。多一點什麼呢？這也可以在比較中去發現，比如，我們

〔註142〕周稔豐編注：《八段錦大法》，天津：天津大學出版社 1996 年版，第 8～23 頁。

〔註143〕周稔豐編注：《八段錦大法》，天津：天津大學出版社 1996 年版，第 62～72 頁。

可以說，與生產條件惡劣的經濟落後地區相比，它多的是魚稻絲綢等小康生活消費品；而與自然經濟條件同等優越的南方地區相比，它又多出來一點倉廩充實以後的詩書氛圍。一般說來，富庶的物質基礎與深厚的文化積澱已經夠幸運了，特別是在多半屬於孟子說的「救死恐不贍」的古代歷史中，但江南文化的「詩眼」，使它與其他區域文化真正拉開距離的，老實說卻不在這兩方面，而是在於，在江南文化中，還有一種最大限度地超越了儒家實用理性、代表著生命最高理想的審美自由精神。儒家最關心的是人在吃飽喝足以後的教化問題，如所謂的「驅之向善」，而對於生命最終「向何處去」，或者說心靈與精神的自由問題，基本上沒有接觸到。正是在這裡，江南文化才超越了「諷誦之聲不絕」的齊魯文化，把中國文化精神提升到一個新境界。〔註 144〕

關於江南的注重詩性——審美，還可以舉一個古代的例子。張瀚《松窗夢語》云：

　　　　至於民間風俗，大都江南侈於江北，而江南之侈尤莫過於三吳。自昔吳俗習奢華、樂奇異，人情皆觀赴焉。吳制服而華，以爲非是弗文也；吳製器而美，以爲非是弗珍也。四方重吳服而吳益工於服，四方重吳器而吳益工於器。是吳俗之侈者愈侈，而四方之觀赴於吳者，又安能挽之儉也。最爲難治。〔註 145〕

江南被批評爲「習奢華、樂奇異」，正是其相對來說輕倫理重審美的表現。

　　齊魯倫理文化在現當代小說中也仍然有著明顯的表現。張麗軍先生在評論山東小說家的創作時說：

　　　　倫理問題是山東小說家敘述的主題。在倫理敘事如何避免簡單道德化評判方面，趙德發先生的《君子夢》提供了較好的範例。……周習先生把新時期「先富起來的一代人」作爲主角來描寫，呈現了這一獨特鄉村農民形象群體的複雜情感和倫理選擇，爲我們展現了一幅新時期鄉土中國物欲、情慾與仁義、生命主體

〔註 144〕劉士林：《西洲在何處——江南文化的詩性敘事》，北京：東方出版社 2005年版，第 209 頁。

〔註 145〕〔明〕張瀚：《松窗夢語》卷四《百工記》，北京：中華書局 1985 年版，第79 頁。

　　尊嚴博弈的倫理世界圖景。〔註146〕

中國南北文化特別是北方文化與江南文化的不同可以說遍及社會生活的各個方面，江南文化的詩性精神也就在這些差異中凸顯出來。當代江南詩人潘維《江南水鄉》一詩中有句云：「江南水鄉，美與夢的氾濫之地。」我想，這也許就是江南之為江南而區別於其他地區之所在，是江南之所以吸引歷代詩人文士的魅力源泉。

〔註146〕張麗軍：《回歸「仁義」傳統，抑或另建「生活倫理」？——周習〈土窯〉小說的倫理敘事解讀》，見張麗軍：《對話與爭鳴》，上海：上海大學出版社2009年版，第61頁。

第二章　江南詩性精神的內核

第一節　江南詩性精神的哲學闡釋

一、詩與哲學之爭

「江南詩性精神的哲學闡釋」這一題目同時出現了「詩」與「哲學」兩個詞。江南詩性精神在哲學上如何？這令我們聯想到西方文化中古已有之的詩與哲學之爭這一問題。美國當代學者羅森對這一問題作了深入的研究，下面的論述即是對羅森的研究的一個理解。〔註1〕在對詩與哲學之爭這一問題作了簡單論述後，我們引申到江南詩性精神的哲學闡釋上來。

在柏拉圖《理想國》卷十，蘇格拉底提起這一長期存在的哲學與詩之爭的問題。蘇格拉底提出要將詩人驅逐出城邦，他的理由是：「如果你越過了這個界限，放進了甜蜜的抒情詩人和史詩，那時快樂和痛苦就要代替公認為至善之道的法律和理性原則成為你們的統治者了。」〔註2〕在他看來，詩製造了影像，是對真實事物的模仿，而非對事物原本的理解；詩慫恿欲望的滿足尤其是愛欲的滿足，因此具有道德或政治上的缺陷。從這一點來看，蘇格拉底否定的是欲望，肯定的是理性。或者說他用哲學來否定詩。

〔註 1〕 本小節的論點源自羅森的《詩與哲學之爭》一書以及中文譯者張輝先生的譯後記，詳下。

〔註 2〕 〔古希臘〕柏拉圖：《理想國》卷十，轉引自：〔美〕羅森：《詩與哲學之爭》，張輝譯，北京：華夏出版社 2004 年版，第 12 頁。

　　從起源上來看，哲學與邏各斯有關，詩與神話有關。它們的區別也可以說是理性與啓示的區別，是算術的與合適的兩種標準的區別。從根本上說，「這種區分與巴斯卡對幾何學精神與敏感性精神所做的區分相同」。〔註3〕

　　從詩與哲學之爭這一角度來看，整個西方哲學史可以分爲「三種基本的『立場』或教誨：（1）柏拉圖和海德格爾的，或者眞正柏拉圖主義的立場，試圖在作爲前兩種語言本原的第三種語言中，保留詩與哲學的爭紛；（2）『柏拉圖主義』，自我迷惑地試圖用以數學爲根本的哲學——事實上本身就是詩，代替詩；（3）尼采教誨，自以爲是地認爲詩勝過了哲學」。〔註4〕第二種立場即狹義的柏拉圖主義的立場，是以理性、數學爲哲學的根本，認爲哲學勝過詩，第三種立場則是認爲詩勝過了哲學，如尼采所認爲的只有藝術才能表達生活的最大可能，是生活的最後領路人，也是最強大的刺激。

　　從第一種立場來看，眞正的柏拉圖主義並不是蘇格拉底所說的將詩人驅逐出城邦，並不否認詩，而是一種保留詩與哲學之爭的立場。「《理想國》像柏拉圖的所有對話錄一樣本身是詩。……在《理想國》中，愛欲受制於數學（數學與哲學緊密相連，因而從一定意義上說，兩者本質上是同一的），然而，同樣眞實的是，甚至在《理想國》中（其他地方涉及更多）蘇格拉底也承認哲學的本質就是愛欲。」〔註5〕甚至蘇格拉底自己承認，自己一直在作詩：

　　　　我所以作詩，不是想和他或他的詩比高低。我知道這不容易。我寫詩只是想試驗我所做的夢的寓意是什麼。有些夢一再吩咐我用寫詩來培養我的文思，我不能不盡這個義務。事情是我這一生常做同樣的夢，夢境有時是這樣，有時是那樣，但永遠說的是同一件事情，那夢說：「蘇格拉底，作詩吧，努力作吧。」以前，我一直以爲這只是一種鼓勵，要我對自己已經在做的事情更加努力，正好像觀眾爲賽跑的人叫好鼓勵那樣，這同一個夢無非是鼓勵我努力做我正在做的事而已。也就是說，我本來就作詩，因爲哲學就是最高的詩，我一直在專攻哲學呀。可是在這次審判之後，節日偏又推遲了我被

〔註3〕〔美〕羅森：《詩與哲學之爭》英文版序言，張輝譯，北京：華夏出版社2004年版，第5頁。

〔註4〕〔美〕羅森：《尼采的「柏拉圖主義」評述》，見〔美〕羅森：《詩與哲學之爭》，張輝譯，北京：華夏出版社2004年版，第195頁。

〔註5〕〔美〕羅森：《哲學與詩的爭紛》，見〔美〕羅森：《詩與哲學之爭》，張輝譯，北京：華夏出版社2004年版，第11～12頁。

處死的日期，我一想，那一再出現的夢分明是叫我寫通常所謂的詩

歌，我必須作，不能不服從。〔註6〕

而柏拉圖則被認爲是一個眞正的詩人：

《會飮》中，蘇格拉底在與悲劇家阿伽通和喜劇詩人阿里斯托

芬的徹夜討論中提出了眞正的劇作家必定是眞正的喜劇詩人的要

求。而柏拉圖被證明爲是唯一滿足這一要求的人。〔註7〕

從這三種立場來看，最好的是保留詩與哲學的爭紛這一立場，在根本上將詩
與哲學統一起來。這或許就是蘇格拉底所說的「最高的詩」，它既是哲學的，
又是詩的。而這一「爭紛本身就是詩的勝利」。〔註8〕如果拋棄哲學，完全向
詩投降，人就會淪落爲欲望的動物；如果拋棄詩，將哲學等同於冷酷的數學，
就會使自身淪亡爲技藝，使對哲學的愛欲消失。正如羅森所說：「哲學沒有詩，
正像詩沒有哲學一樣，是不適宜的，或無法衡量的。在最終的分析中，哲學
與詩沒有爭紛。」〔註9〕不用說，「詩已遠遠不只是一個文學文類的名稱，而
成爲一種生命存在方式的象徵；哲學，也因爲與詩並存，而更能激起內心對
美好生活無盡的驚奇、渴望與無窮追問」。〔註10〕我們只有通過詩與哲學的根
本統一性上來尋求人類經驗的整體。

二、詩與哲學的統一：從陽明心學看江南詩性精神

江南詩性精神在本質上是詩與哲學的統一。馬克思有一個理論方法叫做
「『人體解剖』對『猴體解剖』是『一把鑰匙』」，〔註11〕這一理論方法認爲瞭
解了人體就能更好地瞭解比它低級的猴體；瞭解了資本主義的高度發達的商
品經濟就能很好地瞭解古代社會的商品經濟。根據這一方法，本文擬通過對
江南哲學的高峰和代表——陽明心學的研究來認識江南詩性精神中的詩與哲
學的統一。

〔註 6〕　水建馥編譯：《古希臘散文選》，北京：人民文學出版社 2000 年版，第 82 頁。

〔註 7〕　〔德〕伽達默爾：《伽達默爾論柏拉圖》，余紀元譯，北京：光明日報出版社
1992 年版，第 44 頁。

〔註 8〕　〔美〕羅森：《詩與哲學之爭》英文版序言，張輝譯，北京：華夏出版社 2004
年版，第 9 頁。

〔註 9〕　〔美〕羅森：《詩與哲學之爭》英文版序言，張輝譯，北京：華夏出版社 2004
年版，第 210 頁。

〔註10〕　張輝：《精神界的永久戰爭》，見〔美〕羅森：《詩與哲學之爭》譯後記，張輝
譯，北京：華夏出版社 2004 年版，第 214 頁。

〔註11〕　參閱勞承萬：《審美中介論》，上海文藝出版社 1986 年版，第 10 頁。

　　陽明心學的先驅是陸九淵，陸九淵的心學還屬草創階段，正如王陽明所說的：「濂溪、明道之後，還是象山，只是粗些。」〔註12〕只是到了王陽明，心學的體系才更爲精深完整。而陽明心學又深深地影響了其後各種流派，因此可以說它是江南哲學史上的一座最令人景仰的高峰，也是整個江南哲學天空中光輝的星座。陽明心學受中國傳統儒學的滋養，不可避免地帶有種種政治、倫理、道德的印記。但由於它的創立者王陽明從小生長於浙江餘姚，在江南的詩性文化的氛圍中長大，耳濡目染，他的性格中充滿了一種詩性精神，這就不可避免地滲透到陽明心學之中，使它通體煥發著一種詩性的光輝。由於陽明心學在江南哲學中的舉足輕重的地位，因此可以說陽明心學的詩性特色也反映了江南哲學的詩性精神。這一詩性精神主要表現在三個方面。

　　其一是它所宣導的狂者胸次。與程朱理學主張居敬、持靜不同，王陽明對狂者胸次大加贊賞。如果說以程朱理學爲代表的北方儒學以種種禮節形成的條條框框束縛了人們自由的天性，那麼以陽明心學爲代表的江南儒學則鼓勵一種率性而爲的狂者精神。《年譜》載：

> （甲申年）中秋月白如畫，先生命侍者設席於碧霞池上，門人在侍者百餘人。酒半酣，歌聲漸動，久之，或投壺聚算，或擊鼓，或泛舟，先生見諸生興劇，退而作詩，有「鏗然捨瑟春風裏，點也雖狂得我情」之句。〔註13〕

這是對曾點「詠而歸」的像春遊一樣的美好生活理想的回應。這種對狂者胸次的推崇和身體力行在當時程朱理學的陰影下更凸顯了其詩性的精神和氣魄。這是江南哲學對儒學的貢獻。

　　狂者胸次還是一種超越了鄉愿，爲弘揚眞理而勇往直前的精神。王陽明說：

> 我在南都已前，尚有些子鄉愿的意思在。我今信得這良知眞是眞非，信手行去，更不著些覆藏。我今才做得個狂者的胸次，使天下之人都說我行不掩言也罷。〔註14〕

〔註12〕〔明〕王守仁：《王陽明全集》（上），上海：上海古籍出版社1992年版，第9頁。

〔註13〕〔明〕王守仁：《王陽明全集》（下），上海：上海古籍出版社1992年版，第1291頁。

〔註14〕〔明〕王守仁：《王陽明全集》（上），上海：上海古籍出版社1992年版，第116頁。

王陽明講述他的心學思想，當時維護朱熹的人群起反對他，甚至詆謗他，但他仍然堅持真理，決不做好好先生。他不在乎這些詆謗：「詆謗自外來的，雖聖人如何免得？人只貴於自修，若自己實實落落是個聖賢，縱然人都毀他，也說他不著。卻若浮雲掩日，如何損得日的光明？」〔註15〕狂者把一切世俗的顧慮、計較和功利的追求都置之度外了。王陽明說：「狂者志存古人，一切紛囂俗染不足以累其心，真有鳳凰翔於千仞之意。」〔註16〕這種真性情、真生命的精神為陽明後學的各種流派及其代表人物所繼承，如王艮、王畿、羅心隱、李贄等都以狂著稱，而李贄的「童心說」、袁宏道的「性靈說」等文學理論也深受其影響。與北方學者的皓首窮經和北方文人的文以載道相比，這確實是江南哲學的亮麗之處。

其二是它的直覺悟道方式。正如前引維柯的觀點，詩人們是憑直覺來把握世界的，哲學家是憑邏輯和概念來把握世界的。雖然王陽明是一個哲學家，但他的表達方式主要不是邏輯的推理和概念的演繹，他是靠詩人的直覺來把握世界的。明武宗正德元年（1506年），王陽明因為反對專權的宦官劉瑾而被捕入獄，廷杖四十後被謫為貴州龍場驛驛丞。正德三年春，王陽明來到了龍場。《年譜》載：

> 龍場在貴州西北萬山叢棘中，蛇虺魍魉，蠱毒瘴癘，與居夷人鴂舌難語，可通語者，皆中土亡命。舊無居，始教之範土架木以居。時瑾憾未已，自計得失榮辱皆能超脫，惟生死一念尚覺未化，乃為石墎自誓曰：「吾惟俟命而已！」日夜端居澄默，以求靜一；久之，胸中灑灑。而從者皆病，自析薪取水作糜飼之；又恐其懷抑鬱，則與歌詩；又不悦，復調越曲，雜以詼笑，使能忘其為疾病夷狄患難也。因念：「聖人處此，更有何道？」忽中夜大悟格物致知之旨，寤寐中若有人語之者，不覺呼躍，從者皆驚。始知聖人之道，吾性自足，嚮之求理於事物者誤也。〔註17〕

〔註15〕〔明〕王守仁：《王陽明全集》（上），上海：上海古籍出版社 1992 年版，第103 頁。

〔註16〕〔明〕王守仁：《王陽明全集》（下），上海：上海古籍出版社 1992 年版，第1168 頁。

〔註17〕〔明〕王守仁：《王陽明全集》（下），上海：上海古籍出版社 1992 年版，第1228 頁。

王陽明的悟道是「忽中夜大悟」，這是一種詩性的直覺悟道方式。這種詩性的直覺悟道方式是一種向心求道的方式。王陽明認爲「心之體，性也，性即理也……窮理即是盡性」，他要求人們「先去理會自己性情，須能盡人之性，然後能盡物之性」。〔註18〕

與此相關，王陽明反對朱熹的向萬事萬物中求理。他早年曾經和一位朋友「同論做聖賢要格天下之物」，於是一起格庭前竹子，結果兩個人都病倒了，也沒有格出竹子的理來。兩個人都感歎聖賢是做不得的，因爲沒有那麼大的力量去格物：

> 及在夷中三年，頗見得此意思，乃知天下之物本無可格者。其格物之功，只在身心上做。決然以聖人爲人人可到，便自有擔當了。〔註19〕

他還以事親爲例說：「惟於溫清時，也只要此心純乎天理之極；奉養時，也只要此心純乎天理之極。……若只是那些儀節求得是當，便謂至善，即如今扮戲子扮得許多溫清奉養的儀節是當，亦可謂之至善矣。」〔註20〕

他還反對向繁瑣的注疏中求理。他認爲：「人心天理渾然，聖賢筆之書，如寫眞傳神，不過示人以形狀大略，使之因此而討求其眞耳。」〔註21〕「聖人作經，固無非是此意，然又不必泥著文句。」〔註22〕學習聖賢著作的目的在得其神，知道聖人向心求理的意思，而不是學習裏面繁瑣的知識。「聖人只是要刪去繁文，後儒卻只要添上。」〔註23〕後儒妄加解釋不過是畫蛇添足。他論述朱熹說：

> 文公精神氣魄大，是他早年合下便要繼往開來，故一向只就考索著述上用功。若先切己自修，自然不暇及此。到得德盛後，果憂

〔註18〕〔明〕王守仁：《王陽明全集》（上），上海：上海古籍出版社 1992 年版，第33～34 頁。

〔註19〕〔明〕王守仁：《王陽明全集》（上），上海：上海古籍出版社 1992 年版，第120 頁。

〔註20〕〔明〕王守仁：《王陽明全集》（上），上海：上海古籍出版社 1992 年版，第3頁。

〔註21〕〔明〕王守仁：《王陽明全集》（上），上海：上海古籍出版社 1992 年版，第11～12 頁。

〔註22〕〔明〕王守仁：《王陽明全集》（上），上海：上海古籍出版社 1992 年版，第10 頁。

〔註23〕〔明〕王守仁：《王陽明全集》（上），上海：上海古籍出版社 1992 年版，第9頁。

　　道之不明。如孔子退修六籍，刪繁就簡，開示來學，亦大段不費甚

　　考索。文公早歲便著許多書，晚年方悔是倒做了。〔註24〕

朱熹可以說是向萬事萬物中求理的代表，而漢代的鄭玄則是向繁瑣的注疏中
求理的代表。王陽明《月夜二首》其二云：「影響尚疑朱仲晦，支離羞作鄭康
成。」〔註25〕此聯同時批判了兩種學風。王陽明發揚了江南學者「清通簡要」
的一貫學風。

　　其三是比喻的形象思維方式和言不盡意的哲學意蘊。勞承萬先生在論述
《易經》理論形態的詩性原則時說：「《易經》與美學理論相關的原則，一是
擬象說，一是『言不盡意』說。二者都是『感官系統』把握世界的根本特徵。」
〔註26〕

　　王陽明的哲學中處處充滿著生動的比喻。雖然比喻和擬象有很大不同，
但在訴諸形象的思維方式這一點上則是一致的。比如王陽明把心比作明鏡：

　　　　聖人之心如明鏡。只是一個明，則隨感而應，無物不照。……

　　　　只怕鏡不明。不怕物來不能照。講求事變，亦是照時事。然學者卻

　　　　須先有個明的工夫。學者惟患此心之未能明，不患事變之不能盡。

　　　　〔註27〕

又比作日光：

　　　　既去惡念，便是善念，便復心之本體矣：譬如日光被雲來遮蔽，

　　　　雲去光已復矣。若惡念既去，又要存個善念，即是日光之中添燃一

　　　　燈。〔註28〕

《傳習錄》裏的比喻非常多，而且這些比喻都是信手拈來，隨感而發，絕不
是苦思冥想而來。陽明心學迥異乎玄學型的抽象理論形態，它屬於具象型理
論形態。

〔註24〕〔明〕王守仁：《王陽明全集》（上），上海：上海古籍出版社 1992 年版，第
　　　　28 頁。

〔註25〕〔明〕王守仁：《王陽明全集》（上），上海：上海古籍出版社 1992 年版，第
　　　　787 頁。

〔註26〕勞承萬：《美學學科的兩種理論形態》，文藝理論研究，2006 年第 6 期，第 8
　　　　頁。

〔註27〕〔明〕王守仁：《王陽明全集》（上），上海：上海古籍出版社 1992 年版，第
　　　　12 頁。

〔註28〕〔明〕王守仁：《王陽明全集》（上），上海：上海古籍出版社 1992 年版，第
　　　　99 頁。

　　這種比喻的形象思維方式一方面明白易懂，比如徐愛聽了王陽明把聖人的「其心純乎天理」比作「精金之所以為精」，而把世儒從事物上尋天理比作往精金裏摻雜了許多「錫鉛銅鐵」後，說：

> 先生此喻，足以破世儒支離之惑。大有功於後學。〔註29〕

另一方面，這種形象的思維方式還常常有一種言不盡意的哲學意蘊。《傳習錄》裏記載了這樣一則對話：

> 一友問工夫不切。先生曰：「學問工夫，我已曾一句道盡，如何今日轉說轉遠，都不著根！」對曰：「致良知蓋聞教矣，然亦須講明。」先生曰：「既知致良知，又何可講明？良知本是明白，實落用功便是；不肯用功，只在語言上轉說轉糊塗。」曰：「正求講明致之之功。」先生曰：「此亦須你自家求，我亦無別法可道。昔有禪師，人來問法，只把塵尾提起。一日，其徒將其塵尾藏過，試他如何設法。禪師尋塵尾不見，又只空手提起。我這個良知就是設法的塵尾，捨了這個，有何可提得？」少間，又一友請問工夫切要。先生旁顧曰：「我塵尾安在？」一時在坐者皆躍然。〔註30〕

可見，致良知的道理是極為簡單極為容易的，但同時又是極為精深極為微妙的。在另一次對話中，王陽明把它比作手掌中的紋理，人人明白易見，但要問他手掌上有多少紋理時，他就不知道了。〔註31〕這種言不盡意的哲學意蘊需要人用心去體會，親身去實踐的。這充分體現了其詩性特色。

　　正如陽明心學中所體現的一樣，江南詩性精神正是詩與哲學的統一。

三、亦詩亦哲：從王陽明看江南人物

　　與蘇格拉底要將詩人驅逐出城邦的故事相似，中國古代也有輕視詩人的情況。中國古代的儒家學者道德倫理的意味極為濃厚，他們最為尊崇經書，其次推崇以史明道，最看不起文士詩人。如漢代的揚雄後悔自己年輕

〔註29〕〔明〕王守仁：《王陽明全集》（上），上海：上海古籍出版社 1992 年版，第 27～28 頁。

〔註30〕〔明〕王守仁：《王陽明全集》（上），上海：上海古籍出版社 1992 年版，第 109 頁。

〔註31〕〔明〕王守仁：《王陽明全集》（上），上海：上海古籍出版社 1992 年版，第 125 頁。

時代的詩賦，說它們是「童子雕蟲篆刻……壯夫不爲也」。〔註32〕唐代著名
史學家、譜學家柳芳之子柳冕在《謝杜相公論房杜二相書》中要求「尊經
術，卑文士」，〔註33〕更爲著名的史學家劉知幾也說：「余幼喜詩賦，而壯
都不爲，恥以文士得名，期以述者自命。」〔註34〕即使不得已說到詩歌時，
也把它看爲載道的工具。所以朱熹把《詩經》裏的情詩都說成是與政化有
關。而宋明理學家的詩千篇一律、味同嚼蠟也正是這個原因。其實，王陽
明身上也體現了哲學與詩歌的較量。在王陽明的宣言中，他是排斥詩文的。
雖然他年輕時也以詩文馳名京都，但後來也表示後悔，他說：「使學如韓、
柳，不過爲文人，辭如李、杜，不過爲詩人，果有志於心性之學，以顏、
閔爲期，非第一等德業乎？」〔註35〕

　　在《傳習錄》裏，王陽明也多次表示對詩文的排斥。如他說：「天下之大
亂，由虛文勝而實行衰也。」〔註36〕「種樹者必培其根，種德者必養其心。欲
樹之長，必於始生時刪其繁枝；欲德之盛，必於始學時去夫外好。如外好詩文，
則精神日漸漏泄在詩文上去；凡百外好皆然。」〔註37〕他論述《詩經》說：

> 　　《詩》非孔門之舊本矣。孔子云：「放鄭聲，鄭聲淫。」又曰：
> 「惡鄭聲之亂雅樂也。鄭、衛之音，亡國之音也。」此本是孔門家
> 法。孔子所定三百篇，皆所謂雅樂，皆可奏之郊廟，奏之鄉黨，皆
> 所以宣暢和平，涵泳德性，移風易俗，安得有此？是長淫導姦矣。
> 此必秦火之後，世儒附會，以足三百篇之數。蓋淫溢之詞，世俗多
> 所喜傳，如今閭巷皆然。「惡者可以懲創人之逸志」，是求其說而不
> 得，從而爲之辭。〔註38〕

〔註32〕〔西漢〕揚雄：《法言・吾子第二》，見汪榮寶：《法言義疏》（上），北京：中
　　　　華書局1987年版，第45頁。
〔註33〕《全唐文》（六），卷527，北京：中華書局1983年影印版，第5354頁下。
〔註34〕〔唐〕劉知幾：《史通・內篇・自敘第三十六》，見〔清〕浦起龍：《史通通釋》，
　　　　上海：上海書店1988年版，第94頁。
〔註35〕〔清〕黃宗羲：《明儒學案》卷十二《浙中王門學案（二）》，轉引自吳震：《王
　　　　陽明著述選評》，上海：上海古籍出版社2004年版，第8頁。
〔註36〕〔明〕王守仁：《王陽明全集》（上），上海：上海古籍出版社1992年版，第7
　　　　頁。
〔註37〕〔明〕王守仁：《王陽明全集》（上），上海：上海古籍出版社1992年版，第
　　　　32頁。
〔註38〕〔明〕王守仁：《王陽明全集》（上），上海：上海古籍出版社1992年版，第
　　　　10頁。

他還曾經有「詩誡」〔註39〕，不主張寫詩。

但是王陽明所稟賦的江南文化的詩性精神卻使他在行動上違背了他的宣言。詩性精神深深地滲透到他的靈魂中，他主動投入到了詩歌的懷抱。如上海古籍出版社出版的《王陽明全集》裏，他的心學代表著作《傳習錄》共143頁（第1～143頁），而他的詩集則有144頁（第655～799頁，這還不算下冊裏收集的一些零散的佚詩）。詩賦中除《太白樓賦》是 30 歲以前的作品外，其餘 564 首（其中 6 首爲賦）都是他 30 歲以後的作品。這都是他在立志不做李杜韓柳而要做聖人以後寫的。我們知道，王陽明早在 20 歲左右就以詩文馳名京師，所以他未收入集中的 30 歲以前的詩歌必定不少。如果不算他悟道前的詩歌，他在 1508 年龍場悟道之後的詩歌爲 440 首。假使僅從他在贛州（1516～1519 年）立「詩誡」時算起，他在立「詩誡」以後的不到十年的時間（他於 1528 年謝世）共存詩 180 首左右。這些詩除極少數味同嚼蠟的說理詩外，都是充滿了眞性情、眞生命的眞詩。如《歸興》其二：「歸去休來歸去休，千貂不換一羊裘。青山待我長爲主，白髮從他自滿頭。種果移花新事業，茂林修竹舊風流。多情最愛滄州伴，日日相呼理釣舟。」〔註40〕又如《後中秋望月歌》：「一年兩度中秋節，兩度中秋一樣月。兩度當筵望月人，幾人猶在幾人別？此後望月幾中秋？此會中人知在否？當筵莫惜殷勤望，我已衰年半白頭。」〔註41〕都是令人擊節的好詩。看來王陽明年輕時候的詩名確非浪得。

王陽明不是一個不爲外物所動的無情之人，掩飾不了「氣之動物，物之感人，故搖盪性情，形諸舞詠」〔註42〕的詩人本色。如果王陽明眞像他《傳習錄》中所說的那樣不爲外物所動，那麼他應該無論何種境況下都能處之泰然。相反，他的感情是一個時時因外部環境變化而起伏跌宕的人。《王陽明全集》中除賦外，根據王陽明生活地點的轉變共收詩 15 輯。通讀全部詩歌，我們發現，王陽明在未貶謫之前，沒有經歷滄桑，常常遊山玩水，詩歌清新自然，常有隱逸之思。在牢獄中則感慨憂思，柔腸百轉。謫居蠻方，則常思念

〔註39〕〔明〕王守仁：《王陽明全集》（上），上海：上海古籍出版社 1992 年版，第752 頁。

〔註40〕〔明〕王守仁：《王陽明全集》（上），上海：上海古籍出版社 1992 年版，第784 頁。

〔註41〕〔明〕王守仁：《王陽明全集》（上），上海：上海古籍出版社 1992 年版，第792 頁。

〔註42〕〔南朝梁〕鍾嶸：《詩品·序》，見曹旭：《詩品集注》，上海：上海古籍出版社 1994 年版，第 1 頁。

家鄉，心懷魏闕。建立功業之後則意氣風發，心體光明。再次被起用後，看到人民的困苦，則憂國憂民之思溢於詩篇。他一方面在《傳習錄》裏批評一位總是擔憂自己眼病的學生「貴目賤心」，〔註43〕另一方面卻屢屢在詩中哀歎自己「肺病足瘡」。〔註44〕他在《與希顏臺仲明德尚謙原靜》中說：「日仁春來頗病，聞之極憂念。昨書來，欲與二三友去田雪上，因寄一詩。今錄去，聊同此懷也。」〔註45〕固是他常興發觸懷。又《與黃宗賢》云：「得書，見相念之厚，所引一詩尤懇惻至情，讀之既感且愧，幾欲涕下。人生動多牽滯，反不若他流外道之脫然也，奈何奈何！」〔註46〕正說明他多情善感。他的與《傳習錄》的不一致不能說明他的假，正說明他的真。他性格中的江南詩性精神衝破了哲理的桎梏。他在《羅履素詩集序》裏道出了他的本色，他認為一個人的詩文是「其精神心術之所寓，有足以發聞於後者」〔註47〕的。他因此主張以詩歌來教育子弟，其《訓蒙大意示教讀劉伯頌等》云：「今教童子，惟當以孝悌忠信禮義廉恥為專務。其栽培涵養之方，則宜誘之歌詩以發其志意，導之習禮以肅其威儀，諷之讀書以開其知覺。」〔註48〕「故凡誘之歌詩者，非但發其志意而已，亦以泄其跳號呼嘯於詠歌，宣其幽抑結滯於音節也。」〔註49〕

　　他稟賦的江南詩性精神使他在進行哲思時為詩歌留出了地盤，這種詩性精神也不可避免地融入其哲思之中。他常常用詩歌的形式宣傳他的良知學說，這樣的詩有二三十首，雖然裏面不乏乾巴巴的說理之作，但也有不少詩思俱佳的篇章。如《睡起偶成》二首：「四十餘年睡夢中，而今醒眼始朦朧。

〔註43〕〔明〕王守仁：《王陽明全集》（上），上海：上海古籍出版社 1992 年版，第36 頁。

〔註44〕〔明〕王守仁：《王陽明全集》（上），上海：上海古籍出版社 1992 年版，第794 頁。

〔註45〕〔明〕王守仁：《王陽明全集》（上），上海：上海古籍出版社 1992 年版，第167 頁。

〔註46〕〔明〕王守仁：《王陽明全集》（上），上海：上海古籍出版社 1992 年版，第153 頁。

〔註47〕〔明〕王守仁：《王陽明全集》（上），上海：上海古籍出版社 1992 年版，第837 頁。

〔註48〕〔明〕王守仁：《王陽明全集》（上），上海：上海古籍出版社 1992 年版，第87 頁。

〔註49〕〔明〕王守仁：《王陽明全集》（上），上海：上海古籍出版社 1992 年版，第88 頁。

不知日已過亭午，起向高樓撞曉鐘。」「起向高樓撞曉鐘，尚多昏睡正懵懵。
縱令日暮醒猶得，不信人間耳盡聾。」〔註 50〕寫得詼諧有趣。又如《月夜》
其一：「萬里中秋月正晴，四山雲靄忽然生。須臾濁霧隨風散，依舊青天此月
明。肯信良知原不昧，從他外物豈能攖！老夫今夜狂歌發，化作鈞天滿太清。」
〔註 51〕寫得無我渾然。

　　由於這種原因，《傳習錄》中的語言也富有詩意。王陽明曾指著山中的花
樹說：

> 你未看此花時，此花與汝心同歸於寂。你來看此花時，則此花
> 顏色一時明白起來，便知此花不在你的心外。〔註 52〕

這種滲透其骨髓的江南詩性精神使他的「存天理，滅人欲」的冷冰冰的說教
充滿了人性的色彩和盎然的生機。〔註 53〕

　　王陽明是一位哲人，同時也是一位詩人。按照我們前引伽達默爾的說法，
如果說柏拉圖是最偉大的詩哲之一，那麼王陽明無疑也處於最偉大的詩哲之
列。他亦詩亦哲，而這也正是統一了詩與哲學的江南詩性精神影響下的江南
人物的本質。

第二節　江南詩性精神的主體闡釋

　　江南文化的詩性主體即具有詩性智慧的江南人物。在上一節中我們以王
陽明為代表分析了江南詩性主體的亦詩亦哲的性質，本節我們將對江南詩性
主體作進一步的闡釋。江南文化的詩性主體都是「為江南文化所化之人」，「為
江南文化所化之人」，發源、成長於中國詩性文化的大背景，首要特徵是與西
方理性主體截然不同的詩性主體，其次，從南北文化來看，審美與政治的區
別，是詩性主體分為南北二形態的主要根源。但這並不意味著審美與政治無
關，由於精神的互滲律與文化的滲漏現象，江南與政治的關係往往顯得更加

〔註 50〕〔明〕王守仁：《王陽明全集》（上），上海：上海古籍出版社 1992 年版，第
　　　　 780 頁。
〔註 51〕〔明〕王守仁：《王陽明全集》（上），上海：上海古籍出版社 1992 年版，第
　　　　 787 頁。
〔註 52〕〔明〕王守仁：《王陽明全集》（上），上海：上海古籍出版社 1992 年版，第
　　　　 108 頁。
〔註 53〕以上二、三兩小節曾發表過，見拙作：《陽明哲學：中國詩性文化的一座高峰》，
　　　　 東方叢刊，2008 年第 4 期。

複雜與微妙，並具體表現在「政治之後是審美」這一中國詩學的基本原理中。〔註54〕

　　說到人物，涉及到學術表達的形式問題。劉夢溪先生認爲，學術表達主要有兩種形式，一種是「借符號說話」，這是哲學家的言說方式，對他們來說，最重要的是範疇和概念；另一種是「借人物說話」，歷史是由人來完成的，沒有人物就無所謂歷史。〔註55〕關於借符號說話，西方哲學有邏各斯、理念、理性、存在等一系列範疇，中國則有仁、道、理、心等一系列範疇。關於借人物說話，西方和中國的歷史、文學著作中可謂比比皆是。錢穆先生說：「中國歷史體裁不外此三種：事情、年代、人物分別爲主。……《尙書》是一件一件地寫，寫出的就是一篇篇的《尙書》。《春秋》與《左傳》是一年年地記載，而太史公的《史記》，就是一人一人地寫下。」〔註56〕中國的二十六部正史就是借人物說話的典型，而這也是中國歷史記載的主流。中國的文學、外國的歷史和文學也多以人物說話。中國的文學如唐傳奇的篇名大多以人物命名，《鶯鶯傳》、《柳毅傳》、《霍小玉傳》等等莫不如此，《聊齋誌異》中的故事也多以人物命名篇名，《紅樓夢》本名《石頭記》，而「石頭」也是與賈寶玉這個人對應的，一直到現代作家魯迅的《孔乙巳》，都繼承了這個傳統。外國的歷史有普魯塔克的《希臘羅馬名人合傳》、蘇維托尼烏斯的《羅馬十二帝王傳》等等都是歷史學著作的經典。外國的文學從荷馬史詩之一的《奧德賽》到歌德的《少年維特的煩惱》、拜倫的《唐·璜》、普希金的《歐根·奧涅金》、狄更斯的《大衛·科波菲爾》等等都是直接以人名作爲小說的名字。歷史學家、文學家之所以借人物說話，是因爲人物是活生生的生命，極富感染力。江南文化的核心是關乎「詩性——審美」的，這種關乎人的心靈的文化，其敘事也少不了借人物說話。

一、魏晉風度和名士風流

　　前文已經說過，魏晉南北朝時期是江南文化的軸心期，那麼，要探索江南文化的詩性主體的精神現象最合適不過的是到這個時代的詩性人物的生命活動中去尋找。這其中最令人津津樂道的就是魏晉風度和名士風流。這發源

〔註54〕劉士林主編：《江南文化精神》，上海：上海大學出版社 2009 年版，第 16～17頁。
〔註55〕劉夢溪：《學術思想與人物》，石家莊：河北教育出版社 2004 年版，第 363 頁。
〔註56〕錢穆：《中國史學名著》，北京：三聯書店 2000 年版，第 50 頁。

於中原文化的魏晉風度與名士風流經過江南軸心期之後最終成爲江南詩性主體的象徵。

宗白華先生在《論〈世說新語〉和晉人的美》一文中對魏晉風度做了出色的研究，他認爲「漢末魏晉六朝是中國政治上最混亂、社會上最痛苦的時代，然而卻是精神史上極自由、極解放、最富於智慧、最濃於熱情的一個時代。因此也就是最富有藝術精神的一個時代」。「（魏）晉人的美，是這全時代的最高峰」，「魏晉人……傾向簡約玄澹，超然絕俗的哲學的美，晉人的書法是這美底最具體的表現」。〔註57〕魏晉風度主要包含八個方面的內容，簡要敘述如下。

（一）魏晉人生活上人格上的自然主義和個性主義，解脫了漢代儒教統治下的禮法束縛。一般知識分子多半超脫禮法觀點直接欣賞人格個性之美，尊重個性價值。

（二）山水美的發現和晉人的藝術心靈。晉宋人欣賞山水，由實入虛，即實即虛，超入玄境。這玄遠幽深的哲學意味深透在當時人的美感和自然欣賞中。晉人以虛靈的胸襟、玄學的意味體會自然，乃表裏澄澈、一片空明，建立最高的晶瑩的美的意境！

（三）晉人藝術境界造詣的高，不僅是基於他們的意趣超越，深入玄境，尊重個性，生機活潑，更主要的是他們的「一往情深」！無論對於自然，對探求哲理，對於友誼，都有可述。晉人雖超，未能忘情，所謂「情之所鍾，正在我輩」（王戎語），是哀樂過人，不同流俗。尤以對於朋友之愛，裏面富有人格美的傾慕。晉人向外發現了自然，向內發現了自己的深情。山水虛靈化了，也情致化了。

（四）魏晉時代人的精神是最哲學的，因爲是最解放的、最自由的。晉人酷愛自己精神的自由，能推己及物。這種精神上的眞自由、眞解放，能把我們的胸襟像一朵花似地展開，接受宇宙和人生的全景，瞭解它的意義，體會它的深沉的境地。近代哲學上所謂「生命情調」、「宇宙意識」，遂在晉人這超脫的胸襟裏萌芽起來。

（五）晉人的「人格的唯美主義」和友誼的重視，培養成爲一種高級社交文化如「竹林之遊，蘭亭禊集」等。玄理的辯論和人物的品藻是這社交的

〔註57〕宗白華：《論〈世說新語〉和晉人的美》，見殷曼楟編：《宗白華中西美學論集》，南京：南京大學出版社 2009 年版，第 90、91、91 頁。

主要內容。因此談吐措詞的雋妙，空前絕後。晉人書箚和小品文中雋句天成，俯拾即是。

（六）晉人之美，美在神韻（人稱王羲之的字韻高千古）。神韻可說是「事外有遠致」，不沾滯於物的自由精神（目送歸鴻，手揮五弦）。這是一種心靈的美，或哲學的美，這種事外有遠致的力量，擴而大之可以使人超然於死生禍福之外，發揮出一種鎮定的大無畏的精神來。晉人崇尚活潑生氣，蔑視世俗社會中的偽君子、鄉原、戰國以後二千年來中國的「社會棟樑」。

（七）晉人的美學是「人物的品藻」。晉人拿自然界的美來形容人物品格的美。這兩方面的美──自然美和人格美──同時被魏晉人發現。人格美的推重已濫觴於漢末，上溯至孔子及儒家的重視人格及其氣象。「世說新語時代」尤沉醉於人物的容貌、器識、肉體與精神的美。這是中國歷史上最有生氣，活潑愛美，美的成就極高的一個時代。

（八）晉人的道德觀與禮法觀。漢代的俗儒鑽進利祿之途，鄉原滿天下。魏晉人以狂狷來反抗這鄉原的社會，反抗這桎梏性靈的禮教和士大夫階層的庸俗，向自己的真性情、其血性裏掘發人生的真意義、真道德。他們不惜拿自己的生命、地位、名譽來冒犯統治階級的奸雄假借禮教以維持權位的惡勢力。阮籍佯狂了，劉伶縱酒了，這是真性情、真血性對這虛偽的禮法社會不肯妥協的悲壯劇。〔註58〕

馮友蘭先生則拈出「風流」二字，他認為《世說新語》中人物的美在於他們的風流美，而《世說新語》則是「中國的風流寶鑒」。〔註59〕他指出魏晉名士的風流美包含四個方面的內容。其一，真名士，真風流的人，必有玄心。玄心可以說是超越感。超越是超過自我。超過自我，則可以無我。真風流的人必須無我。無我則個人的禍福成敗，以及死生，都不足以介其意。其二，真風流的人，必須有洞見。所謂洞見，就是不借推理，專憑直覺而得來的對於真理的知識。洞見也不需要長篇大論，只須幾句話或幾個字表示之。這就是風流人物的名言雋語。魏晉人物注重「言約旨達」，「不著一字，盡得風流」。

〔註58〕參閱宗白華：《論〈世說新語〉和晉人的美》，見殷曼楟編：《宗白華中西美學論集》，南京：南京大學出版社 2009 年版，第 91～102 頁。此處論述參閱劉士林：《西洲在何處──江南文化的詩性敘事》，北京：東方出版社 2005 年版，第 42～54 頁。

〔註59〕馮友蘭：《論風流》，見洪治綱主編：《馮友蘭經典文存》，上海：上海大學出版社 2004 年版，第 284 頁。

其三，眞風流的人，必有妙賞。所謂妙賞就是對於美的深切感覺。他們常常以審美的眼光看待世界。其四，眞風流的人，必有深情。但因其亦有玄心，能超越自我，所以他雖有情而無我。所以其情都是對於宇宙人生的感情，不是爲他自己歎老嗟卑。他的情與萬物的情有一種共鳴。他對於萬物，都有一種深厚的同情。〔註60〕

從宗白華和馮友蘭兩位先生的論述來看，魏晉風度和名士風流無疑是江南文化詩性主體之詩意行爲的源泉和重要表現形式。不過，如果我們再參照一下魯迅先生的論述，就會發現，其實這種風度和風流一開始與政治有很大關係。

處於江南文化軸心時代的魏晉風度和名士風流，最爲後人所嚮往的有吃藥、行散、飲酒、清談等等。但根據魯迅的研究，這些行爲一開始並不是純詩意的。魯迅的論述很詳細，很通俗，有助於我們對江南詩性精神的起源有更進一步的認識，因此值得在此大段引述：

何晏有兩件事我們是知道的。第一，他喜歡空談，是空談的祖師；第二，他喜歡吃藥，是吃藥的祖師。

此外，他也喜歡談名理。他身子不好，因此不能不服藥。他吃的不是尋常的藥，是一名種叫「五石散」的藥。

「五石散」是一種毒藥，是何晏吃開頭的。漢時，大家還不敢吃，何晏或者將藥方略加改變，便吃開頭了。五石散的基本，大概是五樣藥：石鐘乳，石硫黃，白石英，紫石英，赤石脂；另外怕還配點別樣的藥。但現在也不必細細研究它，我想各位都是不想吃它的。

從書上看起來，這種藥是很好的，人吃了能轉弱爲強。因此之故，何晏有錢，他吃起來了；大家也跟著吃。那時五石散的流毒就同清末的鴉片的流毒差不多，看吃藥與否以分闊氣與否的。現在由隋巢元做的《諸病源候論》的裏面可以看到一些。據此書，可知吃這藥是非常麻煩的，窮人不能吃，假使吃了之後，一不小心，就會毒死。先吃下去的時候，倒不怎樣的，後來藥的效驗既顯，名曰「散發」。倘若沒有「散發」，就有弊而無利。因此吃了之後不能休息，

〔註60〕馮友蘭：《論風流》，見洪治綱主編：《馮友蘭經典文存》，上海：上海大學出版社 2004 年版，第 283～291 頁。

非走路不可，因走路才能「散發」，所以走路名曰「行散」。比方我們看六朝人的詩，有云：「至城東行散」，就是此意。後來做詩的人不知其故，以為「行散」即步行之意，所以不服藥也以「行散」二字入詩，這是很笑話的。

走了之後，全身發燒，發燒之後又發冷。普通發冷宜多穿衣，吃熱的東西。但吃藥後的發冷剛剛要相反：衣少，冷食，以冷水澆身。倘穿衣多而食熱物，那就非死不可。因此五石散一名寒食散。只有一樣不必冷吃的，就是酒。

吃了散之後，衣服要脫掉，用冷水澆身；吃冷東西，飲熱酒。這樣看起來，五石散吃的人多，穿厚衣的人就少；比方在廣東提倡，一年以後，穿西裝的人就沒有了。因為皮肉發燒之後，不能穿窄衣。為預防皮膚被衣服擦傷，就非穿寬大的衣服不可。現在有許多人以為晉人輕裘緩帶，寬衣，在當時是人們高逸的表現，其實不知他們是吃藥的緣故。一班名人都吃藥，穿的衣都寬大，於是不吃藥的也跟著名人，把衣服寬大起來了！

還有，吃藥之後，因皮膚易於磨破，穿鞋也不方便，故不穿鞋襪而穿屐，所以我們看晉人的畫像或那時的文章，見他衣服寬大，不鞋而屐，以為他一定是很舒服，很飄逸的了，其實他心裏都是很苦的。

更因皮膚易破，不能穿新的而宜於穿舊的，衣服便不能常洗。因不洗，便多虱。所以在文章上，虱子的地位很高，「捫虱而談」，當時竟傳為美事。比方我今天在這裡演講的時候，捫起虱來，那是不大好的。但在那時不要緊，因為習慣不同之故。這正如清朝是提倡抽大煙的，我們看見兩肩高聳的人，不覺得奇怪。現在就不行了，倘若多數學生，他的肩成為一字樣，我們就覺得很奇怪了。

……

到東晉以後，作假的人就很多，在街旁睡倒，說是「散發」以示闊氣。就像清時尊讀書，就有人以墨塗唇，表示他是剛才寫了許多字的樣子。故我想，衣大，穿屐，散發等等，後來做之，不吃也學起來，與理論的提倡實在是無關的。

又因「散發」之時，不能肚餓，所以吃冷物，而且要趕快吃，不論時候，一日數次也不可定。因此影響到晉時「居喪無禮」。——本來魏晉時，對於父母之禮是很繁多的。比方想去訪一個人，那麼，在未訪之前，必先打聽他父母及其祖父母的名子，以便避諱。否則，嘴上一說出這個字音，假如他的父母是死了的，主人便會大哭起來——他記得父母了——給你一個大大的沒趣。晉禮居喪之時，也要瘦，不多吃飯，不准喝酒。但在吃藥之後，為生命計，不能管得許多，只好大嚼，所以就變成「居喪無禮」了。

居喪之際，飲酒食肉，由闊人名流倡之，萬民皆從之，因為這個緣故，社會上遂尊稱這樣的人叫作名士派。

......

晉名人皇甫謐作一書曰《高士傳》，我們以為他很高超。但他是服散的，曾有一篇文章，自說吃散之苦。因為藥性一發，稍不留心，即會喪命，至少也會受非常的苦痛，或要發狂；本來聰明的人，因此也會變成癡呆。所以非深知藥性，會解救，而且家裏的人多深知藥性不可。晉朝人多是脾氣很壞，高傲，發狂，性暴如火的，大約便是服藥的緣故。比方有蒼蠅擾他，竟至拔劍追趕；就是說話，也要糊糊塗塗地才好，有時簡直是近於發瘋。但在晉朝更有以癡為好的，這大概也是服藥的緣故。

......

季札說：「中國之君子，明於禮義而陋於知人心。」這是確的，大凡明於禮義，就一定要陋於知人心的，所以古代有許多人受了很大的冤枉。例如嵇阮的罪名，一向說他們毀壞禮教。但據我個人的意見，這判斷是錯的。魏晉時代，崇奉禮教的看來似乎很不錯，而實在是毀壞禮教，不信禮教的。表面上毀壞禮教者，實則倒是承認禮教，太相信禮教。因為魏晉時所謂崇奉禮教，是用以自利，那崇奉也不過偶然崇奉，如曹操殺孔融，司馬懿殺嵇康，都是因為他們和不孝有關，但實在曹操司馬懿何嘗是著名的孝子，不過將這個名義，加罪於反對自己的人罷了。於是老實人以為如此利用，褻瀆了禮教，不平之極，無計可施，激而變成不談禮教，不信禮教，甚至於反對禮教。——但其實不過是態度，至於他們的本心，恐怕倒是

相信禮教，當作寶貝，比曹操司馬懿們要迂執得多。現在說一個容易明白的比喻罷，譬如有一個軍閥，在北方——在廣東的人所謂北方和我常說的北方的界限有些不同，我常稱山東山西直隸河南之類爲北方——那軍閥從前是壓迫民黨的，後來北伐軍勢力一大，他便掛起了青天白日旗，說自己已經信仰三民主義了，是總理的信徒。這樣還不夠，他還要做總理的紀念周。這時候，眞的三民主義的信徒，去呢，不去呢？不去，他那裏就可以說你反對三民主義，定罪，殺人。但既然在他的勢力之下，沒有別法，眞的總理的信徒，倒會不談三民主義，或者聽人假惺惺的談起來就皺眉，好像反對三民主義模樣。所以我想，魏晉時所謂反對禮教的人，有許多人大約也如此，他們倒是迂夫子，將禮教當作寶貝看待的。

　　還有一個實證，凡人們的言論，思想，行爲、倘若自己以爲不錯的，就願意天下的別人，自己的朋友也都這樣做。但嵇康阮籍不這樣，不願意別人來模仿他。竹林七賢中有阮咸，是阮籍的侄子，一樣的飲酒。阮籍的兒子阮渾也願加入時，阮籍卻道不必加入，吾家已有阿咸在，夠了。假若阮籍自以爲行爲是對的，就不當拒絕他的兒子，而阮籍卻拒絕自己的兒子，可知阮籍並不以他自己的辦法爲然。至於嵇康，一看他的《絕交書》，就知道他的態度很驕傲的；有一次，他在家打鐵——他的性情是很喜歡打鐵的——鍾會來看他，他只打鐵，不理鍾會。鍾會沒有意味，只得走了。其時嵇康就問他：「何所聞而來，何所見而去？」鍾會答道：「聞所聞而來，見所見而去。」這也是嵇康殺身的一條禍根。但我看他做給他的兒子看的《家誡》——當嵇康被殺時，其子方十歲，算來當他做這篇文章的時候，他的兒子是未滿十歲的——就覺得宛然是兩個人。他在《家誡》中教他的兒子做人要小心，還有一條一條的教訓。有一條是說長官處不可常去，亦不可住宿；官長送人們出來時，你不要在後面，因爲恐怕將來官長懲辦壞人時，你有暗中密告的嫌疑。又有一條是說宴飲時候有人爭論，你可立刻走開，免得在旁批評，因爲兩者之間必有對與不對，不批評則不像樣，一批評就總要是甲非乙，不免受一方見怪。還有人要你飲酒，即使不願飲也不要堅決地推辭，必須和和氣氣的拿著杯子。我們就此看來，實在覺得很希奇：嵇康

是那樣高傲的人，而他教子就要他這樣的庸碌。因此我們知道，嵇康自己對於他自己的舉動也是不滿足的。所以批評一個人的言行實在難，社會上對於兒子不像父親，稱爲「不肖」，以爲是壞事，殊不知世上正有不願意他的兒子像自己的父親哩。試看阮籍嵇康，就是如此。這是因爲他們生於亂世，不得已，才有這樣的行爲，並非他們的本態。但又於此可見魏晉的破壞禮教者，實在是相信禮教到固執之極的。〔註61〕

可見，魏晉時代特別是其前期階段，所謂的魏晉風度和名士風流並未擺脫現實社會和政治的影響，甚至可以說，魏晉風度和名士風流是現實社會和政治壓力之下的變態的產物。正如陳寅恪先生所說：「大抵清談之興起由於東漢末世黨錮諸名士遭政治暴力之摧壓，一變其指實人物品題，而爲抽象玄理之討論，啓自郭林宗，而成於阮嗣宗，皆避禍遠嫌，消極不與其時政治當局合作者也。」〔註62〕

不過，隨著時間的流逝和社會的發展，這些名士的不尋常的行爲便漸漸爲後來者所傚仿，而失去了其政治上的含義。陳寅恪先生說：

> 魏晉兩朝清談內容之演變，當魏末西晉時代即清談之前期，其清談乃當日政治上之實際問題，與其時士大夫之出處進退至有關係，蓋藉此以表示本人態度及辯護自身立場者，非若東晉一朝即清談後期，請談只爲口中或紙上之玄言，已失去政治上實際性質，僅作名士身份之裝飾品也。〔註63〕

〔註61〕 魯迅：《魏晉風度及藥與酒的關係》，見錢理群、葉彤編：《魯迅學術文化隨筆》，北京：中國青年出版社1996年版，第223～232頁。

〔註62〕 陳寅恪：《陶淵明之思想與清談之關係》，見陳寅恪：《金明館叢稿初編》，北京：三聯書店2001年版，第202頁。

〔註63〕 陳寅恪：《陶淵明之思想與清談之關係》，見陳寅恪：《金明館叢稿初編》，北京：三聯書店2001年版，第201頁。關於這一點，魯迅是以嘲諷的口吻來論說的：「不過何晏王弼阮籍嵇康之流，因爲他們的名位大，一般的人們就學起來，而所學的無非是表面，他們實在的內心，卻不知道。因爲只學他們的皮毛，於是社會上便很多了沒意思的空談和飲酒。許多人只會無端的空談和飲酒，無力辦事，也就影響到政治上，弄得玩「空城計」，毫無實際了。在文學上也這樣，嵇康阮籍的縱酒，是也能做文章的，後來到東晉，空談和飲酒的遺風還在，而萬言的大文如嵇阮之作，卻沒有了。」（魯迅：《魏晉風度及藥與酒的關係》，見錢理群、葉彤編：《魯迅學術文化隨筆》，北京：中國青年出版社1996年版，第232頁。）

當政治層面的東西散去之後，那些魏晉風度和名士風流便成了人們詩意緬懷和追尋的對象。而魏晉風度和名士風流也就成了江南文化詩性主體的精神源泉和代表特徵。

二、入乎情內，出乎情外

王國維先生在《人間詞話》中寫道：「詩人對宇宙人生，須入乎其內，又須出乎其外。入乎其內，故有生氣；出乎其外，故有高致。」〔註64〕

江南詩性主體所傳承下來的魏晉風度和名士風流表現在眾多的方面，但其核心則在於一個「情」字。套用王國維先生的話來說，那就是既能「入乎情內」，又能「出乎情外」。

如前所述，宗白華先生在論述晉人的美時認為晉人藝術境界造詣很高，更主要的原因在於他們「一往情深」。馮友蘭先生在論風流的時候也認為，真風流的人，必有深情。它在江南文化軸心期表現得特別明顯，因此在這裡有必要把前人熟引的《世說新語》中的材料再引述一遍。

王戎喪兒萬子，山簡往省之，王悲不自勝。簡曰：「孩抱中物，何至於此！」王曰：「聖人忘情，最下不及情；情之所鍾，正在我輩。」〔註65〕庾文康（庾亮）亡，何揚州臨葬云：「埋玉樹著土中，使人情何能已已！」〔註66〕桓子野每聞清歌，輒喚「奈何！」謝公聞之，曰：「子野可謂一往有深情。」〔註67〕王長史登茅山，大慟哭曰：「琅邪王伯輿，終當為情死！」〔註68〕衛洗馬初欲渡江，形神慘悴，語左右云：「見此茫茫，不覺百端交集。苟未免有情，亦復誰能遣此！」〔註69〕

〔註64〕 王國維：《人間詞話》卷上第 60 條，上海：上海古籍出版社 2004 年版，第 62 頁。

〔註65〕 〔南朝宋〕劉義慶：《世說新語》卷下《傷逝第十七》，第 4 則，見楊勇校箋：《世說新語校箋》，第三冊，北京：中華書局 2006 年版，第 583 頁。

〔註66〕 〔南朝宋〕劉義慶：《世說新語》卷下《傷逝第十七》，第 8 則，見楊勇校箋：《世說新語校箋》，第三冊，北京：中華書局 2006 年版，第 585 頁。

〔註67〕 〔南朝宋〕劉義慶：《世說新語》卷下《任誕第二十三》，第 42 則，見楊勇校箋：《世說新語校箋》，第三冊，北京：中華書局 2006 年版，第 680 頁。

〔註68〕 〔南朝宋〕劉義慶：《世說新語》卷下《任誕第二十三》，第 42 則，見楊勇校箋：《世說新語校箋》，第三冊，北京：中華書局 2006 年版，第 686 頁。

〔註69〕 〔南朝宋〕劉義慶：《世說新語》卷上《言語第二》，第 32 則，見楊勇校箋：《世說新語校箋》，第一冊，北京：中華書局 2006 年版，第 82 頁。

　　這種深情不僅表現在社會人生上，也表現在對於一切生命的同情和愛上。簡文入華林園，顧謂左右曰：「會心處不必在遠，翳然林水，便有濠濮間想也，覺鳥獸禽魚，自來親人。」〔註70〕支公好鶴。住剡東峁山，有人遺其雙鶴。少時，翅長欲飛。支意惜之，乃鎩其翮。鶴軒翥，不復能起，乃反顧翅，垂頭，視之如有懊喪意。林曰：「既有凌霄之姿，何肯為人作耳目近玩！」養令翮成，置使飛去。〔註71〕

　　這種情還表現在對自然、宇宙的熱愛與感慨。王子敬云：「從山陰道上行，山川自相映發，使人應接不暇。若秋冬之際，尤難為懷。」〔註72〕宗白華先生說：「晉人向外發現了自然，向內發現了自己的深情。山水虛靈化了，也情致化了。陶淵明、謝靈運這般人的山水詩那樣的好，是由於他們對於自然有那一股新鮮發現時身入化境濃酣忘我的趣味；他們隨手寫來，都成妙諦，境與神會，真氣撲人。謝靈運的『池塘生春草』也只是新鮮自然而已。然而擴而大之，體而深之，就能構成一種泛神論宇宙觀，作為藝術文學的基礎。孫綽《天台山賦》云：『恣語樂以終日，等寂默於不言，渾萬象以冥觀，兀同體於自然。』又云：『遊覽既周，體靜心閑，害馬已去，世事都捐，投刃皆虛，目牛无全，凝想幽岩，朗詠長川。』在這種深厚的自然體驗下，產生了王羲之的《蘭亭序》，鮑照《登大雷岸寄妹書》，陶宏景、吳均的《敍景短箚》，酈道元的《水經注》；這些都是最優美的寫景文字。」〔註73〕

　　有情的人可以稱之為性情中人。生長於「昌明隆盛之邦，詩禮簪纓之族，花柳繁華地，溫柔富貴鄉」〔註74〕的賈寶玉堪稱其代表。與性情中人相比，喪失性情而只剩下了赤裸裸的欲望的人可稱之為「肉人」，忘情之人可稱之為「至人」。劉再復說：

〔註70〕〔南朝宋〕劉義慶：《世說新語》卷上《言語第二》，第61則，見楊勇校箋：《世說新語校箋》，第一冊，北京：中華書局2006年版，第106頁。

〔註71〕〔南朝宋〕劉義慶：《世說新語》卷上《言語第二》，第76則，見楊勇校箋：《世說新語校箋》，第一冊，北京：中華書局2006年版，第118頁。

〔註72〕〔南朝宋〕劉義慶：《世說新語》卷上《言語第二》，第91則，見楊勇校箋：《世說新語校箋》，第一冊，北京：中華書局2006年版，第130頁。

〔註73〕宗白華：《論〈世說新語〉和晉人的美》，見殷曼楟編：《宗白華中西美學論集》，南京：南京大學出版社2009年版，第95～96頁。

〔註74〕〔清〕曹雪芹：《紅樓夢》第一回，見鄧遂夫校訂：《脂硯齋重評石頭記（甲戌校本）》，北京：作家出版社2000年版，第80～81頁。

拙著《人論二十五種》描述了「肉人」，這是文子所界定的二十五種人的倒數第二名，排列在「小人」之前。所謂肉人，乃是只有肉沒有靈、只有欲望沒有精神的人。與肉人相對的另一極的人，是只有精神、沒有欲望的人，即被莊子稱爲「眞人」、「至人」的那一類。賈寶玉雖然具有純粹精神，但不是眞人至人，而是性情中人。他有人的精神，又有人的眞情感。這其實更難更實在。賈寶玉被父親打得皮肉橫飛之後，姐妹與丫鬟們去安慰、照料他，他完全忘記肉的傷痛，卻爲少女們的關心感動不已，就像後來的大畫家凡・高割了耳朵而不知疼痛，對「肉」缺少感覺，對情卻極爲敏感。這種氣質正是詩人氣質。〔註75〕

賈寶玉的情是一種至眞之情，他不僅「情情」，而且「情不情」，關懷人間一切生命，情泛普世：

脂硯齋透露《紅樓夢》稿本最後有一「情榜」，以「情情」二字評說林黛玉，一「情不情」三個字評說賈寶玉。……林黛玉只把感情投注於她專一所愛之人，即情感完全相通相契相依相屬之人，其他人幾乎不存在。而賈寶玉則是個博愛者、兼愛者，他愛林黛玉，也愛一切人，包括薛蟠、賈環等「不情」的人。唯能「情不情」才有菩薩心腸，才有基督釋迦胸襟。〔註76〕

這正如宗白華先生所說的：「深於情者，不僅對宇宙人生體會到至深的無名的哀感，擴而充之，可以成爲耶穌、釋迦的悲天憫人；就是快樂的體驗也是深入肺腑，驚心動魄。」〔註77〕

這種一往情深突出表現在對於美好事物的「憐惜」上。發生在「大宋仁宗年間，江南平江府東門外長樂村中」〔註78〕的秋先身上的故事特別能表現這種對於美好事物的憐惜之情。憐惜之情源於內心對於美的敏感。秋先是個「花癡」，他對於花的喜愛表現了江南文化的詩性審美精神：

〔註75〕 劉再復：《紅樓夢悟》，北京：三聯書店 2006 年版，第 79～80 頁。
〔註76〕 劉再復：《紅樓夢悟》，北京：三聯書店 2006 年版，第 80 頁。
〔註77〕 宗白華：《論〈世說新語〉和晉人的美》，見殷曼楟編：《宗白華中西美學論集》，南京：南京大學出版社 2009 年版，第 95 頁。
〔註78〕 《灌園叟晚逢仙女》，見〔明〕抱甕老人輯：《今古奇觀》，長沙：嶽麓書社 2004年第 2 版，第 109 頁。

　　那秋先從幼酷好栽花種果，把田業都撇棄了，專於其事。若偶
見得種異花，就是拾著珍寶，也沒有這般歡喜。隨你極緊要的事出
外，路上逢著人家有樹花兒，不管他家容不容，便陪著笑臉，捱進
去求玩。若平常花木，或家裏也在正開，還轉身得快，倘然是一種
名花，家中沒有的，雖或有，已開過了，便將正事撇在半邊，依依
不捨，永日忘歸。人都叫他是花癡。或遇見賣花的有株好花，不論
身邊有錢無錢，一定要買，無錢時便脫身上衣服去解當。也有賣花
的知他僻性，故高其價，也只得忍貴買回。又有那破落戶曉得他是
愛花的，各處尋覓好花折來，把泥假捏個根兒哄他，少不得也買。
有恁般奇事！將來種下，依然肯活。日積月累，遂成了一個大園。

　　那園周圍編竹為籬，籬上交纏薔薇、荼蘼、木香、刺梅、木槿、
棣棠、金雀；籬邊撒下蜀葵、鳳仙、雞冠、秋葵、鶯粟等種。更有
那金萱、百合、剪春羅、剪秋羅、滿地嬌、十樣錦、美人蕉、山躑
躅、高良薑、白蛺蝶、夜落金錢、纏枝牡丹等類，不可枚舉。遇開
放之時，爛如錦屏。遠籬數步，盡植名花異卉。一花未謝，一花又
開。向陽設兩扇柴門，門內一條竹徑，兩邊都結柏屏遮護。轉過柏
屏，便是三間草堂。房雖草覆，卻高爽寬敞，窗櫺明亮。堂中掛一
幅無名小畫，設一張白木臥榻。桌凳之類，色色潔淨。打掃得地下
無纖毫塵垢。堂後精舍數間，臥室在內。那花卉無所不有，十分繁
茂。真個四時不謝，八節長春。〔註79〕

他不僅能「審」美，更能「愛」美、「憐」美、「惜」美：

　　秋先每日清晨起來，掃淨花底落葉，汲水逐一灌溉，到晚上又澆
一番。若有一花將開，不勝歡躍。或暖壺酒兒，或烹甌茶兒，向花深
深作揖，先行澆奠，口稱花萬歲三聲，然後坐於其下，淺斟細嚼。酒
酣興到，隨意歌嘯。身子倦時，就以石為枕，臥在根傍。自半含至盛
開，未嘗暫離。如見日色烘烈，乃把棕拂蘸水沃之。遇著月夜，便連
宵不寐。倘值了狂風暴雨，即披蓑頂笠，周行花間檢視。遇有欹枝，
以竹扶之。雖夜間，還起來巡看幾次。若花到謝時，則累日歎息，常
至墮淚。又不捨得那些落花，以棕拂輕輕拂來，置於盤中，時常觀玩。

〔註79〕《灌園叟晚逢仙女》，見〔明〕抱甕老人輯：《今古奇觀》，長沙：嶽麓書社 2004
　　　年第 2 版，第 109～110 頁。

直至乾枯，裝入淨甕，滿甕之日，再用茶酒澆奠，慘然若不忍釋。然後親捧其甕，深埋長堤之下，謂之「葬花」。倘有花片被雨打泥污的，必以清水再四滌淨，然後送入湖中，謂之「浴花」。

平昔最恨的是攀枝折朵。他也有一段議論，道：「凡花一年只開得一度，四時中只占得一時，一時中又只占得數日。他熬過了三時的冷淡，才討得這數日的風光。看他隨風而舞，迎人而笑，如人正當得意之境，忽被摧殘，巴此數日甚難，一朝折損甚易。花若能言，豈不嗟歎！況就此數日間，先猶含蕊，後復零殘。盛開之時，更無多了。又有蜂採鳥啄蟲鑽，日炙風吹，霧迷雨打，全仗人去護惜他。卻反恣意拗折，於心何忍！且說此花自芽生根，自根生本，強者為幹，弱者為枝，一幹一枝，不知養成了多少年月。及候至花開，供人清玩，有何不美，定要折他！花一離枝，再不能上枝，枝一去幹，再不能附幹，如人死不可復生，刑不可復贖，花若能言，豈不悲泣！又想他折花的，不過擇其巧幹，愛其繁枝，插之瓶中，置之席上，或供賓客片時侑酒之歡，或助婢妾一日梳妝之飾，不思客觴可飽玩於花下，閨妝可借巧於人工。手中折了一枝，樹上就少了一枝，今年伐了此幹，明年便少了此幹。何如延其性命，年年歲歲，玩之無窮乎？還有未開之蕊，隨花而去，此蕊竟槁減枝頭，與人之童夭何異。又有原非愛玩，趁興攀折，既折之後，揀擇好歹，逢人取討，即便與之。或隨路棄擲，略不顧惜。如人橫禍枉死，無處申冤。花若能言，豈不痛恨！」

他有了這段議論，所以生平不折一枝，不傷一蕊。就是別人家園上，他心愛著那一種花兒，寧可終日看玩；假饒那花主人要取一枝一朵來贈他，他連稱罪過，決然不要。若有旁人要來折花者，只除他不看見罷了；他若見時，就把言語再三勸止。人若不從其言，他情願低頭下拜，代花乞命。人雖叫他是花癡，多有可憐他一片誠心，因而住手者，他又深深作揖稱謝。又有小廝們要折花賣錢的，他便將錢與之，不教折損。或他不在時，被人折損，他來見有損處，必淒然傷感，取泥封之，謂之「醫花」。為這件上，所以自己園中不輕易放人遊玩。偶有親戚鄰友要看，難好回時，先將此話講過，才放進去。又恐穢氣觸花，只許遠觀，不容親近。倘有不達時務的，

捉空摘了一花一蕊,那老便要面紅頸赤,大發喉急。下次就打罵他,
也不容進去看了。後來人都曉得了他的性子,就一葉兒也不敢摘動。

　　大凡茂林深樹,便是禽鳥的巢穴,有花果處,越發千百爲群。
如單食果實,到還是小事,偏偏只揀花蕊啄傷。惟有秋先卻將米穀
置於空處飼之,又向禽鳥祈祝。那禽鳥卻也有知覺,每日食飽,在
花間低飛輕舞,宛囀嬌啼,並不損一朵花蕊,也不食一個果實。故
此產的果品最多,卻又大而甘美。每熟時先望空祭了花神,然後敢
嘗,又遍送左近鄰家試新,餘下的方鬻,一年到有若干利息。那老
者因得了花中之趣,自少至老,五十餘年,略無倦意。筋骨愈覺強
健。粗衣淡飯,悠悠自得。有得贏餘,就把來周濟村中貧乏。自此
合村無不敬仰,又呼爲秋公。他自稱爲灌園叟。〔註80〕

江南詩性主體有著對美的敏感,這種敏感使他們能夠認識到美,體會到美,
從而生發出對美的至性至情,這種性情又突出表現在對美的憐惜和愛護。江
南詩性主體就是那大愛者、至情至性者。

　　江南詩性主體——那些至情至性者不僅能一往情深地「入乎情中」,還
能從情中跳將出來,具有「出乎情外」的高致。《紅樓夢》描寫了一個「因
空見色,由色生情,傳情入色,自色悟空」〔註81〕的故事。所謂江南文化
的詩性審美精神,「審美」可以說是因空見色,「詩性」可以說是由色生情。
審美是關乎「色」的,「詩性」是關乎情的。江南文化的詩性主體具備了這
兩個內在的氣質。他們還能「傳情入色,自色悟空」,至情至性的代表賈寶
玉最後的出家就說明了這一點。深於情,但又能在一定程度上超脫於情,
在「入乎情中」與「出乎情外」之間,這就是江南文化的詩性主體留給我
們的寶貴財富。

三、江南詩性主體的主要代表

　　這種深情體現在每一類的江南詩性主體身上。在《江南文化精神》(見前
引)把「爲江南文化所化之人」分爲遺民、流人、山人、學人、紅顏與帝子

〔註80〕《灌園叟晚逢仙女》,見〔明〕抱甕老人輯:《今古奇觀》,長沙:嶽麓書社2004
　　　　年第2版,第110~112頁。
〔註81〕〔清〕曹雪芹:《紅樓夢》第一回,見鄧遂夫校訂:《脂硯齋重評石頭記(甲
　　　　戌校本)》,北京:作家出版社2000年版,第83頁。

的基礎上，我們把江南文化的詩性主體主要歸納為以下幾類。

一類是遺民和流人。這些都是與政治有關的。當國破家亡之後或被政治流放之後，遺民和流人主要有兩種關乎江南詩性文化的心境。一是念念不忘故國（對遺民來說）或朝廷（對流人來說），二是忘掉世俗，忘情於山水之間。這些都體現了「政治之後是審美」這一中國詩學的基本原理。關於此，田崇雪先生和洪亮先生在《江南文化精神》中已有很具體的研究，此處不贅。

二是詩人、文人、藝術家。柳永、唐伯虎、徐渭等為代表的江南文人藝術家已被人們頻頻提到。這裡再略提一下唐伯虎的故事。唐伯虎生前曾「領袖東南，才名藉甚」，〔註82〕當仕途受阻後，他完全轉向了日常詩意的生活：

> 先生歎曰：「寒山一片，空老鶯花，寧特功名足千古哉？」遂築室金閶門外，日與祝希哲、文徵仲詩酒相狎。踏雪野寺，聯句高山，縱遊平康妓家；或坐臨街小樓，寫畫易酒。醉則岸幘浩歌，三江煙樹，百二山河，盡拾桃花塢中矣。〔註83〕

他的《桃花庵歌》充分體現了江南文人藝術家的處世態度：

> 桃花塢裏桃花庵，桃花庵下桃花仙；
> 桃花仙人種桃樹，又摘桃花換酒錢。
> 酒醒只在花前坐，酒醉還來花下眠；
> 半醒半醉日復日，花落花開年復年。
> 但願老死花酒間，不願鞠躬車馬前；
> 車塵馬足富者趣，酒盞花枝貧者緣。
> 若將富貴比貧者，一在平地一在天；
> 若將貧賤比車馬，他得驅馳我得閒。
> 別人笑我忒風顛，我笑他人看不穿；
> 不見五陵豪傑墓，無花無酒鋤作田。〔註84〕

這是在看透名利生死之後的對於世俗的熱愛之情。這正是江南詩性文化的真精神。

三是學者、哲人。在本章第一節我們以王陽明為代表闡述了江南詩性人

〔註82〕〔明〕唐伯虎：《唐伯虎全集》，北京：中國書店1985年版，序第4頁。
〔註83〕〔明〕唐伯虎：《唐伯虎全集》，北京：中國書店1985年版，序第6～7頁。
〔註84〕〔明〕唐伯虎：《唐伯虎全集》，北京：中國書店1985年版，卷一，第13頁。

物的亦詩亦哲的特點。除了王陽明外，江南哲學的另一重要代表人物非禪宗六祖慧能莫屬。唐代，佛教與道家思想相結合，形成了莊禪思想。禪宗六祖慧能「不立文字」，「以心傳心」，啟發人們「自悟自解」。在劉再復與高行健的對話錄中，劉再復這樣評價慧能：

> 慧能把禪徹底內心化了。他的自救原理非常徹底，他不去外部世界尋求救主，尋求力量，而是在自己的身心中喚醒覺悟，即通過自看、自審、自明、自度達到自救。〔註85〕

高行健也進一步肯定道：

> 慧能確實開了新風氣，回到人的本真，率性而活，充分肯定個人的尊嚴。……一千年前的慧能，告訴我們如何把握生命，如何存在於當下，存在於此時此刻。這此刻當下，是個體的當下，活生生的當下，也是永恆的。永恆就是寄寓在無窮的當下瞬間中。對當下的清醒的認識，對活生生的生命的感悟，便進入禪。所謂明心見性，也就是對此刻當下的清醒的認識，對生命瞬間的直接把握。〔註86〕

所謂「明心見性」、「感悟」、「直接把握」，都是詩性學術的突出特點。在劉、高兩位先生看來，慧能的「菩提本無樹，明鏡亦非臺，本來無一物，何處惹塵埃」不僅是一種詩性的看待世界萬事萬物的方法，更是一種詩意的生活方式。

另外，宋代大儒、宋學開山胡瑗不僅儒學造詣精深，其生活也富有詩意

> 先生在學時，每公私試罷，掌儀率諸生會於肯善堂，合雅樂歌《詩》。至夜，乃散諸齋，亦自歌《詩》奏樂，琴瑟之聲徹於外。
> 〔註87〕

胡瑗一定是一位至性之人，不過他的性情被他的學者風範規範著。因此他在與學生相處時是一位溫厚親切的長者，同時又不失師長尊嚴。這正是江南詩性主體亦詩亦哲特徵的體現。我想將我的一首尚未正式發表的寫給我的一位敬愛的老師的詩錄於此，以表達我對這種亦詩亦哲的境界的景仰和嚮往：

> 以赤子之心面對眾生萬象，／特立獨行，為少數知音敬仰，／
> 熱愛工作、家庭，閒暇時讀詩，／他生活得健康、富足而充實，／

〔註85〕劉再復、高行健：《禪性與文學的本性》，書屋，2009年第4期。
〔註86〕劉再復、高行健：《禪性與文學的本性》，書屋，2009年第4期。
〔註87〕〔清〕黃宗羲、全祖望：《宋元學案》第一冊，北京：中華書局1986年版，卷一，第28頁。

　　　會心西方文化，更熱愛傳統，　／激情四射，但行動合乎中庸，　／他
　　　用一種靜穆的學者風度／規範著他内在的詩人性情。

陽明心學的先驅陸九淵也是一位亦詩亦哲的大家。他說：「宇宙内事乃己分内
事，己分内事乃宇宙内事也。」〔註88〕他提倡的方法，是「立大」、「知本」、
「發明本心」，認爲只要悟得本心，不必多讀書，「學苟知本，六經皆我注腳」。
〔註89〕他認爲「易簡工夫終久大」，批評朱熹是「支離事業竟陸沉」。在陸九
淵看來，只有用心去悟，做簡易工夫，才是正道。再來看看陸九淵的詩一樣
的學術語言吧：「宇宙便是吾心，吾心即是宇宙。」〔註90〕「千萬世之前有聖
人出焉，同此心，同此理也；千萬世之後有聖人出焉，同此心，同此理也；
東南西北海有聖人出焉，同此心，同此理也。」〔註91〕多麽開闊，多麽博大。
江南詩性精神正融匯在這充滿哲理和詩意的語句之中。

　　四是江南的女子。

　　傳統中國處於儒家思想教化之下的良家女子必須遵守「三從四德」。《儀
禮·喪服·子夏傳》云：「婦人有三從之義，無專用之道。故未嫁從父，既嫁
從夫，夫死從子。」〔註92〕《周禮·天官·九嬪》云：「九嬪掌婦學之法，以
教九御：婦德、婦言、婦容、婦功。各帥其屬而以時御敘於王所。」〔註93〕
這一道德標準將婦女束縛得緊緊的：

　　　　婦女學習其位置，是從「四德」開始的。「四德」首先在《禮記》
　　　中被提出，經過班昭《女誡》這部中國歷史上最流行的女訓著作之
　　　一，得以廣泛流傳。班昭首先以否定的形式解釋了「四德」，就好像
　　　在告誡不要過份行使權力：「夫云婦德，不必才明絕異也；婦言，不

〔註88〕〔清〕黃宗羲、全祖望：《宋元學案》第三冊，北京：中華書局 1986 年版，
　　　　卷五十八，第 1884 頁。
〔註89〕〔清〕黃宗羲、全祖望：《宋元學案》第三冊，北京：中華書局 1986 年版，
　　　　卷五十八，第 1891 頁。
〔註90〕〔南宋〕陸九淵：《陸九淵集》卷三十六《年譜》，北京：中華書局 1980 年版。
　　　　轉引自陸九淵：《象山語錄》，濟南：山東友誼出版社 2001 年版，引言第 4 頁。
〔註91〕〔清〕黃宗羲、全祖望：《宋元學案》第三冊，北京：中華書局 1986 年版，
　　　　卷五十八，第 1884 頁。
〔註92〕李學勤主編：《十三經注疏·儀禮注疏》（下），北京：北京大學出版社 1999
　　　　年版，卷三十，第 581 頁。
〔註93〕李學勤主編：《十三經注疏·周禮注疏》（上），北京：北京大學出版社 1999
　　　　年版，卷七，第 192 頁。

> 必辯口利辭也；婦容，不必顏色美麗也；婦功，不必工巧過人也。」
> 然後班昭以正面的方式，解釋了女性應如何表現：她應該培養一種
> 羞恥感，不要用言語冒犯他人，要經常洗澡，並且要全身心地投入
> 紡紗織布和準備酒飯。與男性向外擴張的競技場相反，女性的職責
> 在鍋灶和織機上。她的定位是向內的，在個性、外表和行動上，她
> 都應是內斂的。〔註94〕

「三從四德」的女性道德標準是中國倫理文化的重要內容，在這一道德約束之下，女性與審美、自由無關。「女子無才便是德」成為束縛女性才能發展的「箴言」。

不過，到了明末清初時期，在江南，這種情況有了改變。「在明末清初的文章、筆記和白話故事中，才、德、美的適當平衡被公開思考著。伴隨著建構新母親職責這一過程所產生的憂慮，通過明末清初『女子無才便是德』這樣一個格言的流行表現出來。這一說法不應從字面涵義進行理解；它並不表明明、清時代女性被壓迫的加劇。事實上，它出現在才女湧現的明末清初社會絕不是偶然的。與其說它是一種禁制，不如說是一種感歎。……在江南的讀者大眾和士大夫的家庭生活中，才和德被廣泛地視作女子特性中能夠和諧共存的屬性。」〔註95〕明末清初江南地區「女子無才便是德」這一格言的流行，並不是女性面臨的壓迫加強了，恰恰相反，女性的才能有了普遍的發展，因此引起了封建衛道士們的恐懼，於是那些封建衛道士們便以此格言來教化女性，企圖扭轉局面。這也是儒家倫理文化對江南詩性文化的壓制的表現。不過江南文化的詩性特質在一定程度上衝破了儒家倫理文化的束縛，將江南女性的才華和美展現出來。明末江南士大夫葉紹袁和謝兆淛對女性提出了新的要求：一是「美是女性的一個重要特徵」，二是「智力和詩歌才華是美的必不可少的組成部分」。〔註96〕這些都充分體現了江南文化的詩性精神。

江南的良家女子以一種溫文爾雅的風姿體現了江南文化的詩性精神，而江南的名妓則以她們驚豔絕倫的神采將江南文化的詩性精神推向了一個高

〔註94〕〔美〕高彥頤：《閨塾師——明末清初江南的才女文化》，李志生譯，南京：
　　　　江蘇人民出版社2004年版，第155頁。
〔註95〕〔美〕高彥頤：《閨塾師——明末清初江南的才女文化》，李志生譯，南京：
　　　　江蘇人民出版社2004年版，第170～171頁。
〔註96〕〔美〕高彥頤：《閨塾師——明末清初江南的才女文化》，李志生譯，南京：
　　　　江蘇人民出版社2004年版，第172頁。

峰。秦淮八豔的故事我們後面會談到，這裡不妨舉一個王韜《後聊齋誌異》中的名妓夜來香的故事。夜來香誤入風塵，後來由於名聲大振積累了一些財富後，漸漸顯現了她的詩性本色：

> 女由此自立門戶，購麗姝，蓄豔婢，臧獲數十輩，頤指氣使，享用之奢埒於大族。構別墅於莫愁湖畔，迴廊小榭，霧閣雲窗，可入畫圖，花木泉石之勝，甲於一時。凡遇心許之佳客，則招致其中。女漸欲親書史，愛風雅。少時曾聽祝安甫公子彈琴，音韻抑揚，泠然旨遠，思學之而未能也。聞聽桐居士深於琴學，以重金聘往，習之三閱月始成，所奏亦非凡響。漸識字，能作小詩。甚敬愛文士。每值秋試之期，上下江文士畢集，必於別墅設盛筵，招邀知名之士前來赴宴，賭酒評花，賦詩聯句，殆無虛日。有貧者，則供其行李之困乏；或有錄遺被斥者，則為言之當道，仍得入場獲雋。因此女愛才之名滿人口，大江南北傳為豔談，群欲識一面為榮。女自號香嚴仙子。明眸善睞，粉頰生妍，貌既綽約，性尤倜儻。每至酒闌人散，客去留髡，薄解羅襦，悄剔銀釭之際，覺個中銷魂蕩魄，雖成佛登仙，不足方喻也。（《夜來香》）〔註97〕

夜來香的重要之處在於，她一改妓女被狎賞的客體地位，而成了江南詩性文化的主體。

　　五是江南的普通小人物。在前面的章節中我們涉及到很多江南小人物的例子，如《儒林外史》中的「茶傭酒保」，《今古奇觀》中的秋仙等等。下面我們再略舉兩例。比如《儒林外史》第五十五回寫到的一個普通的開茶館的人：

> 這人姓蓋名寬，本來是個開當鋪的人。他二十多歲的時候，家裏有錢，開著當鋪，又有田地，又有洲場。那親戚本家都是些有錢的。他嫌這些人俗氣，每日坐在書房裏做詩看書，又喜歡畫幾筆畫。後來畫的畫好，也就有許多做詩畫的來同他往來。雖然詩也做的不如他好，畫也畫的不如他好，他卻愛才如命。遇著這些人來，留著吃酒吃飯，說也有，笑也有。這些人家裏有冠、婚、喪、祭的緊急事，沒有銀子，來向他說，他從不推辭，幾百幾十拿與人用。〔註98〕

〔註97〕〔清〕王韜：《後聊齋誌異》，張志春、劉欣中選，石家莊：花山文藝出版社1987年版，第373頁。

〔註98〕〔清〕吳敬梓：《儒林外史》，上海：上海文藝出版社1996年版，第536頁。

又寫荊元來到清涼山與一位老者的詩性會晤：

> 次日，荊元自己抱了琴，來到園裏。於老者已焚下一爐好香，
> 在那裏等候。彼此見了，又說了幾句話。於老者替荊元把琴安放在
> 石凳上。荊元席地坐下，於老者也坐在傍邊。荊元慢慢的和了弦，
> 彈起來，鏗鏗鏘鏘，聲振林木，那些鳥雀聞之，都棲息枝間竊聽。
> 彈了一會，忽作變徵之音，淒清宛轉。於老者聽到深微之處，不覺
> 淒然淚下。〔註99〕

這老者也只是一個普通的老人，清涼山上的晤面也是一個非常普通的生活場
景，但他們的彈琴、聽琴就別有一番詩意。

以上五大類江南人物是江南文化詩性主體的最重要的代表。在他們身
上，延續著魏晉風度和名士風流，延續著熱愛世界、熱愛生活的一腔深情。

第三節　江南詩性精神的空間表現

一、空間的概念〔註100〕

空間理論是從西方引進來的概念。它萌芽於波德賴爾、本雅明等人，創
立於列斐伏爾，到了愛德華·索亞則提出了第三空間的理論。現在我們就把
三種空間的理論簡單梳理一下。

20世紀後半葉對空間的思考大體呈兩種向度：其一是把它視為可以被標
示、被分析、被解釋的具體的物質形式，其二是把它視為一種精神的建構，
視為關於空間及其生活意義表徵的觀念形態。愛德華·索亞則更進一步把我
們帶向基於空間、時間、存在之上的本體論。他認為：

> 空間性、時間性和社會存在可被看作抽象的緯度。它們共同構
> 成人類存在的方方面面……同樣，時間秩序在造就歷史的過程中被
> 具體化……人們可以說，存在於世界當中的社會秩序圍繞著社會的

〔註99〕〔清〕吳敬梓：《儒林外史》，上海：上海文藝出版社1996年版，第540頁。
〔註100〕本節關於空間理論的內容曾經發表。見曾軍主編：《文化批評教程》（第六章
　　　　為筆者與曾軍先生合著，其中本文襲用的部分為筆者所寫），上海：上海大學
　　　　出版社2008年版，第174～175頁。本部分的寫作曾參考陸揚、王毅二位先
　　　　生合著的《文化研究導論》（上海：復旦大學出版社2006年版）一書以及陸
　　　　揚先生的《析索亞「第三空間」理論》（《天津社會科學》，2005年第2期）
　　　　一文，特誌於此。

憲法、社會關係的生產與再生產、制度和實踐等在旋轉。〔註101〕
在此基礎上他提出了第三空間理論。索亞認爲「列斐伏爾也許是發現、描述
和洞察第三空間的第一人。他把第三空間看作是觀察、解釋並著手改變包圍
著人類生活的空間性的全新方式。其他一些人也曾沿著相同的道路做過許多
嘗試」。〔註102〕索亞明確提出了第三空間這一靈活的、具有試驗性質的術語，
指出它是物質性的眞實的第一空間與由符號、意象構成的想像的第二空間綜
合之後的既眞實又想像的他者空間，揭示了眞正不停地發生轉換和改變的觀
念、時間、現象和意義等的社會環境。他發展了列斐伏爾的「三重辯證法」，
把第三空間理解爲由本體意義上的三方辯證構成，把我們在世的存在理解爲
空間性、歷史性、社會性三者之間的辯證關係。第三空間理論把空間的物質
維度和精神維度均包括在內的同時，又超越了前兩種空間。第三空間是一個
特別開放、平等的空間，一個交換批評意見的地方。在這個空間裏，任何觀
點都不能凌駕於他人之上。

　　基於此，索亞分析了三種「空間認識論」。第一空間認識論偏重於物質性，
強調分析性、客觀性知識的積累，力求建立關於空間的形式科學。我們的家庭、
建築、鄰里、村落、城市、地區、民族、國家乃至世界經濟和全球地理政治等
等，大至整個宇宙，小至一個房間，每個實際佔有空間的「個體」都被稱作是
第一空間，都是第一空間認識論的考察對象。這是科學家、規劃者、城市學家、
專家與政要的空間認識論。第二空間認識論可視爲針對第一空間認識論過度強
制的客觀性與封閉性的反撥。「它們用藝術家對抗科學家或工程師，唯心主義對
抗唯物主義，主觀解釋對抗客觀解釋。」〔註103〕王國維在《人間詞話》中說：
「有造境，有寫境，此理想與現實二派之所由分。」〔註104〕如果說第一空間認
識論是寫境，第二空間認識論就是造境。它是具有創造性的藝術家、哲學家、
烏托邦者進行解釋的場所，它假定知識的生產主要是通過話語建構的空間再現
完成，故著力於構想的空間而不是感知的空間。人如果把一所房間想像成明亮、

〔註101〕〔美〕Edward W. Soja: Postmodern Geographies, New York: Verso, p.22.

〔註102〕〔美〕Edward W. Soja：《第三空間：去往洛杉磯和其他眞實和想像地方的旅
　　　　程》，陸揚等譯，上海教育出版社 2005 年版，第 35 頁。

〔註103〕〔美〕Edward W. Soja：《第三空間：去往洛杉磯和其他眞實和想像地方的旅
　　　　程》，陸揚等譯，上海教育出版社 2005 年版，第 99 頁。

〔註104〕王國維：《人間詞話》卷上第 2 條，上海：上海古籍出版社 2004 年版，第 4
　　　　頁。

芳香而舒適的場所，那它就不僅僅是一個空洞的空間，而是一個在精神層面對人有主觀的意義的空間。但正像王國維所說的「然二者（即造境與寫境）頗難分別，因大詩人所造之境必合乎自然，所寫之境亦必鄰於理想故也」〔註105〕，這兩種空間認識論的界限有時也很模糊，二者在對立之中有融合的趨勢。第三空間認識論源於對前兩者的肯定性解構和啟發性重構：

> （第三空間認識論是）他者化——第三化的又一個例子。這樣的第三化不僅是為了批判第一空間和第二空間的思維方式，還是為了通過注入新的可能性來使它們掌握空間知識的手段恢復活力，這些可能性是傳統的空間科學未能認識到的。〔註106〕

索亞強調，第三空間既是主觀也是客觀、既是精神也是物質，抽象和具象同時存在，具有不可分割的結構完整性，不能將之劃分為專門的學科。第三空間認識論可以說是造境與寫境的共存。房屋的存在是因為有個實際的空間，人們在此想像，需要有個住所，因此蓋出了房屋，而房屋裏面的環境由人想像，想像的結果又創造出了客廳、臥室、廚房和衛生間等空間，在想像和具象之間不斷循環交替，而且互相影響。因此第三空間認識論包括在日常生活實踐過程中所有對空間的邊緣和他者的建構，具有無窮的開放性和種種傳統空間認識論所未能認識到的新的可能。

說到江南詩性空間，它既是寫實的，也是理想的；既是客觀的，也是主觀的；既是物質的，也是精神的；既是抽象的，也是具象的。它無疑具有索亞所說的第三空間的特徵。下面我們從江南的自然山水、城市佈局、園林、酒肆、茶館、青樓、船、橋等具有代表性的空間闡釋其詩性特色。

二、江南詩性空間的主要類型

自然山水

江南的自然山水因其獨特的形式而成為江南文人士大夫徜徉的詩意空間。江南的自然山水也如江南的女子一樣顯得雅致、秀麗。王觀的一首詞作

〔註105〕王國維：《人間詞話》卷上第2條，上海：上海古籍出版社2004年版，第4頁。
〔註106〕〔美〕Edward W. Soja：《第三空間：去往洛杉磯和其他真實和想像地方的旅程》，陸揚等譯，上海教育出版社2005年版，第102頁。

《卜算子・送鮑浩然之浙東》近取諸身，形象地描繪了江南山水的特點：「水是眼波橫，山是眉峰聚。欲問行人去那邊？眉眼盈盈處。」〔註107〕「眉眼盈盈」，正是江南的女子，也是江南的山水。說江南的美，是一種「雌性的麗輝」，〔註108〕是不錯的。

　　這首詞也充分說明了江南山水的世俗化、人性化。它不是道德的象徵，也不是塵外的世界，它是活生生的現實。「江南山水的美，在於她獨特的藝術形式。她不像北方山水崇高險峻，因而特別容易產生那種『反美學』的政治激情與道德感。她也不像川桂山水那樣險怪，如以秀著稱的峨眉，以幽著稱的青城，以及廣西的石林、溶洞等，它們森嚴不可久居又容易使人作塵外想。江南是完全生活化的，一個最知名的去處就是『山陰道上』，那是一種『山無靜樹，川無停流』的生機美。」〔註109〕

江南城市佈局

　　「在中國城市佈局中，自古幾乎很少沒有體現中軸線觀念的。」〔註110〕其實，這主要是就中國北方地區的城市而言。中軸線代表了統治者的權力和意志力，它是帝王以天下為自己的私有家產的體現。但「江南古代都會的建築風格卻是一種對中軸意識的淡化。……《史記・春申君列傳》云：『春申君因城故吳墟，以自為都邑。』春申君『自為都邑』，恰恰是蘇州發展史上不可不書的一筆。這種自覺自願的『自為都邑』，無疑在客觀上構成了對於意識形態的淡化，從而把政治權力之外的元素帶入了都城以及都城建築的視野。……也許正是因為有了江南之水的氣質，中國城雖然同樣是權力的表徵，但卻比起其他來顯得悠遊自在」〔註111〕在江南城市佈局中，常常有這種超越權力至上的元素的存在，其中的隨意、悠遊自在，正是江南文化中詩性精神的體現。

〔註107〕〔北宋〕王觀：《卜算子・送鮑浩然之浙東》，見高陽里評注：《花箋春心・婉約集》，北京：中國青年出版社1997年版，第120頁。

〔註108〕劉士林：《西洲在何處——江南文化的詩性敘事》，北京：東方出版社2005年版，第85頁。

〔註109〕劉士林：《西洲在何處——江南文化的詩性敘事》，北京：東方出版社2005年版，第86頁。

〔註110〕王振復：《中華意匠：中國建築基本門類》，上海：復旦大學出版社2001年版，第5頁。

〔註111〕王耘：《論江南古代都會建築的生態蘊奧》，見胡惠林等主編：《中國都市文化研究》第1卷，上海：上海人民出版社2009年版，第202～203頁。

江南園林

江南園林可以說是江南詩性空間的最突出的代表。那麼，徜徉在這個詩意空間裏的詩性主體——江南的文人士大夫，是怎樣構築著他們的詩意的生活的呢？對此，朱大可先生從食色、題寫、遊戲三個方面作了非常精準到位的概括：

> 根據曹雪芹的描述，園林生活通常從食色、題寫和遊戲入手，這是園林生活的三個核心主題。其中，題寫最初是皇帝宣喻權力的方式，以後卻受到士大夫的熱烈傚仿。題寫也是存在的證明。字詞從岩石或居室中大規模湧現，刻錄著文人在歷史書頁裏的蹤跡。題寫表達了個體生命對時間的反抗意志。由於這個緣故，題寫成為文人超越存在限定的基本方式。

> 在江南園林裏，到處分佈各種主題的書齋，其中陳設著名貴的筆、墨、硯、紙，以及各種副器——墨匣、筆洗、水盂、筆架、鎮紙、裁刀和書燈，等等。這些精巧的工具，被手所撥動，書寫各種匾額、楹聯、勒石、詩詞和書畫。那些字詞分佈在園林的角落裏，像那些火焰搖曳的燈籠，依稀照亮了士大夫在歷史中的位置。不僅如此，勵志和勸勉的格言，暗藏隱語的抒情詩句，標語式的大字，都是對存在的隱喻式描述。題寫為園林的符號化生活，標定了一種趣味的高度。

> 與題寫相比，飲服則是一種更接近實存的園林活動。酒、茶和草藥所形成的三位一體，魏晉時代就已光芒四射，而在明清兩代變得更加完備。儘管道家秘方已大量失傳，但釀酒和製茶的工藝卻已完善。這三種飲品的互動，構築著文官及其家眷的水意生活。它們是融解在水裏的生命元素，也是一種內在的沐浴，秘密清洗著臟器，調整它們的機能。酒的感性、茶的理性以及藥的斡旋性（調解、修復和治療，多用於提高性力和壽命），這三種事物分別影響了存在的方式。這是隱士的自我塑造，他從飲品中獲得曠達放浪的風度。園林是他表演的舞臺，而飲品則是他的道具、激素和鎮靜劑。他是那種在飲服中自我觀看的戲子。

> 遊戲是園林生活的高潮。古琴、象棋、繪畫和題寫，士大夫精

神遊戲譜系的主要元素，它們是信仰的代償品，甚至就是信仰本身，製造著恬淡而超然的哲學，以超越所有那些存在的焦慮。禪宗和道家思想滲透了進來，對文官的靈魂進行清洗。在露臺、琴房和棋舫，遊戲像風一樣吹過，一切本質性的事物都將煙消雲散。薰香和琴聲在四周繚繞，無底的棋盤上，符號之間的博弈在悄然進行。這是文官們的最高趣味，也是他們無法超越的大限。越過黑白分明的棋子，他們觸摸著世界的笑意。〔註112〕

從江南園林的色彩來看，「江南園林的牆體多以白、灰色調爲主。一面牆體當然有其形式、色彩，但江南園林顯著的特徵卻是幾乎要脫離形式的色彩，單一的白。……這種白是純粹的，不含雜質，拒絕修飾，甚至刻意地迴避油漆」。〔註113〕這種追求超越了那種炫耀的心理，——如歐陽修《送慧勤歸餘杭》中描寫的「越俗僭宮室，傾貲事雕牆；佛屋尤其侈，耽耽擬侯王。文采瑩丹漆，四壁金焜煌；上懸百寶蓋，宴坐以方床」，〔註114〕又如明人筆記中記載的「江南富翁，輒大爲營建。五間七間，九架十架，猶爲常耳，曾不以越分爲愧」，〔註115〕——而追求一種素淨之美。另外，它還是對自然之美的追求：「在一面白色牆體前，自然物的形、色、光、影是這畫布上的前景，前景之自然物與背景之牆會組合成一幅異質但卻生動的自然畫卷。」〔註116〕從精神方面的追求來看來看，「江南園林中的白色粉牆有其更深的含義：白色的牆本身就是一種促使園主、文人自我反省，以超越現世的機緣。此刻，牆與禪師禪定所面之壁有著深刻的內在關聯。牆與其說它是一種背景，倒不如說它是一種中介。人是要透過它——牆上的漏窗以及磚框，看到另一個自然的變幻的世界。」〔註117〕正是在江南園林中，文人士大夫找到了自己詩意棲居的家園。

〔註112〕朱大可：《江南園林：被折疊的時空》，《先鋒中國評論》，2007年9月號。

〔註113〕王耘：《論江南古代都會建築的生態蘊奧》，見胡惠林等主編：《中國都市文化研究》第1卷，上海：上海人民出版社2009年版，第205頁。

〔註114〕〔宋〕歐陽修：《歐陽修全集》第一冊，李逸安點校，北京：中華書局2001年版，卷二，第23頁。

〔註115〕〔明〕唐錦：《龍江夢餘錄》，卷四，明弘治十七年郭經刻本。轉引自李正愛：《江南都市群文化研究》，上海師範大學2008屆文藝學博士學位論文，第120頁。

〔註116〕王耘：《論江南古代都會建築的生態蘊奧》，見胡惠林等主編：《中國都市文化研究》第1卷，上海：上海人民出版社2009年版，第205頁。

〔註117〕王耘：《論江南古代都會建築的生態蘊奧》，見胡惠林等主編：《中國都市文化研究》第1卷，上海：上海人民出版社2009年版，第206頁。

從現代人的角度來看,江南園林已經不再是棲身的場所,她已經成爲古代的文化記憶而成爲人們遊覽、感悟的場所。對江南園林的遊覽、觀賞,一方面是觀賞其優美的風景。觀賞園林,「有動觀、靜觀之分」。陳從周先生說,靜觀就是園中予遊者多駐足的觀賞點,動觀就是要有較長的遊覽線。小園應以靜觀爲主,動觀爲輔,庭院專主靜觀。大園則以動觀爲主,靜觀爲輔。前者如蘇州網師園,後者如蘇州拙政園。網師園宜坐宜留之建築多,繞池一周,有檻前細數遊魚,亭中待月迎風,而軒外花影移牆,峰巒當窗,宛然如畫,靜中生趣。至於拙政園徑緣池轉,廊引人隨,妙在移步換影。另一方面,對江南園林的遊覽觀賞是體味其中的歷史文化。〔註118〕遊覽江南園林,不僅僅是去欣賞風景,更在於領會其中豐富的歷史文化內涵。

酒　肆

南宋建都臨安(即今杭州),酒肆十分發達。南宋吳自牧《夢梁錄》卷十六載,當時著名的酒肆有熙春樓、花月樓、嘉慶樓等。爲適應各種不同的對象,臨安的酒肆設有多個種類,如兼賣食次下酒的「茶飲店」,賣鵝鴨包子、四色兜子等的「包子酒店」,外門面裝飾如仕宅宦舍的「宅子酒店」,建在城外的花園酒肆,不賣食次的「直酒店」,零賣酒的「散酒店」等等。臨安的酒肆還有特別的招牌和行銷方式,如「紹興年間,賣梅花酒之肆,以鼓樂奏《梅花引》曲破賣之」。〔註119〕

酒肆是文人士大夫聚會結社的場所,如清代李斗《揚州畫舫錄》卷六記載了野園酒肆:

> 水明樓後,即西園後門,後門即野園酒肆舊址。康熙間,林古渡、劉公戩、陳其年曾飲於此。其年詩云 .「遲日和風泛綠蘋,飛花落絮罩紅巾。此間簾影空於水,何處琴聲細若塵?波上管絃三月飲,坐中裙屐六朝人。獨憐長板橋頭客,白髮推南又暮春。」〔註120〕

酒肆也是遊人遊興所及之處。是遊人暢談的好地方。《揚州畫舫錄》卷四記載了撲缸春酒肆:「撲缸春酒肆在街西。遊屐入城,山色湖光,帶於眉宇,烹魚

〔註118〕陳從周:《說園》,司馬玉常主編:《陳從周天趣散文》,廣州:廣東人民出版社 1999 年版,第 35、37 頁。

〔註119〕〔南宋〕吳自牧:《夢梁錄》卷十六,見《夢梁錄(及其他一種)》,叢書集成初編,北京:中華書局 1985 年新一版,第 140～141 頁。

〔註120〕〔清〕李斗:《揚州畫舫錄》卷六,北京:中華書局 1960 年版,第 148 頁。

煮筍，盡飲縱談，率在於是。」〔註121〕卷一則記載了揚州北郊的酒肆醉白園：

> 北郊酒肆，自醉白園始，康熙間如野園、冶春社、七賢居、且
> 停車之類，皆在虹橋。壺觴有限，不過遊人小酌而已。後里人韓醉
> 白於蓮花埂構小山亭，遊人多於其家聚飲，因呼之曰韓園。迨醉白
> 死，北門街構食肆慕其名而書之，謂之「醉白園」。園之後門，居小
> 迎恩河西岸，畫舫多因之飲食焉。〔註122〕

酒肆是遊人歇腳的地方。清醒時的遊賞與小酌後的遊賞是不同的，小酌後的
遊賞是觀看世界的一種方式，是一種富有詩意的人生態度。這種詩意的生活
態度是江南人的追求。《揚州畫舫錄》卷十三記載了一處風景，本來遊人稀少，
但自從設立了酒肆之後，遊覽的人便多了起來：

> 由蒸霞堂閣道，過嶺入後山，四圍矮垣，蜿蜒逶迤，達於法
> 海橋南。路曲處藏小門，門內碧桃數十株，琢石爲徑，人傴僂行
> 花下，鬚髮皆香。有草堂三間，左數椽爲茶屋，屋後多落葉松，
> 地幽僻，人不多至。後改爲酒肆，名曰「挹爽」，而遊人乃得攬其
> 勝矣。〔註123〕

遊人的增多正是因爲酒肆這樣一種詩性空間對人們的吸引。它就像一個詩性
的磁場，吸引著那些熱愛生活並富有幻想的人們。

茶　館

茶館與酒肆像一對孿生兄弟。

「茶館是社會公共活動的重要場所，是地域文化的縮影，是市井百態圖，
說江南生活不得不說江南茶館。」〔註124〕

江南茶館中處處可見民間普通民眾詩意生活的場面：

> 舊時江南小鎮，在街頭巷尾、沿河傍橋處，常見這樣的景致：
> 古樸的茶樓內，老堂倌肩搭一條白毛巾，手持一把長嘴銅茶壺，來
> 回穿梭於茶客間，滿座的飲茶人，正津津有味地聽一個穿長衫的人
> 說書，或聽一男一女唱蘇州評彈。〔註125〕

〔註121〕〔清〕李斗：《揚州畫舫錄》卷四，北京：中華書局1960年版，第81頁。
〔註122〕〔清〕李斗：《揚州畫舫錄》卷一，北京：中華書局1960年版，第26頁。
〔註123〕〔清〕李斗：《揚州畫舫錄》卷十三，北京：中華書局1960年版，第300頁。
〔註124〕林峰：《江南水鄉》，上海：上海交通大學出版社2006年版，第154頁。
〔註125〕林峰：《江南水鄉》，上海：上海交通大學出版社2006年版，第156頁。

除了說書和蘇州評彈表演之外，江南茶館中還經常有「京劇、崑腔、崑曲、彈詞及其他一些曲藝表演，大多由宋代流傳下來。到了近代，茶館文化還出現了玩鳥、鬥蟋蟀、下棋、打牌，當然不免賭博；有的茶館還專門開設有彈子房、理髮室、沐浴間等服務」。〔註126〕

江南茶館也是江南士大夫獨居或聚會的重要詩性空間，《長物志》云：

> 構一斗室，相傍山齋，內設茶具，教一童專主茶役，以供長日
> 清談，寒宵兀坐；幽人首務，不可少廢者。〔註127〕

文人士大夫以及僧人的加入為茶館增添了許多文化的味道。《揚州畫舫錄》卷四記載青蓮齋茶館云：

> 青蓮齋在街西，六安山僧茶葉館也。僧有茶田，春夏入山，秋
> 冬居肆，東城遊人，皆於此買茶供一日之用。鄭板橋書聯云：「從來
> 名士能評水，自古高僧愛鬥茶。」〔註128〕

與江南園林、青樓等江南詩性空間相比，江南茶館涉及更廣泛的民眾，更貼近普通的生活，具有濃鬱的日常詩性色彩。

青　樓

青樓是文人士大夫「談戀愛」的地方。相比之下，江南的青樓文化更為發達。這與江南經濟的富庶密切相關。丹納在談到文藝復興時期的歐洲時曾說：「地方上空前的繁榮富庶，也使得優美如畫的形象表現和刺激感官的娛樂成為風氣。」〔註129〕

陶慕寧先生有幾句非常精闢的論斷：「如果說唐人的冶遊較多地表現了新興士人的意氣舒張；宋人的狎妓是對禮教道學的反動；明人的放浪是在體驗個人的『存在』；那麼乾、嘉之際士人的獵豔則是源於一種徹底的空虛。」〔註130〕比較起來，可以說明人與妓女的交往是最富有詩意色彩的。而這又

〔註126〕林峰：《江南水鄉》，上海：上海交通大學出版社2006年版，第164頁。

〔註127〕〔明〕文震亨：《長物志》，陳植校注，南京：江蘇科學技術出版社1984年版，第31頁。

〔註128〕〔清〕李斗：《揚州畫舫錄》卷四，北京：中華書局1960年版，第81頁。

〔註129〕〔法〕丹納：《藝術哲學》，傅雷譯，見《傅雷譯文集》第15卷，合肥：安徽文藝出版社1981年版，1989年新一版，第264頁。

〔註130〕陶慕寧：《青樓文學與中國文化》，北京：東方出版社1993年版，第212～213頁。

突出表現在明末江南士大夫與江南名妓身上。「一個文人群落的形成，一種詩文社團的興起，往往便能烘托造就出一班名妓，這是晚明江南一帶的風氣。」〔註131〕想想今天，那些擁有雄厚資本、文化、傳媒力量的人不時地捧紅一位或幾位歌星、影星，與江南文人捧紅一班名妓相比，令人不勝感慨。

　　與幾乎同一時期的北方文人士大夫相比，江南文人士大夫的出入青樓，與名妓間的轟轟烈烈的交往，充分體現了江南文化的詩性精神。陳寅恪先生曾藉此論南北社會風氣的不同：

　　　　河東君及其同時名姝，多善吟詠，工書畫，與吳越黨社勝流交遊，以男女之情兼詩友之誼，記載流傳，今古樂道。推原其故，雖由於諸人天資明慧，虛心向學所使然，但亦因其非閨房之閒處，無禮法之拘牽，遂得從容與一時名士往來，受其影響，有以致之也。清初淄川蒲留仙松齡《聊齋誌異》所記諸狐女，大都妍質清言，風流放誕，蓋留仙以齊魯之文士，不滿其社會環境之限制，遂發遐思，聊託靈怪以寫其理想中之女性耳。實則自明季吳越勝流觀之，此輩狐女，乃真實之人，且為籬壁間物，不待寓意遊戲之文，於夢寐中以求之也。……亦足藉此見三百年前南北社會風氣歧異之點矣。〔註132〕

北方以齊魯文化為代表，只能在文學想像中出現的東西，就出現在江南文人士大夫活生生的現實生活中，而這一生活中的奇觀是江南文人士大夫與江南名妓始在青樓之中、後又超出青樓範圍之外共同創造的。

船

　　船是一個重要的詩性空間。白居易《琵琶行》中的故事就是發生在船上，蘇軾的《赤壁賦》所感慨興懷的地點也是在船上。俞平伯《槳聲燈影裏的秦淮河》提到他和朱自清是在一條畫舫裏：

　　　　在茶店裏吃了一盤豆腐乾絲、兩個燒餅之後，以歪歪的腳步踅

〔註131〕陶慕寧：《青樓文學與中國文化》，北京：東方出版社1993年版，第173～174頁。

〔註132〕陳寅恪：《柳如是別傳》上冊第三章，上海：上海古籍出版社1980年版，第75頁。

上夫子廟前停泊著的畫舫，就懶洋洋躺到藤椅上去了。好鬱蒸的江南，傍晚也還是熱的。「快開船罷！」槳聲響了。

　　小的燈舫初次在河中蕩漾；於我，情景是頗朦朧，滋味是怪羞澀的。我要錯認它作七里的山塘；可是，河房裏明窗洞啓，映著玲瓏入畫的曲欄干，頓然省得身在何處了。〔註133〕

畫舫是文人士大夫遊湖、體驗人生況味的好地方。

　　在紹興有名的則是烏篷船。周作人有過詳細的介紹：

　　在我的故鄉……普通代步都是用船，船有兩種，普通坐的都是「烏篷船」，白篷的大抵作航船用，坐夜航船到西陵去也有特別的風趣，但是你總不便坐，所以我也就可以不說了。烏篷船大的爲「四明瓦」（Sy-menngoa），小的爲腳劃船（劃讀如 uoa），亦稱小船。但是最適用的還是在這中間的「三道」，亦即三明瓦。篷是半圓形的，用竹片編成，中央竹箬，上塗黑油；在兩扇「定篷」之間放著一扇遮陽，也是半圓的，木作格子，嵌著一片片的小魚鱗，徑約一寸，頗有點透明，略似玻璃而堅韌耐用，這就稱爲明瓦。三明瓦者，謂其中艙有兩道，後艙有一道明瓦也。船尾用櫓，大抵兩支，船首有竹篙，用以定船。船頭著眉目，狀如老虎，但似在微笑，頗滑稽而不可怕，唯白篷船則無之。三道船篷之高大約可以使你直立，艙寬可放下一頂方桌，四個人坐著打馬將——這個恐怕你也已學會了吧？小船則真是一葉扁舟，你坐在船底席上，篷頂離你的頭有兩三寸，你的兩手可以擱在左右的舷上，還把手都露出在外邊。在這種船裏彷彿是在水面上坐，靠近田岸去時泥土便和你的眼鼻接近，而且遇著風浪，或是坐得少不小心，就會船底朝天，發生危險，但是也頗有趣味，是水鄉的一種特色。不過你總可以不必去坐，最好還是坐那三道船吧。〔註134〕

坐在烏篷船上，是一種很愜意的事情：

　　你坐在船上，應該是遊山的態度，看看四周物色，隨處可見

〔註133〕俞平伯：《槳聲燈影裏的秦淮河》，見王保生編：《俞平伯散文選集》，上海：上海文藝出版社 1983 年版，第 1 頁。

〔註134〕周作人：《烏篷船》，見《周作人文選·散文》，北京：群眾出版社 1999 年版，第 42～43 頁。

的山，岸旁的烏桕，河邊的紅蓼和白蘋，漁舍，各式各樣的橋，
困倦的時候睡在艙中拿出隨筆來看，或者沖一碗清茶喝喝。……
你往杭州去時可下午開船，黃昏時候的景色正最好看，只可惜這
一帶地方的名字我都忘記了。夜間睡在艙中，聽水聲櫓聲，來往
船隻的招呼聲，以及鄉間的犬吠雞鳴，也都很有意思。雇一隻船
到鄉下去看廟戲，可以瞭解中國舊戲的眞趣味，而且在船上行動
自如，要看就看，要睡就睡，要喝酒就喝酒，我覺得也可以算是
理想的行樂法。〔註135〕

周作人提到的夜航船也是一個富有詩意的地方。他在《往昔三十首》四之六
《夜航船》一詩中做了紀念：

往昔常行旅，吾愛夜航船。船身長丈許，白篷竹葉苦。

旅客顚倒臥，開鋪費百錢。來船靠塘下，呼聲到枕邊。

火艙明殘燭，鄰坐各笑言。秀才與和尚，共語亦有緣。

堯舜本一人，澹臺乃二賢。小僧容伸腳，一覺得安眠。

晨泊西陵渡，朝日未上簷。徐步出鎭口，錢塘在眼前。〔註136〕

夜航船裏最令周作人懷念的是各種各樣的人在一起，談論很多有意思的事
情。他說：「航船中乘客眾多，三教九流無所不有，而且長夜岑寂，大家便
以談天消遣，就是自己不插嘴，單是聽聽也是很有興趣的。」〔註137〕詩中
提到的「秀才與和尚」的故事，來自張岱的《瑯嬛文集》卷一《夜航船序》，
文中說：

昔有一僧人與一士子同宿夜航船，士子高談闊論，僧畏懾，卷
足而寢。僧聽其語有破綻，乃曰：「請問相公，澹臺滅明是一個人，
是兩個人？」士子曰：「是兩個人。」僧曰：「這等，堯舜是一個人
兩個人？」士子曰：「自然是一個人！」僧人乃笑曰：「這等說起來，
且待小僧伸伸腳。」〔註138〕

根據上面的描述，在江南水鄉，船也是一個更爲世俗化的詩意空間。它不僅
是文人士大夫舒心寫意的好工具，也是普通人民體驗世俗生活樂趣的好地

〔註135〕周作人：《烏篷船》，見《周作人文選·散文》，北京：群眾出版社1999年版，
　　　　　第43頁。

〔註136〕王仲三：《周作人詩全編箋注》，上海：學林出版社1995年版，第96頁。

〔註137〕周作人：《知堂回想錄》，合肥：安徽教育出版社2008年版，第49～50頁。

〔註138〕〔明〕張岱：《瑯嬛文集》卷一，長沙：嶽麓書社1985年版，第49頁。

方。忽然想起了陳寅恪在歐洲乘坐海船時因懷念江南的船而吟出的詩句：

　　忽憶江南黃篾舫，幾時歸去作邏頭。〔註139〕

橋

　　「自作新詞韻最嬌，小紅低唱我吹簫。曲終過盡松陵路，回首煙波十四橋。」〔註140〕這是姜夔在過吳興時對橋的讚頌。回首之處，橋是最富有詩意的存在。姜夔在《揚州慢》一詞中也寫到了橋：「二十四橋仍在，波心蕩，冷月無聲。」「念橋邊紅藥，年年知爲誰生？」〔註141〕這裡江南的橋是作爲抒情的對象和詩意的觀賞對象而存在的。另一方面，橋還是詩意觀賞的立足點和最佳視角。現代詩人卞之琳有《斷章》云：

　　　　你站在橋上看風景，／看風景的人在樓上看你，／明月裝飾了
　　你的窗子，／你裝飾了別人的夢。〔註142〕

江南的橋不僅構成了江南水鄉的一道道獨特的風景，同時也是欣賞江南美景的最好地方。

　　江南的橋還是愛情的發生地。許仙和白娘子就是在杭州的斷橋上結下了一世情緣的。己丑年春天筆者到蘇州遊玩，在蘇州的一條河邊，看到許多對新郎新娘在橋頭拍婚紗照，新人、橋、民居與河水構成了一幅絕美的人間圖畫。

　　一位當代江南人道出了其家鄉的橋的神韻：「在江南，有水必有橋。橋爲骨，水爲膚，構成了傳統意義上江南水鄉小家碧玉式的美景。江南人常在船櫓搖聲中，領略水鄉風情，漫遊在綠野中，徜徉在橋洞下，在水與橋之間，在醉人的風光中，觸摸江南最深沉的個性和神韻，在這裡，人與水，水與橋，水橋與城鎮的和諧體現得最爲完美。這景象，也是江南風景中的魂。」〔註143〕

〔註139〕陳寅恪：《追憶遊那威詩・北海舟中》，見胡文輝：《陳寅恪詩箋釋》上卷，廣州：廣東人民出版社2008年版，第6頁。

〔註140〕〔南宋〕姜夔：《過垂虹》，見〔清〕嚴長明編，吳戰壘校注：《千首宋人絕句校注》（上），杭州：浙江古籍出版社1986年版，第350頁。

〔註141〕〔南宋〕姜夔：《揚州慢》，見陳書良箋注：《姜白石詞箋注》，北京：中華書局2009年版，第1頁。

〔註142〕張曼儀編：《中國現代作家選集・卞之琳》，香港：三聯書店（香港）有限公司1990年版，第26頁。

〔註143〕袁小虎：《江南橋》，贛西晚報，2011年5月27日。

三、從西湖遊賞看江南空間的詩性境界 〔註144〕

　　西湖及其周邊的山體構成了一組美麗的自然山水，同時，又由於它融入了歷代文人士大夫的精神而富有文化內涵，因此也可以看作一座自然園林，堪稱江南詩性空間的代表。我們可以從西湖遊賞來解讀江南詩性空間的境界，或者說江南空間的詩性境界。江南空間的詩性境界其實也就是身處於江南詩性空間中的人的詩性境界，也是江南人的生活的詩性境界。

　　江南生活的詩性境界貼近自然、沉醉於現在，而又能超脫於這一切。用王國維在《人間詞話》裏的言語來說，江南人對於自己的生活既能入乎其中，又能出乎其外；既能享受之、體驗之，又能欣賞之、靜觀之。〔註145〕既能以一己之身去追求功名、聲譽，又能忘卻這一切，甚至忘記了自己。既能在追求感性享樂中著迷，又能抽出身來，清醒地觀看這一切，似乎在審美中帶著一點點宗教的味道。既能順其自然，樂而不知其所以樂，又能在使自己的身心融於自然、宇宙之中，達到渾然忘我的境界。《莊子》有「逍遙遊」一說，鍾泰認為「逍遙」即「消搖」：「消者，消其習心，搖者，動其真機，習心消而真機動，是謂之消搖。……遊者，出入自在而無所黏滯義。」〔註146〕可以說「遊」即是沉醉、體驗的一面。而「賞」則是超脫於其外，靜靜地觀賞的一面。西湖遊賞即最能代表江南生活的詩性境界。

　　隋煬帝開鑿大運河之後，杭州迅速繁榮起來，由於它一直處在一個和平的環境中，北宋時期遂成為江南第一大都會。南宋時期杭州（臨安）作為首都發展到了鼎盛，日本學者池田靜夫經過精密考證後指出「南宋首都臨安的都市人口大約為五百萬人」。〔註147〕這一經濟繁榮的大都市具有濃厚的詩性特色，充滿了「非政治化的審美趣味、非經典的藝術探索、非正統的生活時尚、非主流意識形態的人生價值取向」，〔註148〕杭州人的遊賞

〔註144〕 本節內容曾經發表過。見拙作：《西湖遊賞的詩性境界及其當代意義》，江南大學學報，2008 年第 6 期。

〔註145〕 王國維：《人間詞話》卷上第 60 條：「詩人對宇宙人生，須入乎其內，又須出乎其外。入乎其內，故能寫之。出乎其外，故能觀之。入乎其內，故有生氣。出乎其外，故有高致。」見王國維：《人間詞話》，上海：上海古籍出版社 2004年版，第 62 頁。

〔註146〕 鍾泰：《莊子發微・逍遙遊》，上海：上海古籍出版社 2002 年版，第 3 頁。

〔註147〕 〔日〕池田靜夫：《運河之都——杭州》，鄭瑾等譯，見陳述主編：《杭州運河歷史研究》，杭州：杭州出版社 2006 年版，第 267 頁。

〔註148〕 劉士林：《江南都市文化的歷史源流及現代闡釋論綱》，《學術月刊》，2005 年第 8 期。

是這一詩性審美特色的重要表現之一。「臨安風俗，四時奢侈，賞玩殆無虛日。」〔註149〕雖然杭州後來經歷過宋末元初和明末清初的破壞，但都能再度繁榮，這一遊賞的風俗也被傳承了下來。西湖是杭人遊賞的主要空間，杭人的遊賞主要是遊賞西湖。「西湖天下景。朝昏晴雨，四序總宜。杭人亦無時而不遊。」〔註150〕當然這裡的西湖遊賞不僅僅指自然的西湖，還包括它周圍的各種人文空間。西湖的形象是杭州詩性形象的主要載體，如徐寶餘先生對於「兩宋詞對杭州詩性文化形象建構」的研究其實主要是研究了兩宋詞對西湖詩性文化形象的建構。〔註151〕

西湖遊賞有不同的層次之分。張岱謂：

> 樂天之曠達，固不若和靖之靜深；鄴侯之荒誕，自不若東坡之
> 靈敏也。其餘如賈似道之豪奢，孫東瀛之華贍，雖在西湖數十年，
> 用錢數十萬，其於西湖之性情、西湖之風味，實有未曾夢見者在也。
> 世間措大，何得易言遊湖。〔註152〕

「詞以境界爲上，有境界，則自成高格，自有名句。」〔註153〕同樣遊賞也有境界之分。普通的遊賞以及「鄴侯之荒誕」、「賈似道之豪奢」、「孫東瀛之華贍」談不上什麼境界，這裡姑且擱置不論。但在杭州士人的西湖遊賞中，是有一種境界在的。有境界則有高格，有高格則有詩意。杭州士人的西湖遊賞有三種詩性的境界，即詩酒美人的詩性審美境界、感時傷往的詩性政治境界和高朗靜深的詩性空明境界，而這也正代表了江南生活的三種詩性境界，也可以說是江南空間的三種詩性境界。

十九世紀英國詩人道生有詩慨歎「這醇酒，婦人，與歌唱」，〔註154〕可見詩酒美人是與詩性密切相關的。在西湖遊賞中最早形成的就是這種詩酒美

〔註149〕〔南宋〕吳自牧：《夢粱錄》卷四《觀潮》，見《夢粱錄（及其他一種）》，叢書集成初編，北京：中華書局1985年新一版，第26頁。

〔註150〕〔宋〕四水潛夫（周密）輯：《武林舊事》卷三，杭州：西湖書社1981年版，第38頁。

〔註151〕徐寶餘：《論兩宋詞對杭州詩性文化形象的建構》，《浙江學刊》，2006年第5期。

〔註152〕〔明〕張岱：《西湖夢尋》西湖總記《明聖二湖》，見孫家遂校注：《西湖夢尋》，杭州：浙江文藝出版社1984年版，第2頁。

〔註153〕王國維：《人間詞話》卷上第1條，上海：上海古籍出版社2004年版，第3頁。

〔註154〕戴望舒著，梁仁編：《戴望舒詩全編》，杭州：浙江文藝出版社1989版，第316頁。

人的詩性審美境界。

詩人文士常以美人喻西湖及其景物。如蘇軾《飲湖上初晴後雨》詩云：

水光瀲灩晴方好，山色空濛雨亦奇。

欲把西湖比西子，淡妝濃抹總相宜。〔註155〕

袁宏道謂西湖：

山色如娥，花光似頰，溫風如酒，波紋如綾，才一舉頭，已不覺目酣神醉。此時欲下一語不得，大約如東阿王夢中初遇洛神時也。

〔註156〕

這些比喻充分體現了美人在文士詩人心目中的重要地位。在西湖遊賞中，是不能少了美人的。前引張岱謂西湖如曲中名妓，西湖上的歌妓也很多：「歌妓舞鬟，嚴妝自炫，以待招呼者，謂之『水仙子』。」〔註157〕

酒是江南詩性文化的第二大要素。有則軼事說：

吳中舊事，其風流有致足樂詠者。朱野航乃葑門一老儒也，頗攻詩，在篠嶇王氏教書，王亦吳中舊族。野航與主人晚酌罷，主人入內，適月上，野航得句云：「萬事不如杯在手，一生幾見月當頭。」喜極，發狂大叫，扣扉呼主人起，詠此二句，主人亦大加擊節，取酒更酌，至興盡而罷。明日遍請吳中善詩者賞之，大為張具徵戲樂，留連數日，此亦一時盛事也。〔註158〕

酒不僅是詩所鍾情與歌頌的對象，還是表現這種詩意人生的載體。這是江南人的雅興。這在杭州人身上表現得更為突出。北宋熙寧十年杭州的商業稅為十七萬三千餘貫，絕對超過其他地區，大約同時，杭州的酒稅為二十餘萬緡（緡同貫，皆等於一千錢），比商業稅還多，「是全國最大的酒消費地」。〔註159〕張京元謂西湖「人人可遊，時時可遊。而酒多於水，肉高於

〔註155〕金性堯選注：《宋詩三百首》，上海：上海古籍出版社1986年版，第150頁。

〔註156〕〔明〕袁宏道：《西湖記述·記一》，見施奠東主編：《西湖遊賞錄（外十種）》，上海：上海古籍出版社1999年版，第85頁。

〔註157〕〔宋〕四水潛夫（周密）輯：《武林舊事》卷三，杭州：西湖書社1981年版，第37頁。

〔註158〕〔明〕何良俊：《四友齋叢說》卷二十六，北京：中華書局1959年版，第236頁。

〔註159〕〔日〕池田靜夫：《運河之都——杭州》，鄭瑾等譯，見陳述主編：《杭州運河歷史研究》，杭州：杭州出版社2006年版，第247頁。

山」。〔註160〕張岱亦有詩云：「時有薰風至，西湖是酒床。醉翁潦倒立，一口吸西江。」〔註161〕可見，在這種詩性審美境界的西湖遊賞中，酒也是必不可少的。

有酒、有美人之外，還必須有詩，才能構成詩性審美的境界，否則便淪落到沉溺於肉欲和物質欲望的粗俗境地了。（這令人感慨地想到杜牧、柳永的出入青樓妓院，拜倫、普希金的唐璜名單成爲後人津津樂道的風流韻事，而陳冠希的豔照門則只能成爲人們討伐的對象。）詩人文士遊賞西湖常常吟詩作賦，筆記小品中比比皆是，無須列舉。酒和美人是詩人文士興發感動的媒介，也是他們歌頌的對象，而詩則是內化於其中的氣質。三者共同構成了詩人文士的詩性審美境界。這一詩性審美境界是熱愛俗世又超越俗世的。

詩性審美的遊賞境界以白居易爲最初的代表。「白樂天守杭州，政平訟簡。貧民有犯法者，於西湖種樹幾株；富民有贖罪者，令於西湖開葑田數畝。歷任多年，湖葑盡拓，樹木成蔭。樂天每於此地，載妓看山，尋花問柳。」〔註162〕「杭州刺史白樂天嘯傲湖山時，有野客趙羽者，湖樓最暢，樂天常過其家，痛飲竟日，絕不分官民體。羽得與樂天通往來，索其題樓。樂天即顏之曰『醉白』。」〔註163〕白居易關於西湖遊賞的《錢塘湖春行》一詩爲後人傳頌：「孤山寺北賈亭西，水面初平雲腳低。幾處早鶯爭暖樹，誰家新燕啄春泥。亂花漸欲迷人眼，淺草才能沒馬蹄。最愛湖東行不足，綠楊陰裏白沙堤。」〔註164〕這些騷人墨客的雅興爲西湖遊賞開闢了詩性審美的境界。

感時傷往的詩性政治境界主要是在北宋滅亡後形成的。徐寶餘先生曾論述道：

（南宋時期）江湖詞人漫跡杭州，他們或遨遊於山水之間，或寄食於權貴之門。（中略）有不少詞家，在繁華似錦的都市生活中，

〔註160〕〔明〕張京元：《斷橋小記》，轉引自〔明〕張岱：《西湖夢尋》卷三《十錦塘》，見孫家遂校注：《西湖夢尋》，杭州：浙江文藝出版社1984年版，第120頁。

〔註161〕張岱《雷峰塔》詩，轉引自〔明〕張岱：《西湖夢尋》卷四《雷峰塔》，見孫家遂校注：《西湖夢尋》，杭州：浙江文藝出版社1984年版，第208頁。

〔註162〕〔明〕張岱：《西湖夢尋》卷一《玉蓮亭》，見孫家遂校注：《西湖夢尋》，杭州：浙江文藝出版社1984年版，第18頁。

〔註163〕〔明〕張岱：《西湖夢尋》卷三《醉白樓》，見孫家遂校注：《西湖夢尋》，杭州：浙江文藝出版社1984年版，第177頁。

〔註164〕〔唐〕白居易：《錢塘湖春行》，見《全唐詩》第13冊，卷443，北京：中華書局1960年版，第4957頁。

寄託著對於家難國恥的傷悼與哀思。〔註165〕

這一境界在每一次故國滅亡之後（南宋的滅亡、明朝的滅亡）在杭州士人身上顯現出來。想像士人們遊走湖邊，回想昔日繁華，觸目感懷，沉吟悲痛的情景，令人歎息。這一境界當以趙孟堅為代表：

> 昔趙王孫孟堅子固常客武林，值菖蒲節，周公謹同好事者邀子固遊西湖。酒酣，子固脫帽，以酒晞髮，箕踞歌《離騷》，旁若無人。薄暮入西泠橋，掠孤山，艤舟茂樹間，指林麓最幽處，瞪目叫曰：「此真洪穀子、董北苑得意筆也。」鄰舟數十，皆驚駭絕歎，以為真謫儒人。得山水之趣味者，東坡之後，復見此人。〔註166〕

趙孟堅是趙宋王室的後裔，其遊覽西湖醉酒後箕踞歌《離騷》是他對故國深情懷念的表達。因為《離騷》正是楚國同姓後裔屈原懷念故國的作品。以為其「得山水之趣味」的人算不得他的真正知音。

《西湖夢尋》也是在明朝滅亡後，張岱重遊西湖而感時傷往的產物：

> 余生不辰，闊別西湖二十八載，然西湖無日不入吾夢中，而夢中之西湖，實未嘗一日別余也。前甲午、丁酉，兩至西湖，如湧金門商氏之樓外樓，祁氏之偶居，錢氏、余氏之別墅，及余家之寄園，一帶湖莊，僅存瓦礫。則是余夢中所有者，反為西湖所無。及至斷橋一望，凡昔日之弱柳夭桃、歌樓舞榭，如洪水淹沒，百不存一矣。余乃急急走避，謂余為西湖而來，今所見若此，反不如保我夢中之西湖，尚得完全無恙也。（中略）因作夢尋七十二則，留之後世，以作西湖之影。〔註167〕

昔日的繁華似錦已如過眼雲煙，只在文字中還保留著它的虛渺幻影。但這是有良知的士人們對故國的最好紀念和留給後人的最寶貴的記憶。

詩酒美人的詩性審美境界和感時傷往的詩性政治境界可以說都是一種入乎其中的境界。前者是沉醉於生活之中，並能以一種審美的眼光來看待生活；後者則是沉湎於一種政治情懷之中，在其追憶之中創造了杭州和西湖的詩性形象。與此二者不同，西湖遊賞的高朗靜深的詩性空明境界則是一種出乎其外的

〔註165〕徐寶餘：《論兩宋詞對杭州詩性文化形象的建構》，《浙江學刊》，2006年第5期。

〔註166〕〔明〕張岱：《西湖夢尋》卷一《西泠橋》，見孫家遂校注：《西湖夢尋》，杭州：浙江文藝出版社1984年版，第49頁。

〔註167〕〔明〕張岱：《西湖夢尋》自序，見孫家遂校注：《西湖夢尋》，杭州：浙江文藝出版社1984年版，第1頁。

境界，是靜靜地觀賞的境界。這一境界不沉醉於美人，不沉溺於酒，也不沉湎於一種感傷的政治情懷之中，而是超出了這一切，只含有一種空明的詩意。

前面張岱提到了「和靖之靜深」，林和靖可謂這一境界的最早代表。林和靖隱居於杭州孤山，不願做官，也不婚娶，唯喜植梅養鶴，人稱「梅妻鶴子」，其《山園小梅》詩云：

> 眾芳搖落獨暄妍，占盡風情向小園。
>
> 疏影橫斜水清淺，暗香浮動月黃昏。
>
> 霜禽欲下先偷眼，粉蝶如知合斷魂。
>
> 幸有微吟可相狎，不須檀板共金樽。〔註168〕

其頸聯為千古詠梅絕唱。「不須檀板共金樽」，只有一片高朗靜深的情懷，這一境界與前兩種境界是顯然不同的。

明代的高濂也深得其趣，其《四時幽賞錄》可謂集此一境界的大成。他在《自序》中論西湖幽賞云：

> 余雅尚幽賞，四時境趣雖異，而真則不異也。即武林一隅，幽境幽趣供人玩賞者，亦復何限？特好之者，未必真人，自負幽賞，非真境負人也。若能高朗其懷，曠達其意，超塵脫俗，別具天眼，攬景會心，便得真趣。〔註169〕

一「幽」字，一「真」字足以見其懷抱。其《三生石談月》最足代表這種幽賞的境界：

> 中竺後山，鼎分三石，居然可坐。傳為澤公三生遺跡。山僻景幽，雲深境寂，松陰樹色，蔽日張空，人罕遊賞。炎天月夜，煮茗烹泉，與禪僧詩友分席相對，覓句賡歌，談禪說偈。滿空孤月，露浥清輝：四野輕風，樹分涼影。豈儼人在冰壺，直欲譚空玉宇。寥寥岩壑，境是仙都最勝處矣！忽聽山頭鶴唳，溪上生雲，便欲駕我仙去。俗抱塵心，蕭然冰釋，恐朝來去此，是即再生五濁欲界。〔註170〕

〔註168〕 〔宋〕林和靖：《山園小梅》，見孫書安編：《詠花詩品》，南昌：江西人民出版社1986年版，第350頁。

〔註169〕 〔明〕高濂：《四時幽賞錄·壓低橋夜宿》，見施奠東主編：《西湖遊賞錄（外十種）》，上海：上海古籍出版社1999年版，第61頁。

〔註170〕 〔明〕高濂：《四時幽賞錄·壓低橋夜宿》，見施奠東主編：《西湖遊賞錄（外十種）》，上海：上海古籍出版社1999年版，第67頁。

這裡面提到「煮茗烹泉」，如果說酒是詩酒美人的詩性審美境界的象徵，茶則是此一高朗靜深的詩性空明境界的象徵。酒代表著一種沉醉，茶則代表一種清醒。其《掃雪烹茶玩畫》亦有以雪烹茶的雅興。當然也並不完全排斥酒，但仍然保持一種清醒的境界：

> 月香度酒，露影濕衣，歡對忘言，儼共淨友抵足。中宵清夢，身入匡廬蓮社中矣。較與紅翠相偎，衾枕相狎者何如哉？更願後期，與君常住淨土。〔註171〕

不要「紅翠相偎」，只「共淨友抵足」，其境界之幽，與那種偎紅倚翠的詩酒美人的沉酣的詩性審美境界有著明顯的區別。

當然，在一個人身上，並不一定純粹只有一種境界，可能三種境界交織存在。如張岱由於一種感時傷往的詩性政治情懷而追憶西湖，又從而記載了種種詩酒美人的詩性審美事件；又如高濂在《蘇堤看桃花》中描寫了觀賞桃花的六種幽趣：朝陽下的桃花如「美人初起」，明月下的桃花如「美人步月」，夕陽下的桃花如「美人微醉」，細雨中的桃花如「美人浴罷」，燭光中把酒看桃花如「美人晚妝」，凋零中的桃花如「美人病怯」等等〔註172〕，這分明進入了一種詩酒美人的詩性審美境界。

高朗靜深的詩性空明境界主要是受了道家和禪宗思想的影響。如高濂屢屢提道：「要知色身幻影，是即風裏楊花。」〔註173〕「過眼盡是鏡華，當著天眼看破。」〔註174〕「漁燈萬盞，鱗次北來，更換睫間幽覽，使我眼觸成迷，意觸冥契，頓超色境勝地。」〔註175〕「要知實景畫圖，俱屬造化機局。即我把圖，是人玩景，對景觀我，謂非我在景中？千古塵緣，孰為真假，當就圖畫中了悟。」〔註176〕感時傷往的詩性政治境界主要是受到北方詩性倫理政治文化的影響以及國破家

〔註171〕〔明〕高濂：《四時幽賞錄·壓低橋夜宿》，見施奠東主編：《西湖遊賞錄（外十種）》，上海：上海古籍出版社1999年版，第68頁。

〔註172〕〔明〕高濂：《四時幽賞錄·壓低橋夜宿》，見施奠東主編：《西湖遊賞錄（外十種）》，上海：上海古籍出版社1999年版，第65～66頁。

〔註173〕〔明〕高濂：《四時幽賞錄·山滿樓觀柳》，見施奠東主編：《西湖遊賞錄（外十種）》，上海：上海古籍出版社1999年版，第65頁。

〔註174〕〔明〕高濂：《四時幽賞錄·天然閣上聽雨》，見施奠東主編：《西湖遊賞錄（外十種）》，上海：上海古籍出版社1999年版，第66頁。

〔註175〕〔明〕高濂：《四時幽賞錄·山晚聽輕雷斷雨》，見施奠東主編：《西湖遊賞錄（外十種）》，上海：上海古籍出版社1999年版，第69頁。

〔註176〕〔明〕高濂：《四時幽賞錄·掃雪烹茶玩畫》，見施奠東主編：《西湖遊賞錄（外十種）》，上海：上海古籍出版社1999年版，第77頁。

亡的現實原因的影響。如《夢粱錄》、《武林舊事》和《西湖夢尋》的寫作都是作者在國家殘破之後追憶當年繁華的產物。而詩酒美人的詩性審美境界則主要是由於江南地區經濟的優越以及受江南詩性文化的影響而形成的。「江南文化之所以不同於一般的中國區域文化，在於它本質上是以詩性文化為根本特徵的。這一點與以齊魯禮樂文化為代表的北方文化相比就更加明顯。如果說齊魯禮樂文化本質上是一種倫理人文，那麼具有很高審美價值的江南文化則可用詩性人文一語概之。江南文化的詩性人文內涵，是中國人文精神的最高代表。」〔註177〕

四、江南詩性空間的啓示〔註178〕

　　江南詩性空間對於當代都市化進程具有重要的啓示意義。

　　首先，江南詩性空間的佈局對當代城市空間的規劃建設具有啓示意義。從城市的發展來看，江南城市的繁榮與江南詩性空間的發展構成了一個良性的循環。江南城市經濟和文化的繁榮為江南詩性空間的建設提供了條件，而江南詩性空間的發展又為江南的城市生活帶來了勃勃生機。江南城市中，如杭州的城市建設與杭州的自然山水、園林搭配得非常好，這為杭州城的良性發展奠定了良好的基礎。在當今世界，我們應該建設什麼樣的城市？埃比尼澤·霍華德在19世紀末提出了花園城鎮的理論。現代主義建築大師勒·柯布西耶則在1920年代提出了依賴於花園城市的輻射之城（也稱垂直花園城市）的理論。這兩種理論都遭到了簡·雅各斯的批判。其一，這樣的規劃限制了人與人之間的交往。比如「匹茲堡的查塔姆村，一個著名的花園城市規劃的典型」：「那兒的房屋聚集在一個一個的『殖民地』裏，周圍是共用的草坪和休憩用的院子，整個區域還有其他供分享的設施，如居民俱樂部，那裏可以開晚會、舞會和聚會，可以開展一些婦女活動，如橋牌和縫紉協會，也可以為孩子們舉辦舞會和晚會。但是在這裡沒有任何城市意義上的公共生活。有的只是不同程度的擴大化的私人生活。」〔註179〕因為這種規劃造成了與別處

〔註177〕劉士林：《江南都市文化的歷史源流及現代闡釋論綱》，《學術月刊》，2005年第8期。

〔註178〕本節關於江南詩性空間對於當代都市化進程的重要啓示意義的論述曾經發表。見拙作：《西湖遊賞的詩性境界及其當代意義》，江南大學學報，2008年第6期。

〔註179〕〔加拿大〕簡·雅各斯：《美國大城市的死與生》，金衡山譯，南京：譯林出版社2006年版，第56頁。

的隔絕的性質，這又造成了查塔姆村與別處的公共聯繫的缺乏，以致想建立一個中學都很困難，「當他們的孩子到了上中學的年齡，他們就搬出這個地方；而其他一些家庭則想方設法把孩子送到私立學校」，「一些不能很好地適應這些孤島生活的居民最後都搬了出去」。〔註180〕其二，花園城市規劃中造成的大片街區公園或公園樣的空敞地帶成為一種交界真空帶，來了嚴重的安全問題。這裡經常發生襲擊事件，所以簡·雅各斯質問：「更多的空敞地用來幹什麼？為了讓攔劫這樣的事件發生？為了留出那些樓與樓之間昏暗的真空地帶？或者是為了讓平民百姓來使用、享受？」〔註181〕這種危險導致它們被拒絕使用，被廢棄或不能發揮作用。其三，這種規劃導致城市形態的單一化、街區生活的單調性，使得孩子遠離了豐富多彩的生活，對孩子們的成長不利，使他們學不到豐富的「城市生活體驗」和對於公共生活的一種「盡責任的態度」。〔註182〕其四，這種花園城市違背了想創造綠色環境的初衷，反而對環境造成了破壞。比如洛杉磯，它的大量的煙霧的產生「部分是因為當地空氣流動的特殊性，但也是因為該城市有著大量分散的空敞地本身的緣故。這些地方很分散，因此需要有很多的車輛，而反過來又造成了導致城市煙霧的大約三分之二的化合物」。〔註183〕而江南城市空間中城區與自然山水、園林的有機結合的城市形態可以一方面符合花園城市理論所要求的城市生活和自然環境的和諧統一，另一方面，它的豐富多彩的生活，它的來來往往的人群所醞釀出的人氣，可以形成多元化的公共空間，建立良好的公共關係，消除人跡稀少所帶來的安全隱患，在很大程度上可以避免花園城市理論的缺陷，給當代都市化進程中的城市規劃提供優秀的範式和值得信賴的借鑒。

其次，江南詩性空間中的詩意生活方式對於都市化進程中人們的生活方式帶來了啟示。「時間就是生命，時間就是金錢」，美國人佛蘭克林的這句名言激勵了幾代人，忙忙碌碌的生活節奏已經被大多數人所認同。這種

〔註180〕〔加拿大〕簡·雅各斯：《美國大城市的死與生》，金衡山譯，南京：譯林出版社2006年版，第57頁。

〔註181〕〔加拿大〕簡·雅各斯：《美國大城市的死與生》，金衡山譯，南京：譯林出版社2006年版，第80頁。

〔註182〕〔加拿大〕簡·雅各斯：《美國大城市的死與生》，金衡山譯，南京：譯林出版社2006年版，第74頁。

〔註183〕〔加拿大〕簡·雅各斯：《美國大城市的死與生》，金衡山譯，南京：譯林出版社2006年版，第81頁。

快節奏的生活正是當代都市生活方式的重要特徵。由於它的對「金錢」的強調使人們日益喪失了生活的詩意。而江南詩性空間中的「徜徉」、「遊賞」的生活方式正是對快節奏生活方式的反撥。「遊」本身就富有詩意。儒家講「游於藝」（《論語‧述而》），孔子稱贊「詠而歸」（《論語‧先進》）。道家則講「逍遙遊」，「彷徨乎無爲」，「逍遙乎寢臥」（《莊子‧逍遙遊》）。至於「賞」，也是一種詩意的狀態。古語有云：「飲酒微醉，賞花半開。」邵雍亦有句云：「美酒飲教微醉後，好花看到半開時。」〔註184〕當代由意大利興起的慢餐運動和慢城運動與這種遊賞的生活方式雖然有表面的不同，但在抵制快節奏的生活方式、尋找生活的詩意方面有著內在的一致。1986年，當意大利記者、美食評論家卡洛‧彼得里尼得知要在羅馬著名的西班牙廣場附近新開一家麥當勞速食店時，爲了捍衛意大利美食文化，彼得里尼成立了世界上第一個「國際慢餐協會」，宣導人們放慢節奏、享受美食，並以慢食爲開始，改變過快的生活節奏。其「慢餐宣言」說：「城市的快節奏生活正以生產力的名義扭曲我們的生命和環境。我們要以慢慢吃爲開始，反抗快節奏的生活。」1999年10月，「慢城」運動在意大利興起。目前已有六十多個歐洲城市加入了「慢城」運動，這種「生活節奏慢半拍」的城市形態正在受到越來越多的重視。〔註185〕如果我們把古代江南詩性空間中的詩意生活方式與當代意大利的慢餐慢城運動結合起來考慮，可以爲當代都市人提供一種詩意的生活形態。

再次，江南詩性空間不僅對當代都市人的審美趣味，也對當代中國都市的文化建設具有重要的啓示意義：

> 在信息資源分佈嚴重不均的當今世界中，西方都市文化的強者地位是毫無疑義的。但另一方面，由於越來越徹底地拋棄與解構了古典理性文化傳統，以非理性的現代主義與欲望化的後現代主義爲深層結構的西方都市文化，給人類精神世界帶來的不是和諧與美好，而是更加激烈的矛盾與衝突，並對其他非主流文化、亞文化的延續與發展構成了嚴重的威脅與負面影響。〔註186〕

〔註184〕〔宋〕邵雍：《安樂窩中吟》，見邵雍：《伊川擊壤集》卷之十，郭彧點校，上海：學林出版社2003年版。
〔註185〕《慢一點再慢一點‧像蝸牛一樣生活》，人民網，2007年12月12日。
〔註186〕劉士林主編：《2007中國都市化進程報告》，上海：上海人民出版社2008年版，第63頁。

這主要表現在「美國夢」對中國人日常生活世界的滲透與侵蝕；娛樂文化與商業苟合，日趨低俗化，甚至直接衝擊社會個體的生存狀況，釀成社會悲劇；成人文化的墮落並對青少年文化產生惡劣影響；中國文壇的垃圾場化等等。〔註187〕這種都市文化的日益物質化與粗俗化是非常值得警惕的。芒福德在比較希臘文化與羅馬文化時指出，「羅馬帝國的真相」主要表現為「在物質建設上的最高成就以及社會人文中的最壞狀況」。〔註188〕因而從希臘到羅馬是一個巨大的退步，「希臘人的肌肉——大腦文化便讓位給羅馬人的寬腸——大腑文化：清淡高雅的飯食被終日的盛宴所代替。巧言善辯的古希臘人在古希臘鼎盛時期的城市也享受不到的東西，饕餮的古羅馬人卻在超常的富足中受用不盡。而古希臘人原來十分豐富的東西，即興和自發創作天才，小至一些警句或墓碑，大至一篇史詩或一座廟宇中所表現出的那些品格，愚鈍的古羅馬人卻幾乎一竅不通。至少在共和國滅亡以後是無所創造的；若有，也是些低劣的仿製和誇張。」〔註189〕如果我們不想重蹈羅馬文化的覆轍，那麼我們就必須清醒地對待當代都市化進程中的都市文化狀況。這種現代主義的非理性和後現代主義的欲望性在其自身內部難以找到解決的辦法，我們必須向古典文化尋找資源。江南詩性空間一方面是當代都市文化所要消解的對象，另一方面也是對付當代都市文化粗俗化的一劑良藥。江南詩性空間的人文化、審美化、生活化、世俗化的有機結合最能代表江南文化的特色。它熱愛世俗的生活，沉醉於世俗的歡樂，但又不淪落到粗俗的境地，而是用一種審美的觀照把它提升到一種雅的境界，遂能雅俗共賞，親切率真。因此，江南詩性空間可以為當代中國都市文化的研究和建設提供參考。因為「都市文化研究要解決的時代問題是：在迅速的都市化進程中如何減少人自身的異化，實現人的全面發展與和諧生存」。〔註190〕江南詩性空間就像一個巨大而富有吸引力的場——詩性的場、審美的場、人性的場，給人們帶來和諧的生存。

〔註187〕劉士林主編：《2007中國都市化進程報告》，上海：上海人民出版社2008年版，第63～70頁。
〔註188〕〔美〕路易斯·芒福德：《城市發展史》，宋俊嶺、倪文彥譯，北京：中國建築工業出版社2005年版，第229頁。
〔註189〕〔美〕路易斯·芒福德：《城市發展史》，宋俊嶺、倪文彥譯，北京：中國建築工業出版社2005年版，第218頁。
〔註190〕劉士林：《都市文化學：結構框架與理論基礎》，上海師範大學學報，2007年第3期。

第四節　江南詩意生活理想方式及其要素

道隱藏在日常生活中。江南文化的詩性精神也要到江南日常生活中去尋找。江南詩性精神體現在江南詩性主體在江南詩性空間中的詩意生活理想方式及其要素當中。下面，我們從江南士大夫對於生命階段的構想、對於愛情生活的實踐以及對於林泉隱逸生活的嚮往等三個方面來敘述江南詩意生活理想，並從愛情、書、理想以及通往此理想的事業、承載詩意生活的家園、閑暇時光等五要素進一步說明人們對詩意生活的追求。

一、一生構想〔註191〕

首先，讓我們來看江南士人夫的一生構想。爲了突出其構想的詩性特色，我們先看一下印度教、普通中國人和中國道教學者陳攖寧對於生命階段的構想。

在一本介紹「印度永恆精神的表達者和代言人」辨喜的著作中介紹了傳統印度教對人的一生的構想：

> 傳統印度教喜歡把生命循環本質上視爲由四個階段組成：學習期（brahmacharya）、居家期（grihasta）、森林期（vanaprasta）和棄絕期（sannyas）。

> 學習期（Brahmacharya）的字面意思是學習上帝的知識。其引申意義是獨身或者性克制。與西方青少年的行爲觀念相比，印度思想認爲，青少年在第一階段，大約 14～25 歲，尤其是較高種姓階層的男子，應該集中精力學習。在傳統宗教家庭，這個時期要學習大量經典；但在所有有教養的家庭，肯定有一個時期要專心於學術研究。甚至從很多 20 世紀六七十年代長大的印度朋友身上，我深信這種觀念那時依然存在。年輕男女無需嚴格監督，很少來往，婚前性行爲幾乎聞所未聞。中學和大學的全部焦點都集中在取得成功。

> 居家期（Grihasta）是婚姻生活的狀態，通常約指 25～50 歲這段時期。這個時期一個人要生兒育女，就業，履行公民義務。如果理解得恰當，這是一段有趣的人生。首先，一個人可以享受到感官快樂，能夠積累財富。印度教對這類享樂和財富問題並沒有不屑一

〔註191〕本節關於方以智的論述曾經發表。見拙作：《方以智的生活理想與儒家詩性智慧》，泰山學院學報，2008 年第 1 期。

顧或者明令禁止，這個觀點説明了印度人在賺錢時能以一種不受約束的方式進行的原因。同樣，據我所知，他們對於性的問題擁有一個頗爲愉快的、開放的態度。隨著婚姻不斷成熟，人生的這段時間既是服務又是享受。居士應該做善事，用財富表現慷慨，回報社會。

森林期（Vanaprasta）是默觀和漸漸隱退的時期。或許在 50 或者 60 歲左右，孩子長大成人，建立了他們自己的家庭，人的性欲和雄心也開始減退，這時印度傳統勸告人們應該更多地獻身於上帝，而不是俗事。Vanaprasta 的字面意思是「居住在森林裏」，即處於社會邊緣的一個寧靜之地。今天，許多虔誠的印度教徒依然會把大部分家庭責任交託給兒女，而自己則移居到一個小小的農舍或者隱居之地。

Sannyas 意指棄絶，一般理解，是指男女修道士。不過，它也有居士靈性生活頂峰的含義。在經過多年半退休的生活後，居士實際上成了修道士，他要麼進入修道士的行列，履行傳統的祭儀，要麼接受同樣的生活方式：除了最低生活需要，完全脱離世俗之物；極少介入家庭事務；完全順從上帝的意志。

在這些不同的階段和目標中，辨喜強調一個人的早期，即作爲學生或者居士時的服務，尤其是一個人成熟期的棄絶，這是印度教的理念。

他認爲他們要過一種既有益於個人又有益於社會、既符合印度教傳統又符合現代民族新需要的生活。〔註192〕

這無疑是一種完美的構想。符合倫理道德，又不忘宗教精神。既以入世的精神建立功名，又最終不爲功名所束縛，追求超凡脱俗的出世精神。由於宗教精神的嚴肅性，這種關於一生的構想更多地體現了義務和責任，先是對社會的義務和責任，後是對上帝的義務和責任。

中國近代道教學者、居士陳攖寧先生曾論述過普通人在世間生活的一生過程，他說：

普通在世間做人的辦法，一生過程大概分作三段：二十五歲以

〔註192〕韓德編：《瑜伽之路》，王志成、楊柳、段麗萍譯，杭州：浙江大學出版社2006年版，第34～35頁。

前是求學時代；二十五歲以後至五十歲是進取時代；五十歲以後至
七十歲是保守時代。過了七十歲身體衰朽，待死而已。此指健康無
病之人而言。若素來多病，到了六十歲就如日落西山，未必人人都
能活到古稀之壽。所以人生過了五十歲即當抑制自己的野心，勿再
只和社會奮鬥，要留一點餘力和造化小兒及閻王老子奮鬥。〔註193〕

陳攖寧的分法和印度教的分法在前兩個階段上有類似處，五十歲以後的保守
也有退出之意，與森林期在階段上類似。不同之處在於，陳攖寧並未說明普
通人是否要承擔責任和義務。似乎他在批判普通人的渾渾噩噩。因此他提出
人在五十歲以後要抑制自己的野心，所謂「要留一點餘力和造化小兒及閻王
老子奮鬥」即是提倡修道學仙，祛病延年。

普通人的一生是渾渾噩噩的，印度教提倡要把自己的一生奉獻給上帝，
道家則要求去人欲，求大道。前者是人們所不甘心的，後兩者則是一般人所
做不到的。那麼有沒有一種樂於此世的關於生活的理想建構呢？答案是肯定
的，那就是江南士大夫對於一生的理想建構。

中國古代士大夫對自己和女性都有一番構想，但都大同小異。如漢樂府
《孔雀東南飛》中的對女性的描寫：

十三能織素，十四學裁衣，十五彈箜篌，十六誦詩書。〔註194〕

這無疑是對一個「窈窕淑女」的美好塑造。李商隱《無題》詩也有點類似：

八歲偷照鏡，長眉已能畫。十歲去踏青，芙蓉作裙衩。

十二學彈箏，銀甲不曾卸。十四藏六親，懸知猶未嫁。

十五泣春風，背面秋韆下。〔註195〕

這兩首詩對女性早期生活的描寫都極富詩意，代表了中國古代士大夫對理想
女性的追求。他們對自身的生活也有一番構想。江南士大夫對一生的理想建
構中，不可免地受到中國傳統儒釋道精神的影響，但由於他們所稟賦的江南
文化的詩性精神，他們的理想深深地浸潤著詩意的光輝。明末清初的方以智
在曾經對自己的人生做過兩次規劃，最具有代表性。

〔註193〕陳攖寧：《仙學必成（未定稿）》，見胡海牙總編、武國忠主編：《中國仙學養
　　　　生全書》（上），北京：華夏出版社2006年版，第422頁。

〔註194〕漢樂府：《古詩為焦仲卿妻作》，引自《古詩源》卷四，見馮保善：《新譯古詩
　　　　源》，臺北：三民書局2006年版，第257頁。

〔註195〕〔唐〕李商隱：《無題》，見《全唐詩》，第十六冊，卷539，北京：中華書局
　　　　1960年版，第6165頁。

一次是他二十歲的時候，他對自己的一生作了這樣的構想：

> 以為從此以往，以五年畢詞賦之壇坫；以十年建事功於朝；再以十五年窮經論史，考究古今；年五十，則專心學《易》。少所受王盧舟先生《河》、《洛》象數，當推明之，以終天年，人生足矣。〔註196〕

這一構想主要受了儒家思想的影響，但其中的「畢詞賦之壇坫」、「窮經論史」、「專心學《易》」，前者充分體現了詩性審美的因素，後兩者則有一種悠然自得的精神。

到了他二十七歲的時候，他對他以前的生活方式與生活理想進行了一番深刻的反思，又在《七解》一文中重新給自己制定了一種人生理想。崇禎十年（1637年），他的朋友李舒章兩次給他寫信，並寄詩給他，問他「所著何書？所見何異人？所計入山之策云何？」（《送李舒章序》）他遂以此為契機，作《七解》一文。《七解》模擬《莊子》寓言手法寫成，它深刻地剖析了自己對社會和人生的看法，並向朋友們宣告了自己對人生道路的選擇。文中虛構了逢悟士、握輒氏、橫世君、繽栗先生、罔寶老人、程勇公和帥初故人等七個人，把各自不同的處世方法告訴抱蜀子（方以智自比），供他選擇，以解除他處世的悲哀與困惑。

第一種處世方法是「因便以取青紫」，也就是憑藉科舉考試而獲取功名利祿之路。但方以智認為每個人有各自不同的興趣，萬萬不可勉強。誦讀制義文章以應付科舉考試在他看來是一種苦差事，是他的本性所排斥的，於是這一種處世方法被他否定了。

第二種處世方法是「講計研之術」。計研即春秋時期著名的經濟學家計然。《七解》中的「講計研之術」是指走經商、轉賣文物古玩以致富的道路。但方以智認為經商之事太煩擾、辛勞，自己平時又沒有對文物古玩的愛好，這不是他所擅長的，於是這種處世方法也被他否定了。

第三種處世方法是廣交天下豪傑，並在官僚之間擴大自己的影響，利用他們手中的權力為自己謀取厚利。但這種處世方式又被方以智以「我無此顏，又安能巧言如簧，動貴人聽耶」為由給否定了。這大有一種「安能摧眉折腰事權貴」的氣概。

第四中處世方式是「著為一書，極陳利弊，以傚忠於國家」，也就是對國家政策進行批評並給與醫治的良方。但方以智認為，「言雖得上進，而下之情

〔註196〕轉引自羅熾：《方以智評傳》，南京：南京大學出版社2001年版，第38頁。

終不得上達」，況且直言無忌是一件冒險的事情，遇到一意孤行的皇帝弄不好會有性命之憂，說了也是白說。因此這一處世方式也被他否定了。

第五種處世方式是「避世長邁，入山而隱，蟬蛻埃塩」，待時出世之路。但方以智認為自己「業為世俗之人，並且文弱」，不習慣孤寂一人的生活，並且南妨「土著之奸」，因此也否定了這一隱居待時的道路。

第六種生活方式是道家的神仙之術：煉「黃白之術」，以求「卻病延年」，或存「清靜之道」，「乘飛雀而上天」。但方以智認為，道家的房中術不可為，黃白之術不可獲得，神仙之道也是虛妄的；至於放棄功名富貴，解脫讀書之累，及時行樂，放縱於詩酒之間，他對此也已經喪失了興致。

第七種生活方式也就是方以智最終認同的生活方式是：與幾個知心朋友「研細席，同食啖，溫古昔，考當世，暮必稽其所得，間數日可出尋少年一縱樂焉，又明日以為常」的讀書、著述與逸樂相結合的生活方式。這是方以智經過多方比較之後選擇的結果。其間包含了一種對自我的解剖和對自身價值的重新發現。〔註197〕

方以智所認同的生活方式的理想模型，深刻地體現了一種儒家文化的詩性智慧。我們可以發現它與孔子所讚同的曾皙的生活理想有著驚人的相似。《論語・先進》中有這樣一則故事：

> 子路、曾皙、冉有、公西華侍坐。子曰：「以吾一日長乎爾，毋吾以也。居則曰：『不吾知也！』如或知爾，則何以哉？」子路率爾而對曰：「千乘之國，攝乎大國之間，加之以師旅，因之以飢饉。由也為之，比及三年，可使有勇，且知方也。」夫子哂之。「求！爾何如？」對曰：「方六七十，如五六十，求也為之，比及三年，可使足民。如其禮樂，以俟君子。」「赤！爾何如？」對曰：「非曰能之，願學焉。宗廟之事，如會同，端章甫，願為小相焉。」「點！爾何如？」鼓瑟希，鏗爾，捨瑟而作，對曰：「異乎三子者之撰。」子曰：「何傷乎？亦各言其志也。」曰：「莫春者，春服既成，冠者五六人，童子六七人，浴乎沂，風乎舞雩，詠而歸。」夫子喟然歎曰：「吾與點也！」〔註198〕

〔註197〕 參閱羅熾：《方以智評傳》，南京：南京大學出版社2001年版，第42～44頁。

〔註198〕 《論語・先進第十一》，見〔明〕張居正：《論語別裁》，西安：陝西師範大學出版社2007年版，第170～172頁。

孔子首先否定了子路那種「舍我其誰」的主體精神，又接著否定了冉有的仁政理想，甚至對儒家鼻祖的「相禮」身份，也沒有流露過任何表情，而是對一次春遊、踏青給與了最高的肯定。因此，也許可以說：「孔子思想的全部秘密，一言以蔽之，即『詠而歸』。」「詠而歸」是儒家思想的詩性內涵的體現，「詠」的階段是指「是非暫忘，到沒有衝突的大自然中，並通過歌詠方式，把內在的焦慮與緊張宣洩出去」，「歸」則是再回歸到現實生活中來，「完成儒家自身的再生產」。「『詠而歸』是一個轉折結構，它所詠唱、流連、寄予深情的不是外在的事物，不是客體化的主觀志向，而是返歸諸己，澄明那些內在於人性的內容。這就與一般倫理學的道德建樹有了本質的差別。對儒家本身來說，它也有這樣的含義：不是樹立倫理主體性，而是從倫理主體性向人自身的復歸，即從道德異化中走向個體的澄明。這一歸程要完成的任務就是如何詩化已先道德化的人生，如何通過詩的節奏使緊張的倫理本體同被壓抑的感性肉體取得審美和解。」〔註199〕

　　由這一理論我們反觀方以智所選擇的人生理想，即「研細席，同食啖，溫古昔，考當世，暮必稽其所得，間數日可出尋少年一縱樂焉，又明日以為常」的讀書、著述與逸樂相結合的生活方式，我們可以發現它與孔子所讚同的「詠而歸」的生活理想何等相似！「研細席，同食啖，溫古昔，考當世，暮必稽其所得」即體現了儒家對現實的關懷，因為它不是埋在故紙堆中，不是躲在象牙塔裏，而是密切關注現實的。他們的學問落腳於「考當世」。這種向外的對於社會的關懷勢必導致一種內在的焦慮與緊張。但這種內在的焦慮與緊張並沒有受到壓抑，而是通過「間數日可出尋少年一縱樂焉」的方式把它宣洩了出來。這裡的「出」字暗示了從閉塞的屋子裏出來，從外在的事物的束縛中走出來，走向人性的復歸，走向個體的澄明。它相當於孔子「詠而歸」中的「詠」的階段。在這種焦慮與緊張得到緩解和宣洩之後，他「又明日以為常」，即又回到「研細席，同食啖，溫古昔，考當世，暮必稽其所得」的生活狀態中。這相當於「詠而歸」中的「歸」的階段，以完成儒家自身的再生產。如此循環往復。方以智的這種生活理想我們也可以歸結為「出而復」，它與儒家的「詠而歸」的詩性生活方式是同構同源的。它們都源於「一張一弛」的「文武之道」。〔註200〕因此我們無疑地可以說，方以智這種理想的生活

〔註199〕劉士林：《中國詩性文化》，海口：海南出版社 2006 年版，第 298～299 頁。
〔註200〕《禮記‧雜記下》，見潘苗金譯注：《禮記譯注》，杭州：浙江古籍出版社 2007年版，第 522 頁。

方式是一種儒家的詩性生活方式。這一生活方式與孔子的理想也稍微有些不同，那就是孔子還有一種倫理——政治的情結，歸來後還要去改造社會，而方以智則完全否定了功名利祿錢財富貴，雖然也「考當世」，但只是在紙上進行研究了。方以智「出而復」的生活方式是一種更超越了倫理——政治情結的詩性生活方式，這正是其中的江南詩性精神影響的成分。方以智是明末清初江南學者的一個具有代表性的人物，他的這種詩意的生活理想是有很強的代表性的。

二、情愛世界

中國的對聯中有「東都才子，南國佳人」一聯，佳人自以江南最爲著名。王韜的小說《鮑琳娘》中說：「有西蜀公子自京師至邗江，聞竹西（按：竹西，古亭名，在今揚州市北）最多佳麗，挾以十萬金錢，買此二分明月。」〔註201〕古代還有江南才子、西湖佳麗之說。正如金童玉女是人們對年輕人的愛情的美好祝福一樣，才子佳人也是。而江南的才子佳人最爲人們所津津樂道。如明清時期的小說《風流悟》第八回寫了一個蘇州才子文世高和杭州佳人劉秀英結爲伉儷的故事。文世高「因慕西湖佳麗，來到杭州」。〔註202〕媒婆向劉秀英稱贊文世高則說：「那少年郎君，是蘇州人，姓文，眞個好一個風流人品。」〔註203〕如此看來，江南士女的情愛生活最能代表充滿情愛的詩意生活理想。

江南士人關於情愛生活的理想有三種類型。一種是一夫一妻的忠貞不渝的愛情生活，一種是一夫多妻的歡愛世界，還有一種是名士與妓女的詩意往來。

文世高與劉秀英的結合體現了忠貞不渝的愛情生活。起初，文世高與劉秀英一見鍾情，由於劉秀英知道父母不會同意二人的結合，她就通過媒婆與文世高互傳情意。誰知當文世高欲從後窗攀爬進劉秀英的閨房時，不愼摔在

〔註201〕王韜：《後聊齋誌異》，張志春、劉欣中選，石家莊：花山文藝出版社 1987 年版，第 456 頁。

〔註202〕侯忠義等主編：《中國古代珍稀本小說》（6），瀋陽：春風文藝出版社 1994 年版，第 420 頁。

〔註203〕侯忠義等主編：《中國古代珍稀本小說》（6），瀋陽：春風文藝出版社 1994 年版，第 425 頁。

石頭上，當場氣絕。劉秀英看到此景，亦自縊殉情。悲傷的父母無奈只好把他們合葬。誰知當盜墓人打開他們的棺木時，二人竟還魂復活，隨後為躲避反對的父母而奔向文世高的家鄉蘇州。後來因為元末的戰亂，劉秀英的父母流落到蘇州，與女兒相遇。誰知劉父因嫌棄窮酸女婿而強行帶女兒去了京城。劉父因為受到朝廷的寵幸，也希望為女兒找一個富貴人家。但劉秀英守志如玉，不從父命。而文世高經過努力金榜題名，終於破鏡重圓。「後來張士誠破了蘇州，文世高家業散盡，無復顧戀，因慕西湖，仍同秀英小姐歸於斷橋舊居，逍遙快樂，受用湖山佳景。當日說他不守閨門的，今日又贊他守貞志烈，不更二夫。人人稱羨，個個道奇，傳滿了杭州城內城外，遂做了湖上的美談，至今膾炙人口不休。」〔註204〕

王韜《後聊齋誌異·吳瓊仙》描寫了檇李（今浙江嘉興西南）人孫月洲與杭郡（今浙江杭州一帶）吳瓊仙的愛情故事。孫月洲因為受與其爭婚的官僚的迫害，被發配邊疆，後遇貴人，冤情得申。而此時其岳父岳母都已經去世，其妻吳瓊仙也因為逃避債主的強佔而投江自盡。孫月洲在回家的途中夢到了吳瓊仙，他深有感慨地告訴妻子：

> 余至今日，已無世上繁華想矣，但得郭外有二頃之田，架上有萬卷之書，春秋佳日，偕卿聯吟覓句，斗酒藏鉤，樂已無極，豈再欲於勢利場中為側足地哉？〔註205〕

這一深情表白說明了江南士人對忠貞的情愛世界的嚮往。夢中妻子告訴他自己已死，孫月洲醒來後知道不是好的徵兆，悲傷地回到了家中。他來到妻子的墓前，長哭數聲，嘔血而死。村裏人將他們合葬。「嗣後墓樹多連理交柯，枝相糾結，值風清月白之夜，見孫攜女徙倚林間，徘徊吟諷，至曉不輟云。」〔註206〕即使死了，魂魄也相依相隨，這使得「執子之手，與子偕老」的人間理想延伸到了身後。

以上兩則都還只是文學的虛構，在江南的恩愛夫妻中有一對真實的典型，那就是沈復和陳芸。沈復在《浮生六記》中記載了他和陳芸的愛情故事。

〔註204〕侯忠義等主編：《中國古代珍稀本小說》（6），瀋陽：春風文藝出版社 1994年版，第438頁。

〔註205〕〔清〕王韜：《後聊齋誌異》，張志春、劉欣中選，石家莊：花山文藝出版社 1987年版，第2頁。

〔註206〕〔清〕王韜：《後聊齋誌異》，張志春、劉欣中選，石家莊：花山文藝出版社 1987年版，第4頁。

二人本爲表姐弟，沈復因慕陳芸之才思而立下了相愛一生的誓約：

> 陳名芸，字淑珍，舅氏心餘先生女也。生而穎慧，學語時，口
> 授《琵琶行》，即能成誦。四齡失怙，母金氏，弟克昌，家徒壁立。
> 芸既長，嫺女紅，三口仰其十指供給，克昌從師，修脯無缺。一日，
> 於書簏中得《琵琶行》，挨字而認，始識字。刺繡之暇，漸通吟詠，
> 有「秋侵人影瘦，霜染菊花肥」之句。余年十三，隨母歸寧，兩小
> 無嫌，得見所作，雖歎其才思雋秀，竊恐其福澤不深，然心注不能
> 釋，告母曰：「若爲兒擇婦，非淑姊不娶。」母亦愛其柔和，即脫金
> 約指締姻焉。此乾隆乙未七月十六日也。〔註207〕

二人婚後極爲恩愛，常常在一起論文談詩，一起賞月，有時陳芸還女扮男裝，
與沈復結伴出遊。沈復曾經刻「願生生世世爲夫婦」〔註208〕朱文白文圖章各
一，與陳芸各執一方，爲分別期間書信往來使用。沈復生在一個大家庭裏，
每當他與陳芸在房間裏或院子裏單獨相遇時，必握手問對方欲去哪裏。有時
陳芸與別人坐著聊天，看到沈復來了，必定挪開身子，做到沈復的旁邊。陳
芸時刻希望著能與沈復白頭偕老，他們專門請人畫了一張月下老人的肖像懸
掛於室內，每逢初一十五必定虔誠地焚香禱告，希望生生世世爲夫妻。後來，
沈復貧窮，陳芸也仍然和他廝守，陳芸多病，沈復也一直在身邊照顧。沈復
用深情的語言記下了陳芸重病彌留之際的情景：

> 余欲延醫診治，芸阻曰：「妾病始因弟亡母喪，悲痛過甚，繼爲
> 情感，後由忿激，而平素又多過慮，滿望努力做一好媳婦，而不能
> 得，以至頭眩、怔忡諸症畢備，所謂病入膏肓，良醫束手，請勿爲
> 無益之費。憶妾唱隨二十三年，蒙君錯愛，百凡體恤，不以頑劣見
> 棄，知己如君，得婿如此，妾已此生無憾！若布衣暖，菜飯飽，一
> 室雍雍，優游泉石，如滄浪亭、蕭爽樓之處境，眞成煙火神仙矣。
> 神仙幾世才能修到，我輩何人，敢望神仙耶！強而求之，致干造物
> 之忌，即有情魔之擾。總因君太多情，妾生薄命耳！」因又鳴咽而
> 言曰：「人生百年，終歸一死。今中道相離，忽焉長別，不能終奉箕

〔註207〕〔清〕沈復：《浮生六記》卷一《閨房記趣》，俞平伯點校本，北京：人民文
學出版社1980年版，第1頁。
〔註208〕〔清〕沈復：《浮生六記》卷一《閨房記趣》，俞平伯點校本，北京：人民文
學出版社1980年版，第6頁。

帚、目睹逢森娶婦，此心實覺耿耿。」言已，淚落如豆。余勉強慰之曰：「卿病八年，憊憊欲絕者屢矣，今何忽作斷腸語耶？」芸曰：「連日夢我父母放舟來接，閉目即飄然上下，如行雲霧中，殆魂離而軀殼存乎？」余曰：「此神不收舍，服以補劑，靜心調養，自能安痊。」芸又唏噓曰：「妾若稍有生機一線，斷不敢驚君聽聞。今冥路已近，苟再不言，言無日矣。君之不得親心，流離顛沛，皆由妾故，妾死則親心自可挽回，君亦可免牽掛。堂上春秋高矣，妾死，君宜早歸。如無力攜妾骸骨歸，不妨暫厝於此，待君將來可耳。願君另續德容兼備者，以奉雙親，撫我遺子，妾亦瞑目矣！」言至此，痛腸欲裂，不覺慘然大慟。余曰：「卿果中道相舍，斷無再續之理，況『曾經滄海難為水，除卻巫山不是雲』耳。」芸乃執余手而更欲有言，僅斷續迭言「來世」二字，忽發喘，口噤，兩目瞪視，千呼萬喚已不能言。痛淚兩行，涔涔流溢。既而喘漸微，淚漸乾，一靈縹緲，竟爾長逝！時嘉慶癸亥三月三十日也。當是時，孤燈一盞，舉目無親，兩手空拳，寸心欲碎。綿綿此恨，曷其有極！〔註209〕

陳芸去世後，沈復根據林和靖「妻梅子鶴」一語，為自己取號為梅逸。沈復和陳芸的愛情，經過沈復本人一支傳奇彩筆的描繪，不知道令多少癡情男女嚮往。不過，雖然沈復曾向陳芸說自己不會續弦，但其實當陳芸癸亥年三月去世後三年半，沈復於丙寅年十月就接受了朋友的贈妾，「重入春夢」了。〔註210〕

　　一夫多妻並能和諧共處是中國古代男人的普遍的想法。與一夫一妻的癡情廝守不同，一夫多妻更多的是對於美色的憐愛。王韜在《蓮貞仙子》一文中的描寫體現了江南士大夫追求的一夫多妻但又非常和諧的情愛世界：

　　　　女（蓮貞仙子）自結縭後，唱隨相得，毫無所異。麗娥漸長，益復苗條，圓姿替月，暈臉生霞，見者不知為青衣中人。女令生納為小星，置之後房。其二鬟，一曰萼仙，一曰蓉香，嫋娜輕盈，並皆佳妙，次第選入畫屏，備生妾媵。生此時擁豔姬，住名園，日與

〔註209〕〔清〕沈復：《浮生六記》卷三《坎坷記愁》，俞平伯點校本，北京：人民文學出版社1980年版，第33～34頁。

〔註210〕〔清〕沈復：《浮生六記》卷三《坎坷記愁》，俞平伯點校本，北京：人民文學出版社1980年版，第35、38頁。

女飲酒賦詩，雖南面王不易此樂也。〔註211〕

蓮貞仙子主動為丈夫納妾，這正是中國古代的男人所希望的。當然，作為江南的才子，王韜（他是江蘇長洲甫里村，即今蘇州吳縣甪直鎮人）又加上了「飲酒賦詩」這樣的雅興。

張岱在《自為墓誌銘》一文中對自己的一生作了回顧，其中說道：

> 蜀人（按：實為紹興人，寓居杭州）張岱，陶庵其號也。少為紈綺子弟，極愛繁華，好精舍，好美婢，好孌童，好鮮衣，好美食，好駿馬，好華燈，好煙火，好梨園，好鼓吹，好古董，好花鳥，兼以茶淫橘虐，書蠹詩魔，勞碌半生，皆成夢幻。〔註212〕

張岱的所有嗜好中，其中非常重要的兩項即「好美婢，好孌童」。這可以說是一夫多妻的情愛世界的另一變種。

江南士大夫更為世人所知並津津樂道的是他們與那些風情萬種的妓女之間的愛情故事。唐代，有雖非江南人但在江南做官而且富有江南士大夫所具有的那種才情的杜牧。辛聞房《唐才子傳》卷六記載了杜牧的豔事：

> 時淮南稱繁盛，不減京華，且多名妓絕色，牧恣心賞，牛相收街吏報「杜書記平安帖子」，至盈篋。後以御史分司洛陽，時李司徒閒居，家妓為當時第一。宴朝士，以牧風憲，不敢邀，牧因遣諷李，使召己。既至，曰：「聞有紫雲者，妙歌舞，孰是？」即贈詩曰：「華堂今日綺筵開，誰喚分司御史來？忽發狂言驚四座，兩行紅袖一時回。」意氣閒逸，傍若無人，座客莫不稱異。大和末，往湖州，目成一女子，方十餘歲，約以「十年後吾來典郡，當納之」，結以金幣。洎周墀入相，上箋乞守湖州，比至，已十四年，前女子從人，兩抱雛矣。賦詩曰：「自恨尋芳去較遲，不須惆悵怨芳時。如今風擺花狼藉，綠葉成陰子滿枝。」此其大概一二。凡所牽繫，情見於辭。〔註213〕

〔註211〕〔清〕王韜：《後聊齋誌異》，張志春、劉欣中選，石家莊：花山文藝出版社1987年版，第54頁。

〔註212〕〔明〕張岱：《自為墓誌銘》，夏咸淳校點：《張岱詩文集》，上海：上海古籍出版社1991年版，第294頁。

〔註213〕〔元〕辛文房著，孫映逵校注：《唐才子傳校注》，北京：中國社會科學出版社1991年版，第617頁。

杜牧有幾首著名的詩都是寫給妓女的。如《贈別二首》：「娉娉嫋嫋十三餘，豆蔻梢頭二月初。春風十里揚州路，卷上珠簾總不如。」「多情卻似總無情，唯覺尊前笑不成。蠟燭有心還惜別，替人垂淚到天明。」注者以為「此為狎妓之詩」。〔註214〕《杜牧年譜》則具體指出「此詩蓋杜牧離揚州時與妓女贈別之作。」〔註215〕他有《遣懷》詩寫道：「落魄江湖載酒行，楚腰纖細掌中輕。十年一覺揚州夢，占得青樓薄幸名。」〔註216〕這也是杜牧在揚州為淮南節度使掌書記時所寫。唐朝時有「揚一益二」之說，可見揚州極天下之繁華。杜牧常常流連於秦樓楚館中，縱情聲色。雖然後二句似乎有悔恨之意，但終難掩蓋其骨子裏的風流。

　　宋代，有白衣卿相福建人柳永。他的那些情感細膩、纏綿悱惻的慢詞往往是寫給青樓女子的。宋曾敏行《獨醒雜誌》卷四云：「柳耆卿（柳永的字）風流俊邁，聞於一時，既死，葬於棗陽縣花山。遠近之人每遇清明日，多載酒肴，飲於耆卿墓側，謂之『弔柳會』。」而祝穆《方輿勝覽》中憑弔柳永的則是妓女。其卷十一云：「（耆卿）死之日，家無餘財，群妓合金葬之於南門外，每春月上冢，謂之『弔柳七』。」〔註217〕

　　關於名士與妓女之間的情感，有人認為「男女雙方，並不處於同一層面，女性只是男性泄欲、玩弄的對象」。柳耆卿的詞裏所抒發的不過是「一種享樂乃至淫樂之情，缺乏生命意義上的獨立自主的個性追求，與現代性愛相距甚遠，無論如何也不能將其上升到『愛情』的位置而對其大加讚歌」。〔註218〕然而，這種評價似乎過於貶低了，從群妓合金葬柳七以及常常憑弔懷念他來看，他們之間還是有很深的感情的。

　　名士與妓女的故事中最著名的莫過於秦淮八豔和圍繞在她們周圍的名士之間的人間傳奇了。前面所提到的名士與妓女的故事中，妓女都是無名的。而秦淮八豔則都聞名天下。而且在杜牧、柳永的故事裏面，妓女還只是處於

〔註214〕〔唐〕杜牧：《贈別二首》，《樊川文集》第四，見何錫光校注：《樊川文集校注》（上），成都：巴蜀書社2007年版，第478頁。

〔註215〕轉引自吳在慶校注：《杜牧集繫年校注》（第二冊），北京：中華書局2008年版，第614～615頁。

〔註216〕〔唐〕杜牧：《樊川外集》，見吳在慶校注：《杜牧集繫年校注》（第四冊），北京：中華書局2008年版，第1214頁。

〔註217〕此二則材料轉引自〔清〕張宗櫹編、楊寶霖補正：《〈詞林紀事〉、〈詞林紀事補正〉合編》，上海：上海古籍出版社1998年版，第230頁。

〔註218〕陶爾夫、諸葛憶兵：《北宋詞史》，哈爾濱：黑龍江教育出版社2002年版，第251、252～253頁。

從屬的地位，而在秦淮八豔與名士的故事裏面，那些著名的風塵女子似乎佔據了中心。冒辟疆與董小宛，錢謙益與柳如是，侯方域與李香君，吳梅村與卞玉京……那些名士反而在這些女子的面前稍遜風騷。這幾對才子佳人有兩個共同的特點：一是幾位佳人都極富才華；二是他們的情感是亂世中的情感，她們都是亂世佳人。

錢柳姻緣起因於錢謙益官場失意後遊西湖時被柳如是的詩句打動：「垂楊小苑秀簾東，鶯歌殘枝蝶趁風。最是西陵寒食路，桃花得氣美人中。」〔註219〕他們後來的交往、結合中也是詩歌唱和，充滿了古典的詩意和美感。柳如是不僅詩歌豔過六朝，情深班蔡，還精通音樂、舞蹈，書畫也負名氣。董小宛也可以說是集真、善、美於一身，熔才、德、貌於一體的女子。在他們身上，體現了青春與美的極致，也正是江南士人所傾心嚮往的。

這些女子不僅具有古典的美，她們的聞名還因為她們在亂世中做出了令世人驚歎的行動。比如柳如是在目睹了清兵破城、掃蕩江南的種種慘相後，勸錢謙益以死全節，以表忠貞。錢謙益一開始同意了她的建議，但終於畏死而沒成。柳如是卻勇敢地跳入池中，但被錢謙益拉住長髮而幸免。求死未果後，柳如是便鼓動錢謙益開展了一系列反清復明的活動。李香君先是揭穿了閹黨阮大鋮的陰謀，後來以求死拒絕了阮大鋮的逼婚。她以頭撞地，鮮血濺到了侯方域送給她的定情詩扇上，楊龍友即以其血點染成桃花。這就是崇禎末年發生在南京的「扇血點染桃花」的畫壇韻事。此時正值閹黨大捕東林黨人，侯方域入獄，李香君也被選送入宮。清軍南下，南京失陷後，侯方域歸順了清朝。李香君先是逃到了棲霞山，後來再次見到侯方域後，便毅然割斷情根，遁入空門。〔註220〕明末清初名士與名妓的愛情故事一改往昔女性作為被玩賞的對象的形象，有品格、有氣節，讓人想起現代愛爾蘭詩人葉芝歌頌女英雄毛德崗的詩句：

> 是變了，徹底地變了， ／一種可怕的美已經誕生。〔註221〕

正是這種美將江南名士與妓女的情愛提高到一個新的境界。

〔註219〕〔明〕柳如是：《西湖八絕句》之首，見周書田、范景中輯校：《柳如是集》，杭州：中國美術學院出版社 2002 年版，第 71 頁，詞句略有異「垂楊小苑秀簾東，鶯閣殘枝未思逢。大抵西冷寒食路，桃花得氣美人中。」

〔註220〕關於柳如是、李香君的敘述參考田崇雪：《遭逢亂世的才子佳人》，見劉士林主編：《江南文化精神》，上海：上海大學出版社 2009 年版，第 336～351 頁。

〔註221〕〔愛爾蘭〕葉芝：《一九一六年復活節》，查良錚編譯：《英國現代詩選》，長沙：湖南人民出版社 1985 年版，第 217 頁。

三、林泉之思

　　江南士大夫詩意生活理想的第三個表現是他們的林泉之思。林泉之思與道家隱逸思想有關。蕭統云：

　　　　夫自衒自媒者，士女之醜行；不忮不求者，明達之用心。是以

　　聖人韜光，賢人遁世。〔註222〕

隱逸是一種很高尚的行爲。前文提到的皇甫謐《高士傳》裏收錄了許多遠離社會與政治、追求隱逸自由的高士，這是林泉之思的遠源。老子和莊子更是在軸心時代對歸園田居、林泉隱逸的生活做了最高的肯定。陶淵明作爲中國詩歌史上屈指可數的大詩人，其詩文在中國的隱逸思想上佔有重要地位。鍾嶸《詩品》中說他：

　　　　文體省淨，殆無長語。篤意眞古，辭與婉愜。每觀其文，想其

　　人。世歎其質直。至如「歡言酌春酒」，「日暮天無雲」，風華清靡，

　　豈直爲田家語耶，古今隱逸詩人之宗也。〔註223〕

與「居廟堂之高則憂其民，處江湖之遠則憂其君」的儒家用世思想不同，林泉之思可以說是「居廟堂則心在山林，處江湖則樂乎其中」。劉再復先生對這一種傾向給予了極高評價：

　　　　當年顧炎武滿腔愛國情懷，力倡經世之道，贊賞「清議」（談家

　　國天下事），反對「清談」，認爲永嘉之亡、大清之亂，完全是清談

　　的流禍。可惜他太片面，只知「國」，不知「人」，只著眼家國興亡，

　　不重個體生命自由。其實，任何個體生命，既有參與社會的自由，

　　也有不參與社會的自由，即逍遙的自由，這才算具有眞的社會自由。

　　赴湯蹈火往往比山林隱逸更具道德價值。但是，如果沒有隱逸山林

　　的自由，就產生不了陶淵明、曹雪芹這樣的大詩人大作家。他們雖

　　未赴湯蹈火，但精神則似山高海深。我們敬重赴湯蹈火的拯救者，

　　也敬重在山水之間領悟宇宙人生的思想者，既尊重清議者，也尊重

　　清談者。既尊重參與的權利，也尊重逍遙的權利。自由的前提大約

　　需要這種「雙重結構」。〔註224〕

江南士人由於相對來說遠離北方政治中心，因此這種林泉之思似乎比北方

〔註222〕龔斌：《陶淵明集校箋》，上海：上海古籍出版社1996年版，第469頁。

〔註223〕曹旭：《詩品集注》，上海：上海古籍出版社1994年版，第260頁。

〔註224〕劉再復：《紅樓夢悟》，北京：三聯書店2006年版，第63頁。

士人更盛一些。其中明清時期江南的山人群體的山水之旅最能體現這一精神。馮保善先生對於山人詩人作了深入的研究，他這樣論述山人詩人的遊山玩水：

> 關於山人詩人對自然山水的特殊愛好，例子很多，如太白山人孫一元，西入華山，南入衡山，東登泰山，南到吳會，晚年卜築吳興之南坦；崑崙山人張詩，北渡滹沱河，攀太行山，廣覽黃河素汾，遍遊雒川、伊闕，南遊金陵，上金山、焦山，歷吳會，探禹穴，所居一畝之宮，擇隙地種竹，風雪飄蕭，欣然相對，興至則跨一蹇驢，信其所往，必窮極佳山水而後返；吳山人擴，喜向人談其遊武夷、匡廬、臺宕諸勝地之事，並誦其所作紀遊詩篇，嘗入都門，遊邊塞，歷太行群山，初夏抵遼陽，始見桃花，以爲奇事，暮年遠涉，帶乾糧，躡嶺嶠，風沙中日行百里，如壯夫，嘉靖中避倭亂，居金陵，愛秦淮風物，造長吟閣居之；郭山人第，隱於焦山，有遍遊五嶽之願，自號五遊；嶽山人岱，於陽山闢草堂，花木翳然，修竹萬挺，結隱其中，中年出遊恒、岱諸嶽，泛大江，覽金陵名勝，渡濤江，訪豐南禺於四明，歷覽天姥、天台、雁宕、武夷、匡廬而返，遂不復出；大石山人顧元慶，「隱居草莽，無局促之憂；好歷名山，盡逍遙之樂，詞貴省潔，意尚真谷」；十嶽山人王寅，北遊大樑，南歷海隅，北走沙漠，周遊吳、楚、閩、越名山；鵝池山人宋登春，年三十，棄家遠遊，留博陵二年，往京師，再遊齊、魯，還居長白山廢寺，再去而浮淮河、渡長江、涉吳會，又走徐、青，出居庸關，循太行山而西，窮關、陝、澤、潞諸邊塞，再由棧道入西川，遊峨眉，溯巫、巴，下荆、鄂，繞雲夢而北走大樑，再自宛涉襄，過京山，不勝枚舉。孫一元《吳興北亭與邦直別》中云：「群情貴苟合，難以保厥眞。」而在自然山水中放任其眞性，尋找其失落的本眞，或許正是他們性好自然的根本原因。〔註225〕

山人還是一個比較特殊的群體，他們的這種對於山水的嚮往和實踐還不能涵蓋所有的江南士人。對於一般的江南士人來說，他們的林泉之思體現在對於

〔註225〕馮保善：《青峰遮不住的寂寞與徘徊》，上海：上海音樂學院出版社 2008 年版，第 5～6 頁。

園林的嚮往上。

他們對於園林有一種癡情在。明末祁彪佳在《寓山注·序》中道出了他日思夜想建造園林的經歷：

> 卜築之初，僅欲三五楹而止。客有指點之者，某可亭，某可榭，予聽之漠然，以為意不及此。及於徘徊數回，不覺向客之言，耿耿胸次。某亭、某榭，果有不可無者。前役未罷，輒於胸懷所及，不覺領異拔新，迫之而出。每至路窮徑險，則極慮窮思，形諸夢寐，便有別辟之境地，若為天開。以故興愈鼓，趣亦愈濃。朝而出，暮而歸，偶有家冗，皆於燭下了之。枕上望晨光乍吐，即呼奚奴駕舟，三里之遙，恨不促之於跬步。祁寒盛暑，體栗汗浹，不以為苦。雖遇大風雨，舟未嘗一日不出。摸索床頭金盡，略有懊喪意。及於抵山盤旋，則購石庀材，猶怪其少。以故兩年以來，囊中如洗。予亦病而愈，愈而復病，此開園之癡癖也。〔註226〕

陳繼儒為了實現其園林夢想，把教書和賣文的錢積攢起來，終於「以潤筆之資卜築餘山。……就其形勢向背，可廬則廬之，可亭則亭之，委迤近遠，小作野致，不煩石師，堆壘瑰奇，鑿泉穿沼，作種種匠意」，實現了其夙願，得以「縱情山水數十載，……席享友朋詩酒泉石之樂」。〔註227〕

就像「清議」無果而一變為「清談」一樣，江南士大夫的園林夢想與其經世致用之志向受挫有關。現實政治帶來的心靈創傷，他們需要到山水園林中來撫平。陳繼儒在《岩棲幽事》中吐露了真情：「余輩膠黏五濁，羈鎖一生，每憶少年青松白石之盟，何止浩歎。」〔註228〕被國外園林藝術家尊為「造園之父」的計成在《園冶·自識》中寫道：

> 崇禎甲戌歲，予年五十有三，歷盡風塵，業遊已倦，少有林下風趣，逃名丘壑中，久資林園，似與世故覺遠，惟聞時事紛紛，隱心皆然，愧無買山力，甘為桃源溪口人也。自歎生人之時也，不遇

〔註226〕〔明〕祁彪佳：《祁彪佳集》卷七，北京：中華書局1960年版，第150～151頁。

〔註227〕〔清〕宋起鳳：《稗說》卷一《陳徵君餘山》，謝國楨編：《稗說 出劫記略 利瑪竇日記選錄》，南京：江蘇人民出版社1982年版，第37頁。

〔註228〕〔明〕陳繼儒：《岩棲幽事》，見陳繼儒輯：《寶顏堂秘笈》，第44冊，眉公雜著第四，上海：文明書局，民國十一年（1922年）版。

時也。武候三國之師，梁公女王之相，古之賢豪之時也，大不遇時也！何況草野疏愚，涉身丘壑，暇著斯「冶」，欲示二兒長生、長吉，但覓梨栗而已。故梓行合爲世便。〔註229〕

「達則兼善天下」，「窮則獨善其身」（孟子語），現在既然已經沒有機會「致君堯舜上，再使風俗淳」（杜甫詩句），那就只能到山水園林中做「逍遙遊」。人在經歷許多世事人情之後方能參悟人生的眞諦。正如劉士林先生所說「政治之後是審美」，在經歷一番政治洗禮後，江南士大夫從「政治——倫理」轉向了「詩性——審美」。

江南園林充分體現了江南士大夫的詩意生活理想。在計成的《園冶》裏處處可見「情」、「趣」、「景」、「韻」一類的字眼：

山樓憑遠，縱目皆然，竹塢尋幽，醉心即是。（卷一《園說》）

園基不拘方向，地勢自有高低，涉門成趣。（卷一《相地》）

片山多致，寸石生情。（卷一《相地·城市地》）

內構齋、館、房、室，借外景，自然幽雅，深得山林之趣。（卷一《立基·書房基》）

今予所構曲廊，之字曲者，隨形而彎，依勢而曲，或蟠山腰，或窮水際，通花渡壑，蜿蜒無盡。（卷一《屋宇·廊》）

門窗磨空，制式時裁，不惟屋宇翻新，斯謂林園遵雅。工精雖專瓦作，調度猶在得人，觸景生奇，含情多致。（卷三《門窗》）

夾徑環山之垣，或宜石宜磚，宜漏宜磨，各有所製，從雅遵時，令人欣賞，園林之佳景也。（卷三《牆垣》）

結嶺挑之土堆，高低觀之多致。欲知堆土之奧妙，還擬理石之精微。山林意味深求，花木情緣易短。（卷三《掇山》）

因借無由，觸情即是。（卷三《借景》）

物情所逗，目寄心期。（卷三《借景》）〔註230〕

《園冶》一書中還常常出現如畫之景、如詩之心和如樂之意：

〔註229〕〔明〕計成：《園冶·自識》，見趙農注釋：《園冶圖說》，濟南：山東畫報出版社2003年版，第263頁。

〔註230〕〔明〕計成：《園冶》，見趙農注釋：《園冶圖說》，濟南：山東畫報出版社2003年版，第37、43、49、69、100、167、179、205、257、258頁。

　　剎宇隱環窗，彷彿片圖小李；崖巒堆劈石，參差半壁大癡。（卷一《園說》）

　　家庭侍酒，須開錦幛之藏；客集徵詩，量罰金谷之數。多方題詠，薄有洞天。常餘半榻琴書，不盡數竿煙雨。（卷一《相地·傍宅地》）

　　拍起雲流，觴飛霞佇。何如緱嶺，堪諧子晉吹簫；欲擬瑤池，若待穆王侍宴。（卷一《相地·江湖地》）

　　房廊蜿蜒，閣樓崔巍，動「江流天地外」之情，合「山色有無中」之句。（卷一《立基》）

　　峭壁山者，靠壁理也。藉以粉壁爲紙，以石爲繪也。理者相石皴紋，倣古人筆意，植黃山松柏、古梅、美竹，收之圓窗，宛然鏡遊也。（卷三《掇山·峭壁山》）

　　幽人即韻於松寮，逸士彈琴於篁裏。（卷三《借景》）〔註231〕

這種由「政治——倫理」到「詩性——審美」的轉向按照王國維先生和劉再復先生的看法，也是一種由「家國——歷史」到「生命——宇宙」的轉向。王國維在比較《桃花扇》與《紅樓夢》時說：

　　吾國之文學中，其具厭世解脫之精神者，僅有《桃花扇》與《紅樓夢》耳。而《桃花扇》之解脫，非眞解脫也：滄桑之變，目擊之而身歷之，不能自悟，而悟於張道士之一言；且以歷數千里，冒不測之險，投縲絏之中，所索之女子，才得一面，而以道士之言，一朝而捨之，自非三尺童子，其誰信之哉？故《桃花扇》之解脫，他律的也；而《紅樓夢》之解脫，自律的也。且《桃花扇》之作者，但借侯、李之事，以寫故國之戚，而非以描寫人生爲事。故《桃花扇》，政治的也，國民的也，歷史的也；《紅樓夢》，哲學的也，宇宙的也，文學的也。此《紅樓夢》之所以大背於吾國人之精神，而其價值亦即存乎此。〔註232〕

〔註231〕〔明〕計成：《園冶》，見趙農注釋：《園冶圖說》，濟南：山東畫報出版社 2003 年版，第 37、56、59、60、217、257 頁。參閱張法：《計成〈園冶〉的園林美學體系》，四川外語學院學報，2006 年第 5 期，第 77～78 頁。

〔註232〕王國維：《〈紅樓夢〉評論》，見姚淦銘、王燕編：《王國維文集》第一卷，北京：中國文史出版社 1997 年版，第 10 頁。

劉再復先生在《紅樓夢悟》第一八九條「接著」說道：

> 立意要緊，立境更要緊。立足於生命語境與立足於家國語境歷史語境，很不相同。在精神層面上個體生命比一個星球還大，它可以伸延到無限的浩瀚。個體生命不是白駒過隙，他可以進入神秘的永恆。生命與宇宙可視爲一個概念的兩面。普世性的寫作離不開家國、歷史題材，但立足之境則一定是生命——宇宙語境。文學中的普世理念是生命——宇宙語境大於家國——歷史語境的理念。王國維説《紅樓夢》不同於《桃花扇》的家國境界，乃是宇宙的境界，就因爲它放逐了世俗的故鄉、家國理念，賈寶玉的「出走」便是否定家國而回歸無邊界的感情故鄉，承認有一種比家國更根本、更永恆的存在。〔註233〕

《紅樓夢》創造了一種生命——宇宙語境。而《紅樓夢》中最能代表此種精神的就是作爲隱喻存在的「大觀園」。根據劉再復的看法，《紅樓夢》的視角就是一種「大觀」的視角，是以天眼、道眼觀看世界，其實就是一種「生命——宇宙」之眼、詩性——審美之眼。而大觀園就是能提供這種詩性境界的江南園林的傑出代表，而江南園林正是能夠提供詩意棲居的存在。

四、關乎心靈：江南詩意生活五要素 〔註234〕

前面我們介紹了江南生活的三種理想追求，這三種生活理想無疑都是非常富有詩意，能體現江南詩性精神的。如果把這些理想總結一下，一種富有詩意的江南生活具體包括哪些方面呢？讓我們再從現代江南詩人戴望舒《示長女》一詩的前半部分開始：

> 記得那些幸福的日子！ ／女兒，記在你幼小的心靈： ／你童年點綴著海鳥的彩翎， ／貝殼的珠色，潮汐的清音， ／山嵐的蒼翠，繁花的繡錦， ／和愛你的父母的溫存。 ／／
>
> 我們曾有一個安樂的家， ／環繞著淙淙的泉水聲， ／冬天曝著太陽，夏天籠著清陰， ／白天有朋友，晚上有恬靜， ／歲月在窗外

〔註233〕劉再復：《紅樓夢悟》，北京：三聯書店 2006 年版，第 109 頁。
〔註234〕本章內容曾經發表。見拙作：《關乎心靈：江南詩意生活五要素》，廊坊師範學院學報，2009 年第 2 期。

流，不來打攪／屋裏終年長駐的歡欣，／如果人家窺見我們在燈下
談笑，／就會覺得單爲了這也值得過一生。／／

　　我們曾有一個臨海的園子，／它給我們滋養的番茄和金筍，／
你爸爸讀倦了書去墾地，／你媽媽在太陽陰裏縫紉，／你呢，你在
草地上追彩蝶，／然後在溫柔的懷裏尋溫柔的夢境。／／

　　人人説我們最快活，／也許因爲我們生活過得蠢，／也許因爲
你媽媽溫柔又美麗，／也許因爲你爸爸詩句最清新。〔註235〕

分析一下這幾節詩所描繪的一番詩意的生活場景，從中可以看出，詩意的生
活至少包含五個要素。

　　首先是愛情。戴望舒在《示長女》中描繪的詩意生活是以愛情爲其靈
魂和支撐的。最後戴望舒詩意生活的破滅也是因爲愛情的破滅而引起的。
愛情主要是關乎心靈的、詩性的東西。純粹的感性只能淪爲肉欲，純粹的
理性則會導致禁欲主義，只有關乎心靈的才是愛情的部分。但並不是説它
排除了肉欲和理性的東西，只是把它們詩化了，通過了心靈的轉化了。愛
情就是一個如何其芳在《生活是多麼廣闊》一詩中所説的「以心發現心」〔註
236〕的過程。

　　戴望舒是一個爲愛情而生，爲愛情而死的詩人。他在《贈内》一詩中透
露了只有在愛情中才會有真正的幸福的思想：

　　空白的詩帖，／幸福的年歲；／因爲我苦澀的詩節／只爲災難
樹里程碑。／／

　　即使清麗的詞華，／也會消失它的光鮮，／恰如你鬢邊憔悴的
花／映著明媚的朱顏。／／

　　不如寂寂地過一世，／受著你光彩的薰沐，／一旦爲後人説起
時，／但叫人説往昔某人最幸福。〔註237〕

當代詩人柏樺在其長詩《水繪仙侶》中演繹了江南才子冒襄與秦淮八豔之一
董小宛的愛情故事，其最後四行借冒襄的口吻寫道：

〔註235〕王文彬、金石主編：《戴望舒全集・詩歌卷》，北京：中國青年出版社 1999
　　　　年版，第 164～165 頁。
〔註236〕藍棣之編：《何其芳詩全編》，杭州：浙江文藝出版社 1995 年版，第 418 頁。
〔註237〕王文彬、金石主編：《戴望舒全集・詩歌卷》，北京：中國青年出版社 1999
　　　　年版，第 169 頁。

生離死別就是這樣樸素，　／單是爲了今天的好風光　／我也要把

這兩兩相忘，　／也要把這人間當成天上。〔註238〕

愛情可以說正是那把「人間」變成「天上」的詩意存在。

其次要有書。戴望舒說「讀倦了書去墾地」，書在其生活中佔有十分重要
的地位。它是構成詩意生活的另一重要因素。當然這裡指的是那些優秀的人
們所創作的優秀的書籍。每個人的生活都是狹小的，而整個世界則是廣袤的，
正是那些優秀的書能把人們的心靈從狹小的生活中解放出來，投放到無限的
世界中去。正如美國女詩人狄金森的詩中所寫的：

沒有一艘船能像一本書　／也沒有一匹駿馬能像　／一頁跳躍著的

詩行那樣——　／把人帶往遠方。／／

這管道最窮的人也能走　／不必爲通行稅傷神——　／這是何等節

儉的車——　／承載著人的靈魂。〔註239〕

這首詩告訴我們，書也毫無疑問是關乎心靈的。

生活在江南的當代詩人劉漫流給自己起了個名字叫「老蠹」，他給自己的
博客命名爲「書魚館」，以抒發他對書的熱愛之情。他還這樣寫道：

我忍不住對好書作一番字面上的猜想。

好書總是關於一個女人，以及熱愛她的男人。

好書同樣激起我們的佔有欲。面對初次發現的好書，就像面對

初戀。

期待一本好書就像期待一次豔遇。

好書，總是讓我們急不可耐，想寬衣解帶。

一本好書往往就是我們的枕邊書。〔註240〕

就像陶淵明《輓歌詩》裏所怕的「但恨在世時，飲酒不得足」〔註241〕一樣，
他最害怕的事情就是沒有讀完自己所愛的書：「我常癡癡地想，不知道哪一天
我就這麼死了，而我還沒有好好活過，但這還比不上我擔心如果有一天眼睛

〔註238〕柏樺：《水繪仙侶》，http://www.zgyspp.com/Article/UploadFiles/200707/2007
　　　0722173024902.doc。

〔註239〕〔美〕狄金森：《狄金森詩選》，江楓譯，長沙：湖南人民出版社 1984 年版，
　　　第 222 頁。

〔註240〕劉漫流：《未定稿2000》，太原：北嶽文藝出版社 2000 年版，第 11 頁。

〔註241〕吳澤順編注：《陶淵明集》，長沙：嶽麓書社 1996 年版，第 78 頁。

突然瞎掉，還有這麼多好書沒有來得及讀。」〔註242〕

　　戴望舒在《古意答客問》一詩中也寫道：

　　　　你問我的歡樂何在？／——窗頭明月枕邊書。〔註243〕

戴望舒所愛的第二個女人、第一任妻子穆麗娟在 1994 年 8 月 24 日的談話中曾說：「戴望舒第一生命是書，妻子女兒放在第二位。」〔註244〕這裡除了有一個對戴望舒的誤解——戴望舒最看重的其實是愛情——外，說他非常喜愛書是毫無疑問的。戴望舒在《巴黎的書攤》一文中寫道：「在滯留巴黎的時候，在羈旅之情中可以算作我的賞心樂事的有兩件：一是看畫，二是訪書。在索居無聊的下午或傍晚，我總是出去，把我遲遲的時間消磨在各畫廊中和河沿上的。……就是摩挲觀賞一回空手而返，私心也是很滿足的。」〔註245〕如果我們把這裡的「畫」看作書的另一種表現形式的話，那麼戴望舒在羈旅之情中最愉悅的事情就是逛巴黎的舊書攤了。

　　詩意生活的第三個要素當屬理想以及通往此理想的事業。一個人的理想是他藉以超越平凡生活的意義所在。理想和事業賦予他的生活以意義，這種意義是超越肉體、超越物質、超越現在、關乎心靈的。現代詩人穆旦《理想》一詩寫道：

　　　　沒有理想的人像是草木，／在春天生發，到秋日枯黃，／對於生活它做不出總結，／面對絕望它提不出希望。／／

　　　　沒有理想的人像是流水，／為什麼聽不見它的歌唱？／原來它已為現實的泥沙／逐漸淤塞，變成污濁的池塘。／／

　　　　沒有理想的人像是空屋／而無主人，它緊緊閉著門窗，／生活的四壁堆積著灰塵，／外面在叩門，裏面寂無音響。／／

　　　　那麼打開吧，生命在呼喊：／讓一個精靈從邪惡的遠方／侵入他的心，把他折磨夠，／因為他在地面看見了天堂。〔註246〕

〔註242〕劉漫流：《未定稿 2000》，太原：北嶽文藝出版社 2000 年版，第 11 頁。

〔註243〕王文彬、金石主編：《戴望舒全集‧詩歌卷》，北京：中國青年出版社 1999 年版，第 124 頁。

〔註244〕王文彬：《雨巷中走出的詩人——戴望舒傳論》，北京：商務印書館 2006 年版，第 248 頁。

〔註245〕王文彬、金石主編：《戴望舒全集‧散文卷》，北京：中國青年出版社 1999 年版，第 39 頁。

〔註246〕李方編：《穆旦詩全集》，北京：中國文學出版社 1996 年版，第 321 頁。

只有理想才能超越現實的束縛，使生命之水暢流，生命之樹常青。穆旦在 1976
年 12 月 9 日寫給杜運燮的信中說：「氣人的事還很多，但也不必一一列舉了，
我經常想著我的座右銘：勿為當前太分心。『現在』是陷阱，永遠掉在這裡面，
就隨時而俱滅。」〔註 247〕理想與事業在詩人身上體現為詩。戴望舒在《示長
女》一詩中提到感到生活快樂的原因之一就是他的「詩句最清新」。穆旦也是
如此。他沒有讓現實分心，他把幾乎所有的精力都投入到了詩歌事業當中。
他在同年 12 月 29 日給杜運燮的另一封信中說：「我把拜倫和普希金介紹畢，
就可以睡大覺了。」〔註 248〕誰知竟一語成讖，次年 2 月，當他把翻譯好的普
希金的詩歌重新整理、潤色一遍裝在一個小盒子裏面，交待給他的小女兒後，
第二天就突發心臟病驟然而逝了。他在詩歌和詩歌事業當中，度過了平凡而
富有詩意的一生。而他也像他所翻譯的普希金的名詩《紀念碑》中所寫的那
樣獲得了永生：

> 不，我不會完全死去──我的心靈將越出 / 我的骨灰，在莊嚴
> 的琴上逃過腐爛； /我的名字將會遠揚，只要在這月光下的世界 /
> 哪怕僅僅有一個詩人流傳。〔註 249〕

詩意生活的第四個要素是要有能承載詩意生活的一片家園，就像戴望舒所說
的「我們曾有一個安樂的家」、「我們曾有一個臨海的園子」。詩人海子對幸福
的渴求中也強調「我有一所房子，面朝大海，春暖花開」（《面朝大海·春暖
花開》）〔註 250〕。關於戴望舒詩中所提到的那個臨海的園子，他後來在奔波中
失去了。他在《山居雜綴·失去的園子》中寫道：

> 跋涉的掛慮使我失去了眼界的邊闊和餘暇的寄託。我的意思是
> 說，自從我怕走漫漫的長途而移居到這中區的最高一條街以來，我
> 便不再能天天望見大海，不再擁有一個小園了。屋子後面是高樓，
> 前面是更高的山；門臨街路，一點隙地也沒有。從此，我便對山面
> 壁而居，而最使我悵惘的，特別是舊居中的那一片小小的園子，那
> 一片由我親手拓荒，耕耘，施肥，播種，灌溉，收穫過的貧瘠的土
> 地。那園子臨著海，四周是蒼翠的松樹，每當耕倦了，拋下鋤頭，

〔註 247〕查良錚：《穆旦詩文集》，北京：人民文學出版社 2006 年版，第 146 頁。
〔註 248〕查良錚：《穆旦詩文集》，北京：人民文學出版社 2006 年版，第 148 頁。
〔註 249〕〔俄〕普希金：《普希金抒情詩選集（下）》，查良錚譯，南京：江蘇人民出版
社 1982 年版，第 516 頁。
〔註 250〕西川編：《海子的詩》，北京：人民文學出版社 2006 年版，第 236 頁。

坐到松樹下面去，迎著從遠處漁帆上吹來的風，望著遼闊的海，就
已經使人心醉了。何況它又按著季節，給我們以意外豐富的收穫呢？
〔註251〕

他特別懷念那段日子，甚至他從那園子搬到這最高的一條街時，把「鋤頭，
鐵耙，鏟子，尖鋤，除草耙，移植鏟，灌溉壺」〔註252〕等等都一同帶了過來，
雖然已經沒有了用武之地。

　　中國詩性文化中能夠承載詩意生活的園子最著名的是園林了。陳從周在
《說園》一文中說：「中國園林是由建築、山水、花木等組合而成的一個綜合
藝術品，富有詩情畫意。」〔註253〕園林融會中國哲學中天人合一的思想，它
的山水、花木等因素使它接近自然，而作爲一個藝術品，它又融合了人的精
神在裏面。它能使人的心靈超越世俗的束縛，在無限的自然中獲得自由。正
如明末造園家計成《園冶‧園說》所云：「清氣覺來几席，凡塵頓遠襟懷。」
〔註254〕這是人的心靈與自然之間的交流，故極富詩意。

　　計成幾乎認爲這種富於詩意的園林是生活中必不可少的，他在《園冶‧
相地》中列舉了在各種地理環境——山林地、城市地、村莊地、郊野地、傍
宅地、江湖地——中應怎樣選擇建立園林的地方。〔註255〕這似乎暗含了這樣
一個觀點，那就是要想生活得愜意，應該在生活的環境中建造一座可以承載
詩意生活的園林。據此，我們也很可以理解戴望舒在失去他的「臨海的園子」
後的失落了：「可是搬來這裡以後，一切都改變了。載在火車上和書籍一同搬
來的耕具……都冷落地被拋棄在天台上，而且生了鏽。這些可憐的東西！它
們應該像我一樣地寂寞吧。」〔註256〕

　　詩意生活的第五個要素則是有能體驗這一切的閑暇。蘇軾《記承天寺夜

〔註251〕王文彬、金石主編：《戴望舒全集‧散文卷》，北京：中國青年出版社 1999
　　　　年版，第 58 頁。
〔註252〕王文彬、金石主編：《戴望舒全集‧散文卷》，北京：中國青年出版社 1999
　　　　年版，第 58 頁。
〔註253〕司馬玉常選編：《陳從周天趣美文》，廣州：廣東人民出版社 1999 年版，第
　　　　35～36 頁。
〔註254〕〔明〕計成：《園冶圖說》，趙農注，濟南：山東畫報出版社 2003 年版，第
　　　　37 頁。
〔註255〕〔明〕計成：《園冶圖說》，趙農注，濟南：山東畫報出版社 2003 年版，第
　　　　43～59 頁。
〔註256〕王文彬、金石主編：《戴望舒全集‧散文卷》，北京：中國青年出版社 1999
　　　　年版，第 58 頁。

遊》感慨著這種閑暇的重要性：

> 元豐六年十月十二日夜，解衣欲睡，月色入戶，欣然起行。念無與為樂者，遂至承天寺，尋張懷民。懷民亦未寢，相與步於中庭。
>
> 庭下如積水空明，水中藻、荇交橫，蓋竹柏影也。
>
> 何夜無月？何處無竹柏？但少閑人如吾兩人者耳。〔註257〕

人生很匆忙，要善於尋找閑暇，張岱云：

> 善讀書，無過董遇三餘，而善遊湖者，亦無過董遇三餘。董遇曰：「冬者，歲之餘也；夜者，日之餘也；雨者，月之餘也。」雪巘古梅，何遜煙堤高柳；夜月空明，何遜朝花綽約；雨色涳濛，何遜晴光灩瀲。深情領略，是在解人。〔註258〕

如果不懂得在匆忙中尋找閑暇，哪裏會有時間領略生活的詩意呢？筆者的一首未發表的小詩寫道：

> 活得匆忙，沒時間憂傷， ／沒有時間，停下來想一想， ／像一陣匆匆吹過的風， ／來不及跳舞，來不及抒情。

這首詩描寫了在現代生活的一種時間體驗，試想，如果我們連停下來想一想的時間都沒有了，生活還有何樂趣可言？「時間就像海綿裏的水，只要願擠，總還是有的。」我寧願把這句名言用在這裡。

德國詩人里爾克在《布里格隨筆》中這樣描繪他心目中理想的生活：

> 有時我走過小店鋪，比如塞納街上的那幾家古玩店、舊書店和賣銅版畫的鋪子。他們的櫥窗擺得滿滿的。雖然買賣清淡，門可羅雀，但是朝裏一望，卻見他們坐在店堂裏看書，一點也沒有憂慮的神色。既不擔心明天的生意，也不為有人光顧而害怕，面前趴著一條馴服聽話的狗，或者是一隻貓擦著書架跑動，似乎在按順序撫摸書籍上的標題，這使得店堂裏更加寂靜。
>
> 啊，這就足夠了。我有時希望自己也買下一排塞得滿滿的櫥窗，在這後面伴著一條狗靜坐二十年。〔註259〕

〔註257〕王水照、王宜瑗：《蘇軾及其作品選·蘇軾散文選注》，上海：上海古籍出版社1998年版，第146頁。

〔註258〕〔明〕張岱：《西湖夢尋》總記，杭州：浙江文藝出版社1984年版，第1頁。

〔註259〕葉廷芳、李永平編：《上帝的故事：里爾克散文隨筆集》，北京：中國廣播電視出版社2000年版，第330頁。

這種生活最大的特點正是悠閑，它是在閑暇中詩意地靜觀人生。

　　然而這種詩意的生活常常在沉重的現實面前顯得非常脆弱。德國哲學家海德格爾認為此在的「在世」是我們最本源和最基本的對事物的觀點，但更重要的是「我們被與我們打交道的事物預先佔有。在某種意義上，我們為某事物、任務和關係所吸引。我們對我們環境中的工具和任務有一種實踐的操心。我們對環繞我們的人的共同體有一種個人的操心。這一點對於我們的個性如此重要，以至於可以說，『操心』（concern）就是我們的根本屬性。所以為了理解此在，我們必須理解這種操心的基本性質。海德格爾論證道，有三種操心的成分，每一種都在我們內心產生某種真實的焦慮。第一，我們完全是被拋入世界中來的。我並沒有要求出生，雖然如此，但我卻在這裡了。我們過去的這種特點他稱之為『實際性』（facticity）。第二，我們有選擇的自由。我們對我們生活的改變負責，並且我們必須通過形成恰當的決斷不斷成為我們真實的自我。這包括我們的未來，而且這也是他所謂的『生存性』（existentiality）的一個特點。第三，我們在喪失我們的『真實』性的意義上沉淪。我的真實的存在要求我意識到並承認我的特殊的自我，以及我對我的每一行為負責。由於實際性和生存性分別包括我的過去和未來，所以沉淪（fallenness）包括我的當下處境」。〔註260〕

　　穆旦在《智慧之歌》一詩中慨歎年輕時的愛情、友誼、理想在現實的冷風中枯黃了，都變成了笑談，人們收穫的只有冷冷的智慧：「但唯有一棵智慧之樹不凋，／我知道它以我的苦汁為營養，／它的碧綠是對我無情的嘲弄，／我詛咒它每一片葉的滋長。」〔註261〕另一首《沉沒》對生活的這種反思和疑問更為沉重：

　　　　身體一天天墜入物質的深淵，／首先生活的引誘，血液的欲望，／給空洞的青春描繪五色的理想。∥

　　　　接著努力開拓眼前的世界，／喜於自己的收穫愈來愈豐滿，／但你擁抱的不過是消融的冰山：∥

　　　　愛憎、情誼、蛛網的勞作，／都曾使我堅強地生活於其中，／而這一切只搭造了死亡之宮：∥

〔註260〕〔美〕斯通普夫、菲澤：《西方哲學史》，丁三東等譯，中華書局 2004 年版，第 669～670 頁。

〔註261〕李方編：《穆旦詩全集》，北京：中國文學出版社 1996 年版，第 314 頁。

> 曲折、繁複、連心靈都被吸引進／日程的鐵軌上急馳的鐵甲車，／飛速地迎來和送去一片片景色！／／
>
> 呵，耳目口鼻，都沉沒在物質中，／我能投出什麼信息到它窗外？／什麼天空能把我拯救出「現在」？〔註262〕

戴望舒《樂園鳥》描寫了人們失去樂園的痛苦和尋找樂園的迷惘：

> 是從樂園裏來的呢？／還是到樂園裏去的？／華羽的樂園鳥，／在茫茫的青空中，／也覺得你的路途寂寞嗎？／／
>
> 假使你是從樂園裏來的，／可以對我們說嗎？／華羽的樂園鳥，／自從亞當、夏娃被逐後，／那天上的花園已荒蕪到怎樣了？
> 〔註263〕

我們整天在操心、焦慮中度過，在物質世界中一天天沉沒，無可避免的是那詩意的樂園的荒蕪。然而正如海德格爾所說的人是「向死而在」一樣，我們也是在這種非詩意的包圍之中尋找生活的詩意：

> 在漆黑的屋子裏／尋找一盞燈／尋找點燈的火／在荒蕪的原野上／尋找一條路／尋找指路的星／／
>
> 尋找月亮，及其環行山的陰影／尋找太陽，和它的黑子／／
>
> 在一張張面具之下／尋找情意／在行走的肉體之中／尋找一顆心／／
>
> 尋找岩縫中的花朵／尋找繽紛的生活／尋找一首詩／／
>
> 在命運的虛無的掌上／尋找存在和意義〔註264〕

戴望舒不停地嚮往著「那個天，那個如此青的天」（《對於天的懷鄉病》）〔註265〕，穆旦在《冬》一詩中寫道：「我愛在冬晚圍著溫暖的爐火，／和兩三昔日的好友會心閒談，／聽著北風吹得門窗沙沙地響，／而我們回憶著快樂無憂的往年。／人生的樂趣也在嚴酷的冬天。」〔註266〕人生猶如嚴酷的冬天，

〔註262〕李方編：《穆旦詩全集》，北京：中國文學出版社1996年版，第314頁。

〔註263〕王文彬、金石主編：《戴望舒全集·詩歌卷》，北京：中國青年出版社 1999年版，第78～79頁。

〔註264〕劉永：《尋找》，《讀友》，2008年第13期，第82頁。

〔註265〕王文彬、金石主編：《戴望舒全集·詩歌卷》，北京：中國青年出版社 1999年版，第32頁。

〔註266〕李方編：《穆旦詩全集》，北京：中國文學出版社1996年版，第362～363頁。

但我們就是在這嚴酷的冬天裏找尋人生的樂趣。叔本華曾經說過人生就是在欲望不能滿足的痛苦和欲望滿足後的無聊中來回擺動，因此人生是痛苦的。不過我們也可以從另一個角度來看，正是在非詩意的生活中追尋生活的詩意才使人生變得更爲厚實、更爲有意義了。痛苦和歡樂是一對孿生姊妹，體驗過生命之痛的人才眞正懂得生命之樂。同樣，只有明白了生活的非詩意，才能眞正體會到詩意生活的價值。

在現實生活中，在追尋詩意的生活的時候，並不一定每個要素都能齊備，但我們總是要抓住我們能夠獲得的東西。何其芳《雜詩六首·成形》云：

　　成形肋骨信虛誇，伊甸不能無夏娃。

　　拋卻樂園良偶在，天涯處處可爲家。〔註267〕

可見，即使沒有了樂園，但只要堅守愛情，也可以在一定程度上獲得詩意的人生。

陳繼儒有句云：「天勞我形，吾逸吾心以補之。」〔註268〕即使我們太匆忙，也要給心靈以自由。這也是最爲重要的一點。只有如此，才能尋找到生命中的詩意。戴望舒《贈克木》詩中有幾行說：

　　不癡不聾，不作阿家翁，／爲人之大道全在懵懂，／最好不求甚解，單是望望，／看天，看星，看月，看太陽。／／

　　也看山，看水，看雲，看風，／看春夏秋冬之不同，／還看人世的癡愚，人世的倥傯：／靜默地看著，樂在其中。〔註269〕

是的，有一種生活是值得過的，那就是保持一顆自由的心靈，詩意地靜觀人生。

〔註267〕藍棣之編：《何其芳詩全編》，杭州：浙江文藝出版社1995年版，第418頁。

〔註268〕〔明〕陳繼儒：《小窗幽記》，呼和浩特：遠方出版社2004年版，第5頁。

〔註269〕王文彬、金石主編：《戴望舒全集·詩歌卷》，北京：中國青年出版社1999年版，第130～131頁。

結語　江南詩性文化的困境及前景

　　讀者朋友已經隨我拙劣的筆力在江南詩性文化中走了一圈，但前面所構築的江南詩性文化的點點滴滴畢竟都是那個古典江南環境中一去不返的往事。這種古典江南的美隨著近現代步伐的深化已經漸漸消隕了。

　　回首江南詩性文化的歷程，應該說她在今天的困境也不是唯一的事件。在歷史上，江南詩性文化經歷過幾種不同的困境。

　　第一種困境是隨著每個朝代的滅亡而帶來的。這與中國歷史上的朝代一樣「其興也勃焉，其亡也忽焉」，江南詩性文化隨著每一個朝代的滅亡而衰落，又隨著新的朝代開始而興盛。六朝時期是江南文化的軸心期，但隨著六朝的滅亡，江南詩性文化也衰落了。唐代詩人杜牧有一首題為《題宣州開元寺水閣，閣下宛溪，夾溪居人》的詩感慨道：

　　　　六朝文物草連空，天淡雲閒今古同。
　　　　鳥去鳥來山色裏，人歌人哭水聲中。
　　　　深秋簾幕千家雨，落日樓臺一笛風。
　　　　惆悵無因見范蠡，參差煙樹五湖東。〔註1〕

但唐宋時期，江南詩性文化又在新朝代的政治、經濟條件下興盛起來。元滅宋，清滅明，江南詩性文化也隨著經歷了兩次衰落。吳自牧的《夢粱錄》是在宋朝滅亡後對臨安的追憶，張岱的《西湖夢尋》則是在明朝滅亡後對杭州的追憶。不過，正像舊的朝代滅亡後會有新的朝代一樣，江南詩性文化經歷一次衰落後又會很快重建起來。

〔註1〕杜牧：《樊川文集》卷三，見吳在慶校注：《杜牧集繫年校注》（第一冊），北京：中華書局 2008 年版，第 352 頁。

　　江南詩性文化面臨的第二種困境是在清朝後期外國列強入侵中國時出現的。雖然清朝衰落引起的江南詩性文化的衰落與以前歷代王朝的滅亡引起的江南詩性文化的衰落有相似之處，但由於清朝的衰落是由於已經進入近代的西方列強的入侵引起的，因此此次江南詩性文化也就面臨著西方文化的入侵帶來的新困境。江南詩性文化畢竟是中國詩性文化的一部分，它賴以存在的基礎與中國詩性文化一樣，也是中國的農耕社會。當西方資本主義和消費文明破壞了農耕社會的基礎，江南詩性文化也與中國詩性文化一樣，失去了它自己的根基。這一危機在施蟄存先生關於王羲之的《蘭亭集序》的經歷中顯露無遺：

> 　　解放以後，我沒有講過這篇名文，不過，我學會了用思想分析的方法來講古文。「文化大革命」期間在嘉定勞動，住在衛生學校。一天，有一位衛校語文教師拿這篇名文來問我，她說：「這篇文章上半篇容易懂，下半篇難懂。特別是其中一句：『死生亦大矣，豈不痛哉。』到底是什麼意思？」經她一問，我把全文又讀了一遍，禁不住發愣了。怪哉！怪哉！從前講得出的文章，現在講不出了。

> 　　從「嚮之所欣」到「悲夫」這一段文章，是全文主題思想所在，可是經不起分析。我和那位女教師逐句講，逐句分析，結論是對這段名文下了十二字評語：「七拼八湊，語無倫次，不知所云。」〔註2〕

從古至今被歷代文人士大夫追捧的文章竟然講不通了，豈不是天下奇聞？其實，並不是文章本身的問題，而是在經過清代後期西方文化的長期洗禮，江南詩性文化已經不易爲人們所理解了，「當時的中國人已不再懂得那種沉潛在《蘭亭集序》文本中的江南氣質」〔註3〕了。

　　江南詩性文化面臨的第三種危機是在當代都市化進程中遇到的。江南詩性文化是建立在江南美麗的自然山水基礎之上的，但是當代快速的工業化與城市化進程導致的生態災難嚴重破壞了這一自然基礎：

> 　　1985年，金耀基旅遊中國大陸，發現江南的水鄉，美景與醜景同時存在。從南京到蘇州，有很多綠水田和紅磚屋，看了總叫他喜

〔註2〕施蟄存：《北山四窗》，劉凌編，上海：上海文藝出版社2000年版，第79頁。

〔註3〕劉士林：《西洲在何處——江南文化的詩性敘事》，北京：東方出版社2005年版，第55頁。

歡。然而，難堪的卻是「穿插在大街小巷的小河，水仍然是水，只是已成爲污物浮沉的濁流了」！金耀基一再歎息説：「遊蘇州的園林，就是入牆易，出牆難，一出藕園，便是一條不堪入眼、不堪入鼻的小河，而河旁昂昂然旁若無人、吐黑氣的工廠煙囪，又豈止是焚琴煮鶴？」〔註4〕

蘇州詩人車前子也爲之扼腕痛惜：

杜牧之的江南，范石湖的蘇州，在前三十年還依稀可見，在近十年被破壞得比任何時候都要屬害。現代化的代價如此之大，盲目、急功近利、割斷記憶……〔註5〕

而 2007 年無錫太湖藍藻事件的爆發是這一危機的集中表現。「沒有哪個對象像太湖污染這樣使我們痛切地感到江南的末日正在降臨。因爲那厚達三寸、發散著腐爛氣味的藍藻所覆蓋的正是文化江南的中心與『老巢』。……試想，在目睹充滿了『噁心感』與『荒誕感』的藍藻事件之後，如果有誰還可能再吟誦起『江南可採蓮』或『三生花草夢蘇州』，那豈不正應了魯迅先生所諷刺的『浮腫之處，豔若桃花；潰爛之時，美如乳酪』？由此可知，無錫藍藻事件不僅直接突現了太湖水資源的危機，同時也摧毀了江南文化賴以存在與重建的現實基礎，使江南美學與文化在當代陷入嚴重的『無根狀態』；而『無錫藍藻事件之後，江南美學何去何從？』也就成爲我們必須直面的奧斯維辛式的問題。」〔註6〕

江南詩性文化面臨的第一種危機每每可以通過王朝的重建而得以解決。但它面臨的後兩種危機卻不是那麼容易解決的。所謂「皮之不存，毛將焉附」？江南詩性文化賴以生存的基礎如果被破壞了，它又能如何存在呢？

但江南詩性文化畢竟是我們這個民族審美文化的最高環節，我們對它所面臨的危機不能無動於衷。

首先，要對我們生活的眞實世界有更清醒的認識與更理性的判斷，任何逃避現實的或對之視而不見的企圖，只會加重江南美學的頹廢色彩並使之更快地走向消亡。要用像無錫藍藻這樣高度眞實的現代審美對象的荒誕、不和

〔註4〕〔菲律賓〕黃維梁：《岌岌可危的地球》，見黎先耀、高莽主編：《百年人文隨筆·外國卷》，吉林人民出版社 2003 年版，第 219 頁。

〔註5〕車前子：《江南話本》，廣州：花城出版社 2003 年版，第 289 頁。

〔註6〕劉士林、洪亮、姜曉雲：《江南文化讀本》，瀋陽：遼寧人民出版社 2008 年版，第 398 頁。

諧與「惡」來刺激、衝擊和平沉靜的古典審美心態，這是重建江南美學與文化的第一步。

其次，對於當代人文知識分子而言，面對這種危機時至少有兩種職責：一是他最本己的學者職責，主要工作是以語言符號闡釋與保存江南，把江南的美、過去、記憶最完整地傳達給世人；二是一個人文學者作爲當代公民的職責，即應該走出狹小的語言世界，與所有關懷、保護環境的人一同呼吸和戰鬥。

再次，要借助都市化進程中的新經驗與新理論充實與擴展江南美學的內涵，在努力推動江南詩性文化進行現代性轉換的同時，爲江南文化模式中當代的創新與可持續發展提供重要的精神動力與智力支持。〔註7〕

關於如何應對江南詩性文化所面臨的現代性危機的問題，使我想起了歐洲思想中關於城市的觀念。「在過去兩百年中關於社會問題探討的三個顯著論點：充滿美德的社會、充滿邪惡的社會、脫離善與惡的社會，這些觀點都曾在歷史的舞臺上獨領風騷。啓蒙運動中認爲社會是充滿美德的哲學觀點在 18 世紀得到發展和顛覆，18 世紀早期的工業革命帶來了截然不同的觀點：社會是充滿邪惡的。最後，在 19 世紀中葉在一些主觀主義的影響下又產生了一種新的哲學觀點：社會既非善又非惡。」〔註8〕第一種觀點是肯定的觀點。這種觀點認爲城市就是人類工業生產和高度文明的聚集地。如伏爾泰認爲倫敦就好像是現代歐洲的雅典，它崇尚自由、商業和藝術。在倫敦城，政治、經濟、文化這三個價值主體都來源於對天才的尊重。伏爾泰批判那些擁護過去的保守派，批判那些對逝去的希臘文明以及基督教理想的伊甸園戀戀不捨的人們。認爲那不是美德，而是無知。第二種觀點是一種城市缺陷理論。這種理論認爲城市裏財富的聚集產生了墮落，城市是罪惡的載體。對於城市的惡，人們有擬古主義和未來主義兩種應對的方法。擬古主義傾向於放棄城市，而未來主義則主張進行改革。第三種觀點使城市理論脫離了好或不好評價的束縛，認爲城市既不是天堂，也不是地獄。持這種觀點的人們在事實的基礎上發現集榮譽與殘酷、美好與醜陋於一體的城市是現代化生活的集中地。不要

〔註7〕 劉士林、洪亮、姜曉雲：《江南文化讀本》，瀋陽：遼寧人民出版社 2008 年版，第 402～403 頁。

〔註8〕 卡爾·休斯克：《歐洲思想中的城市觀念：從伏爾泰到施賓格勒》，杜愷譯，見孫遜主編：《都市文化研究》第一輯《都市文化史：回顧與展望》，上海：上海三聯書店 2005 年版，第 2 頁。

從倫理上給出評價，而是充分地對之體驗成爲現代文明的新目標。波德賴爾的態度是：「對藝術的沉迷是逃避現實問題的最好途徑，……天才們能夠遊刃有餘地徘徊在墳墓的周圍，卻不會陷入墳墓的深淵。」〔註9〕

　　江南詩性文化面對現代性問題的挑戰與走出中世紀的人們面臨的城市問題有相似之處。因爲城市化進程與現代性進程的同步性，是城市社會學家的一個普遍觀點。〔註10〕以上三種關於城市的觀點都道出了問題的某一側面，都有一定的正確性。因此，我們對於江南詩性文化在今天所面臨的困境也應有類似的認識。現代性對於江南詩性文化的衝擊不全是壞的，也不全是好的，我們應該理性地接受這種現實但不能完全聽命於現實。

　　從我們在上篇所追溯的江南詩性文化的源頭來看，江南詩性文化其實是中原文化南傳之後中原文化的優秀部分與江南文化的優秀部分相融合併不斷發展而形成的。正向今天許多人認爲西方文化給中國文化帶來了壞的影響一樣，在中原文化衝擊江南文化時，也有許多人認爲中原文化給江南文化帶來了壞的影響。一如葛洪對中原士子的批判中所揭示的那樣。但最後又如何？江南文化終於未能抵擋先進的中原文化，而是吸取了其中優秀的部分，從而發展出了江南詩性文化，也就是我們今天所說的江南詩性文化。同樣，西方現代文化雖然也有許多壞的因素，但我們相信，它的優秀部分必將爲江南詩性文化所吸收，並在此基礎上發展出一種新的文化類型，我們不妨稱之爲「新江南詩性文化」。新江南詩性文化是江南詩性文化在現代性條件下裂變和重新組合的結果。它帶來的不是失去的懊悔，而應該是新的驚喜。這是文化本身的命運。我們所要做的正是尊重這一命運。

〔註 9〕卡爾・休斯克：《歐洲思想中的城市觀念：從伏爾泰到施賓格勒》，杜愷譯，見孫遜主編：《都市文化研究》第一輯《都市文化史：回顧與展望》，上海：上海三聯書店 2005 年版，第 3～14 頁。

〔註10〕康少邦、張寧等編譯：《城市社會學》，杭州：浙江人民出版社 1986 年版，第 271 頁。

參考文獻

（按作者姓名首字母順序排列）

1. 柏樺：《「流水」江南》，上海文學，2009 年第 2 期。
2. 柏樺：《水繪仙侶》，http://www.zgyspp.com/Article/UploadFiles/200707/20070722173024902.doc。
3. 班固：《漢書》，北京：中華書局 1962 年版。
4. 抱甕老人輯：《今古奇觀》，長沙：嶽麓書社 2004 年第 2 版。
5. 曹寅等編：《全唐詩》，北京：中華書局 1960 年版。
6. 曹旭：《詩品集注》，上海：上海古籍出版社 1994 年版。
7. 車前子：《江南話本》，廣州：花城出版社 2003 年版。
8. 陳從周：《陳從周園林隨筆》，北京：人民文學出版社 2008 年版。
9. 陳從周編著：《揚州園林》，上海：同濟大學出版社 2007 年版。
10. 陳繼儒：《小窗幽記》，呼和浩特：遠方出版社 2004 年版。
11. 陳繼儒輯：《寶顏堂秘笈》，第 44 冊，眉公雜著第四，上海：文明書局民國十一年（1922 年）版。
12. 陳尚君：《唐代文學叢考》，北京：中國社會科學出版社 1997 年版。
13. 陳抒：《江南傳統建築特色與文化審美》，江南論壇，2008 年第 12 期。
14. 陳書良：《姜白石詞箋注》，北京：中華書局 2009 年版。
15. 陳述主編：《杭州運河歷史研究》，杭州：杭州出版社 2006 年版。
16. 陳寅恪：《金明館叢稿初編》，北京：三聯書店 2001 年版。
17. 陳寅恪：《柳如是別傳》，上海：上海古籍出版社 1980 年版。
18. 陳子展：《楚辭直解》，上海：復旦大學出版社 1996 年版。
19. 程千帆、沈祖棻選注：《古詩今選》，上海：上海古籍出版社 1983 年版。
20. 長北：《中國藝術史綱》，北京：商務印書館 2006 年版。

21. 崔瑋：《南方女人＆北方女人各有千秋》，見崔瑋的博客：《「紅龍」崔哥說事》，http://blog.sina.com.cn/s/blog_4933b6510100d6pn.html。

22. 鄧遂夫校訂：《脂硯齋重評石頭記（甲戌校本）》，北京：作家出版社 2000 年版。

23. 狄金森：《狄金森詩選》，江楓譯，長沙：湖南人民出版社 1984 年版。

24. 董誥等編：《全唐文》（六），北京：中華書局 1983 年影印版。

25. 凍國棟：《唐代人口問題研究》，武漢：武漢大學出版社 1993 年版。

26. Edward W. Soja：《第三空間：去往洛杉磯和其他真實和想像地方的旅程》，陸揚等譯，上海教育出版社 2005 年版。

27. Edward W. Soja: Postmodern Geographies, New York: Verso.

28. 方東美：《方東美新儒家論著輯要》，北京：中國廣播電視出版社 1992 年版。

29. 馮保善：《青峰遮不住的寂寞與徘徊》，上海：上海音樂學院出版社 2008 年版。

30. 馮保善：《新譯古詩源》，臺北：三民書局 2006 年版。

31. 傅雷：《傅雷譯文集》第 15 卷，合肥：安徽文藝出版社 1989 年新一版。

32. 高彥頤：《閨塾師——明末清初江南的才女文化》，李志生譯，南京：江蘇人民出版社 2004 年版。

33. 高陽里評注：《花箋春心‧婉約集》，北京：中國青年出版社 1997 年版。

34. 戈麥著、西渡編：《戈麥詩全編》，上海：上海三聯書店出版社 1999 年版。

35. 葛洪：《抱朴子内篇》，張松輝譯注，北京：中華書局 2011 年版。

36. 葛劍雄主編：《中國移民史》，福州：福建人民出版社 1997 年版。

37. 龔斌：《陶淵明集校箋》，上海：上海古籍出版社 1996 年版。

38. 顧頡剛：《古史辨》第一冊，上海：上海古籍出版社 1982 年版。

39. 郭茂倩：《樂府詩集》，北京：中華書局 1979 年版。

40. 郭慶藩：《莊子集釋》，北京：中華書局 2004 年第 2 版。

41. 韓德編：《瑜伽之路》，王志成、楊柳、段麗萍譯，杭州：浙江大學出版社 2006 年版。

42. 何良俊：《四友齋叢說》，北京：中華書局 1959 年版。

43. 何錫光：《樊川文集校注》，成都：巴蜀書社 2007 年版。

44. 黑格爾：《歷史哲學》，王造時譯，北京：商務印書館 1963 年版。

45. 洪治綱主編：《馮友蘭經典文存》，上海：上海大學出版社 2004 年版。

46. 侯忠義等主編：《中國古代珍稀本小說》（6），瀋陽：春風文藝出版社 1994 年版。

47. 胡寶國：《漢唐間史學的發展》，北京：商務印書館 2003 年版。

48. 胡孚琛、呂錫琛：《道學通論》，北京：社會科學文獻出版社 2004 年版。

49. 胡海牙總編、武國忠主編：《中國仙學養生全書》，北京：華夏出版社 2006 年版。

50. 胡惠林等主編：《中國都市文化研究》第 1 卷，上海：上海人民出版社 2009 年版。

51. 胡文輝：《陳寅恪詩箋釋》，廣州：廣東人民出版社 2008 年版。

52. 皇甫謐：《高士傳》，叢書集成初編，北京：中華書局 1985 年新一版。

53. 黃永堂：《國語全譯》，貴陽：貴州人民出版社 2009 年版。

54. 黃宗羲、全祖望：《宋元學案》，北京：中華書局 1986 年版。

55. 籍秀琴：《中國姓氏源流史》，臺北：文津出版社民國八十七年版。

56. 伽達默爾：《伽達默爾論柏拉圖》，余紀元譯，北京：光明日報出版社 1992 年版。

57. 蔣一葵：《堯山堂外紀》，國學導航，http://www.guoxue123.com/biji/ming/ystwj/index.htm。

58. 金性堯選注：《宋詩三百首》，上海：上海古籍出版社 1986 年版。

59. 金庸：《金庸作品集》，北京：三聯書店 1994 年版。

60. 景遐東：《江南文化與唐代文學研究》，北京：人民文學出版社 2005 年版。

61. 康少邦、張寧等編譯：《城市社會學》，杭州：浙江人民出版社 1986 年版。

62. 藍棣之編：《何其芳詩全編》，杭州：浙江文藝出版社 1995 年版。

63. 勞承萬：《美學學科的兩種理論形態》，文藝理論研究，2006 年第 6 期。

64. 勞承萬：《審美中介論》，上海：上海文藝出版社 1986 年版。

65. 勞舒編：《劉師培學術論著》，杭州：浙江人民出版社 1998 年版。

66. 黎先耀、高莽主編：《百年人文隨筆‧外國卷》，吉林人民出版社 2003 年版。

67. 李斗：《揚州畫舫錄》，北京：中華書局 1960 年版。

68. 李方編：《穆旦詩全集》，北京：中國文學出版社 1996 年版。

69. 李浩：《唐代關中的文學士族》，《文學遺產》，1999 年第 3 期。

70. 李淑娟：《精神對經濟發展作用的反思——讀馬克斯‧韋伯〈新教倫理與資本主義精神〉》，經濟研究導刊，2008 年第 11 期。

71. 李書有：《論江南文化》，江蘇社會科學，1990 年第 4 期。

72. 李學勤：《長江文化史》，江西教育出版社 1995 年版。

73. 李學勤主編：《十三經注疏‧儀禮注疏》，北京：北京大學出版社 1999 年版。

74. 李學勤主編:《十三經注疏‧周禮注疏》,北京:北京大學出版社1999年版。

75. 李學勤:《中國古代文明十講》,上海:復旦大學出版社2003年版。

76. 李延壽:《北史》第九冊,北京:中華書局1974年版。

77. 李玉尚:《地理環境與近代江南地區的傳染病》,《社會科學研究》,2005年第6期。

78. 李正愛:《江南都市群文化研究》,上海師範大學2008屆文藝學博士學位論文。

79. 梁啓超:《論中國學術思想變遷之大勢》,夏曉虹導讀,上海:上海古籍出版社2001年版。

80. 梁仁編:《戴望舒詩全編》,杭州:浙江文藝出版社1989版。

81. 林峰:《江南水鄉》,上海:上海交通大學出版社2006年版。

82. 劉保昌:《戴望舒傳》,武漢:崇文書局2007年版。

83. 劉漫流:《未定稿2000》,太原:北嶽文藝出版社2000年版。

84. 劉士林:《都市文化學:結構框架與理論基礎》,上海師範大學學報,2007年第3期。

85. 劉士林:《江南都市文化的歷史源流及現代闡釋論綱》,《學術月刊》,2005年第8期。

86. 劉士林:《西洲在何處——江南文化的詩性敘事》,北京:東方出版社2005年版。

87. 劉士林:《中國詩性文化》,海口:海南出版社2006年版。

88. 劉士林、洪亮、姜曉雲:《江南文化讀本》,瀋陽:遼寧人民出版社2008年版。

89. 劉士林、萬宇:《江南的兩張面孔》,上海:上海音樂學院出版社2003年版。

90. 劉士林主編:《2007中國都市化進程報告》,上海:上海人民出版社2008年版。

91. 劉士林主編:《江南文化精神》,上海:上海大學出版社2009年版。

92. 劉夢溪:《學術思想與人物》,石家莊:河北教育出版社2004年版。

93. 劉夢溪主編:《中國現代學術經典‧黃侃劉師培卷》,石家莊:河北教育出版社1996年版。

94. 劉夢溪主編:《中國現代學術經典‧梁啓超卷》,石家莊:河北教育出版社1996年版。

95. 劉旭光:《對民族審美精神的探尋》,光明日報,2005年8月22日。

96. 劉亞虎：《〈莊子〉與南方民族文化》，中南民族大學學報，第 23 卷第 6 期。

97. 劉永：《尋找》，《讀友》，2008 年第 13 期。

98. 劉再復：《〈紅樓夢〉與西方哲學》，書屋，2009 年第 2 期。

99. 劉再復：《紅樓夢悟》，北京：三聯書店 2006 年版。

100. 劉再復、高行健：《禪性與文學的本性》，書屋，2009 年第 4 期。

101. 柳詒徵：《中國文化史》，上海：上海三聯書店 2007 年版。

102. 陸九淵：《象山語錄》，濟南：山東友誼出版社 2001 年版。

103. 陸揚：《析索亞「第三空間」理論》，《天津社會科學》，2005 年第 2 期。

104. 陸揚、王毅：《文化研究導論》，上海：復旦大學出版社 2006 年版。

105. 路南孚編：《中國歷代敘事詩歌·先秦兩漢魏晉南北朝編》，濟南：山東文藝出版社 1987 年版。

106. 羅熾：《方以智評傳》，南京：南京大學出版社 2001 年版。

107. 羅焌：《諸子學述》，羅書慎點校，上海：華東師範大學出版社 2008 年版。

108. 羅森：《詩與哲學之爭》，張輝譯，北京：華夏出版社 2004 年版。

109. 馬良懷、徐華：《玄學與長江文化》，武漢：湖北教育出版社 2004 年版。

110. 馬敘倫：《老子校詁》，上海：上海古籍出版社 1956 年版。

111. 芒福德：《城市發展史》，宋俊嶺、倪文彥譯，北京：中國建築工業出版社 2005 年版。

112. 歐陽修：《歐陽修全集》，李逸安點校，北京：中華書局 2001 年版。

113. 彭萊編著：《古代畫論》，上海：上海書店 2009 年版。

114. 皮錫瑞：《經學歷史》，周予同注，北京：中華書局 1959 年版。

115. 浦起龍：《史通通釋》，上海：上海書店 1988 年版。

116. 普希金：《普希金抒情詩選集》，查良錚譯，南京：江蘇人民出版社 1982 年版。

117. 祁彪佳：《祁彪佳集》，北京：中華書局 1960 年版。

118. 錢伯城：《袁宏道集箋校》，上海：上海古籍出版社 1981 年版。

119. 錢理群、葉彤編：《魯迅學術文化隨筆》，北京：中國青年出版社 1996 年版。

120. 錢穆：《八十憶雙親·師友雜憶》，長沙：嶽麓書社 1986 年版。

121. 錢穆：《先秦諸子繫年》，石家莊：河北教育出版社 2002 年版。

122. 錢穆：《莊老通辨》，北京：三聯書店 2002 年版。

123. 錢穆：《中國史學名著》，北京：三聯書店 2000 年版。

124. 潛苗金：《禮記譯注》，杭州：浙江古籍出版社 2007 年版。

125. 任立、潘宇編譯：《叔本華文集‧悲情人生》，北京：華齡出版社 1997 年版。

126. 邵雍：《伊川擊壤集》，郭彧點校，上海：學林出版社 2003 年版。

127. 沈復：《浮生六記》，俞平伯點校，北京：人民文學出版社 1980 年版。

128. 施奠東主編：《西湖遊賞錄（外十種)》，上海：上海古籍出版社 1999 年版。

129. 施蟄存：《北山樓詩》，上海：華東師範大學出版社 2000 年版。

130. 施蟄存：《北山四窗》，劉凌編，上海：上海文藝出版社 2000 年版。

131. 施蟄存：《唐詩百話》，上海：上海古籍出版社 1987 年版。

132. 水建馥編譯：《古希臘散文選》，北京：人民文學出版社 2000 年版。

133. 斯波義信：《宋代江南經濟史研究》，方鍵、何忠禮譯，南京：江蘇人民出版社 2001 年版。

134. 司馬玉常選編：《陳從周天趣美文》，廣州：廣東人民出版社 1999 年版。

135. 司馬遷：《史記》第五冊、第七冊、第十冊，北京：中華書局 1959 年版。

136. 斯通普夫、菲澤：《西方哲學史》，丁三東等譯，中華書局 2004 年版。

137. 四水潛夫（周密)：《武林舊事》，杭州：西湖書社 1981 年版。

138. 孫華：《楚國國都地望三題》，華中師範大學學報，第 44 卷第 4 期。

139. 孫家遂校注：《西湖夢尋》，杭州：浙江文藝出版社 1984 年版。

140. 孫書安編：《詠花詩品》，南昌：江西人民出版社 1986 年版。

141. 孫遜主編：《都市文化研究》第一輯《都市文化史：回顧與展望》，上海：上海三聯書店 2005 年版。

142. 孫映逵：《唐才子傳校注》，北京：中國社會科學出版社 1991 年版。

143. 譚其驤《長水集》，北京：人民出版社 1987 年版。

144. 湯用彤：《漢魏兩晉南北朝佛教史》（增訂本)，北京：崑崙出版社 2006 年版。

145. 湯用彤：《魏晉玄學論稿》，湯一介、孫尚揚導讀，上海古籍出版社 2001 年版。

146. 唐伯虎：《唐伯虎全集》，北京：中國書店 1985 年版。

147. 陶爾夫、諸葛憶兵：《北宋詞史》，哈爾濱：黑龍江教育出版社 2002 年版。

148. 陶慕寧：《青樓文學與中國文化》，北京：東方出版社 1993 年版。

149. 汪榮寶：《法言義疏》，北京：中華書局 1987 年版。

150. 王保生編：《俞平伯散文選集》，上海：上海文藝出版社 1983 年版。

151. 王國維《人間詞話》，上海：上海古籍出版社 2004 年版。

152. 王利器：《呂氏春秋注疏》，成都：巴蜀書社 2002 年版。

153. 王利器校注：《鹽鐵論校注》，北京：中華書局 1992 年版。

154. 王守仁：《王陽明全集》，上海：上海古籍出版社 1992 年版。

155. 王韜：《後聊齋誌異》，張志春、劉欣中選，石家莊：花山文藝出版社 1987 年版。

156. 王天海：《荀子校釋》，上海：上海古籍出版社 2005 年版。

157. 王叔岷：《先秦道法思想之講稿》，北京：中華書局 2007 年版。

158. 王水照、王宜瑗：《蘇軾及其作品選·蘇軾散文選注》，上海：上海古籍出版社 1998 年版。

159. 王文彬：《雨巷中走出的詩人——戴望舒傳論》，北京：商務印書館 2006 年版。

160. 王文彬、金石主編：《戴望舒全集·詩歌卷》，北京：中國青年出版社 1999 年版。

161. 王煦華整理：《吳歌·吳歌小史》，南京：江蘇古籍出版社 1999 年版。

162. 王振復：《中華意匠：中國建築基本門類》，上海：復旦大學出版社 2001 年版。

163. 王仲三：《周作人詩全編箋注》，上海：學林出版社 1995 年版。

164. 維柯：《新科學》，朱光潛譯，北京：人民文學出版社 1986 年版。

165. 魏徵：《隋書》第六冊，北京：中華書局 1973 年版。

166. 溫儒敏、姜濤編：《北大文學講座》，北京：中央編譯出版社 2005 年版。

167. 文震亨：《長物志》，陳植校注，南京：江蘇科學技術出版社 1984 年版。

168. 吳恩培主編：《吳文化概論》，南京：東南大學出版社 2006 年版。

169. 吳敬梓：《儒林外史》，上海：上海文藝出版社 1996 年版。

170. 吳在慶：《杜牧集繫年校注》，北京：中華書局 2008 年版。

171. 吳澤順編注：《陶淵明集》，長沙：嶽麓書社 1996 年版。

172. 吳戰壘：《千首宋人絕句校注》，杭州：浙江古籍出版社 1986 年版。

173. 吳震：《王陽明著述選評》，上海：上海古籍出版社 2004 年版。

174. 吳自牧：《夢梁錄（及其他一種）》，北京：中華書局 1985 年新一版。

175. 西川編：《海子的詩》，北京：人民文學出版社 2006 年版。

176. 向宗魯：《說苑校證》，北京：中華書局 1987 年版。

177. 蕭漢明：《道家與長江文化》，武漢：湖北教育出版社 2005 年版。

178. 謝國楨編：《稗說 出劫記略 利瑪竇日記選錄》，南京：江蘇人民出版社 1982 年版。

179. 熊家良：《現代文學中的江南情懷》，江海學刊，2006 年第 1 期。

180. 徐寶餘：《論兩宋詞對杭州詩性文化形象的建構》，浙江學刊，2006 年第 5 期。

181. 許輝、邱敏、胡阿祥主編：《六朝文化》，南京：江蘇古籍出版社 2001 年版。

182. 亞里斯多德：《詩學》，陳中梅譯注，北京：商務印書館 1996 年版。

183. 雅各斯：《美國大城市的死與生》，金衡山譯，南京：譯林出版社 2006 年版。

184. 楊樹達：《周易古義‧老子古義》，上海：上海古籍出版社 2006 年版。

185. 楊文虎：《意境範疇生成的南方文化因素》，江海學刊，2006 年第 1 期。

186. 楊勇：《世說新語校箋》，北京：中華書局 2006 年版。

187. 羊春秋：《散曲通論》，長沙：嶽麓書社 1992 年版。

188. 姚淦銘、王燕編：《王國維文集》第一卷，北京：中國文史出版社 1997 年版。

189. 葉廷芳、李永平編：《上帝的故事：里爾克散文隨筆集》，北京：中國廣播電視出版社 2000 年版。

190. 佚名：《北人南來》，http://www.cjw.com.cn/index/Civilization/detail/2004 0422/13141.asp。

191. 佚名：《二十五別史‧世本‧居篇》，濟南：齊魯書社 1998 年版。

192. 佚名：《跨進文明的門檻──〈長江文化史〉》，華夏經緯網，http://www. huaxia.com/wh/dskj/00244827.html。

193. 佚名：《慢一點再慢一點 像蝸牛一樣生活》，人民網，2007 年 12 月 12 日。

194. 佚名：《盤點金庸筆下的十八個江南女子：各有各的風韻》，中國國學網，2009－6－17，http://www.confucianism.com.cn/html/wenxue/8659335.html。

195. 殷曼楟編：《宗白華中西美學論集》，南京：南京大學出版社 2009 年版。

196. 游建西：《道家道教史略論稿》，北京：光明日報出版社 2006 年版。

197. 袁小虎：《江南橋》，贛西晚報，2011 年 5 月 27 日。

198. 查良錚：《穆旦詩文集》，北京：人民文學出版社 2006 年版。

199. 查良錚編譯：《英國現代詩選》，長沙：湖南人民出版社 1985 年版。

200. 詹鍈：《文心雕龍義證》，上海：上海古籍出版社 1989 年版。

201. 張岱：《琅嬛文集》，長沙：嶽麓書社 1985 年版。

202. 張岱：《張岱詩文集》，上海：上海古籍出版社 1991 年版。

203. 張法：《計成〈園冶〉的園林美學體系》，四川外語學院學報，2006 年第 5 期。

204. 張瀚：《松窗夢語》，北京：中華書局 1985 年版。

205. 張吉良：《中國古典道學與名學》，濟南：齊魯書社 2004 年版。

206. 張家駒：《兩宋經濟重心的南移》，武漢：湖北人民出版社 1957 年版。

207. 張居正：《論語別裁》，西安：陝西師範大學出版社 2007 年版。

208. 張麗軍：《對話與爭鳴》，上海：上海大學出版社 2009 年版。

209. 張曼儀編：《中國現代作家選集·卞之琳》，香港：三聯書店（香港）有限公司 1990 年版。

210. 張舜徽：《張舜徽集》，武漢：華中師範大學出版社 2005 年版。

211. 張宗橚編、楊寶霖補正：《〈詞林紀事〉、〈詞林紀事補正〉合編》，上海：上海古籍出版社 1998 年版。

212. 章乃羹：《兩浙人英傳》，麗水（浙江）：唯生書局出版部民國三十一年（1942）版。

213. 趙農：《園冶圖說》，濟南：山東畫報出版社 2003 年版。

214. 鄭同點校：《相術》，北京：華齡出版社 2008 年版。

215. 中國戲曲學院戲曲研究所編：《中國古典戲曲論著集成》，北京：中國戲劇出版社 1959 年版。

216. 鍾泰：《中國哲學史》，北京：東方出版社 2008 年版。

217. 鍾泰：《莊子發微》，上海：上海古籍出版社 2002 年版。

218. 周稔豐編注：《八段錦大法》，天津：天津大學出版社 1996 年版。

219. 周書田、范景中輯校：《柳如是集》，杭州：中國美術學院出版社 2002 年版。

220. 周作人：《知堂回想錄》，合肥：安徽教育出版社 2008 年版。

221. 周作人：《周作人文選·散文》，北京：群眾出版社 1999 年版。

222. 朱伯崑：《易學哲學史》，北京：崑崙出版社 2005 年版。

223. 朱大可：《江南園林：被折疊的時空》，《先鋒中國評論》，2007 年 9 月號。

224. 朱德才、薛祥生、鄧紅梅編：《辛棄疾詞新釋輯評》，北京：中國書店 2006 年版。

225. 朱雷、唐剛卯編：《唐長孺文存》，上海：上海古籍出版社 2006 年版。

226. 朱熹：《詩集傳》，王華寶整理，南京：鳳凰出版社 2007 年版。

227. 朱熹：《四書章句集注》，北京：中華書局 1983 年版。

228. 祝鼎民、於翠玲：《明代散文選注》，長沙：嶽麓書社 1998 年版。

229. 鄒逸麟：《中國歷史地理概述》，福州：福建人民出版社 1999 年第 2 版。

致　謝

　　論文能夠順利完成，首先要感謝我的導師劉士林教授。在論文的選題、提綱設計及細部修改上，劉老師多次給予了耐心的、關鍵性的指導。五年前，對詩歌的熱愛使我認識了劉老師。後來，蒙他錯愛，又使我得近學術殿堂之門。在攻讀博士學位的這三年中，無論在我的學業、生活還是我的前途上，劉老師都用心良苦。感激之情，長存心中，千言萬語，難以盡述。與劉老師相識並能成為他的弟子，實為我三生有幸。

　　感謝楊文虎教授、陳偉教授在開題過程中給予的啓發性建議以及預答辯過程中給予的富有價值的意見。楊老師嚴謹活潑的講課使我獲益匪淺，陳老師鼓勵創新的教誨猶在耳邊。

　　感謝讀博的三年中給予過我幫助的所有老師、同學和朋友們，請恕我在此不一一提起你們的名字，因為難免掛一漏萬，使我心生不安。感謝你們！世界曾經以你們為中心，使我為了你們的存在而出現，世界也曾以我為中心，使你們為了我的存在而出現，如今我們就要各奔東西，但我永遠都不會忘記你們。我感謝這些值得珍惜的緣分，我相信，這緣分必將繼續發展下去。

　　感謝母校上海師範大學，我在此學習和生活了整整七年，充滿夢想的七年，走向成熟的七年！

　　最後，我要感謝我的父母和女友。父母恩深，女友情重，百千萬年，難以言報。感謝你們無私的愛，相信我，我一定會做得更好。

2010 年春於學思湖畔

後　記

　　一本著作的產生和流傳也有它的命運嗎？民國命理學家袁樹珊在解析自己的八字時說：「乙卯年冬天，《命理探原》書脫稿，雖然見聞不廣，語言缺乏文采，但私心自幸，認爲是日主得祿所致。」（見袁樹珊《命理探原》卷七《潤德堂存稿》）每當我讀到這句話時，心中都感慨不已。

　　2010 年六月博士畢業後，一直還存有做學問的夢想和熱情。因爲博士論文的寫作確實花了很多的工夫，也自認爲有些新意，所以一直希望能有出版和得到認可的機會。但由於自己所從事的工作與讀博士時的研究方向關係不明顯，所以這篇論文無用武之地。也曾試著申請某些文化基金的資助，但都沒有什麼結果。

　　2016 年九月的一個週日的下午，在上海圖書館門前，陳清雲老師跟我說：「臺灣有一家出版社叫花木蘭文化事業有限公司，樂於提攜後進，可以免費出版博士學位論文，你可以試一試。」陳老師把聯繫郵箱給了我。我於是和出版社副總編輯楊嘉樂女士取得了聯繫。經過導師的推薦和總編輯的審閱，只用了兩個月的時間，就簽訂了出版合同。

　　這期間，我也在網上多方瞭解花木蘭文化事業有限公司的相關資料，才得知早在 2011 年十月「花木蘭」就正式開始在大陸展開全面的授權和宣傳了，並在網上發佈了相關的信息。但是我卻一直不知道這些信息。直到五年之後，在和陳老師不經意的聊天中得到了這個信息，又很快如願得以簽約。民國的另一位命理學家徐樂吾曾經在《子平眞詮評注》的自序中說：「命之所定，功名事業，水到渠成；否則，棘地荊天，勞而無功。」雖然說一篇博士學位論文的出版談不上什麼功名事業，但是其間的遭遇令人有同樣的思考。對於一

個沉浸於傳統文化的學人來說，不能不感慨命運之難測、緣分之奇特！孔子說「君子居易以俟命」，《中庸》言「君子素其位而行」，真千古不易之真理也！

論文能夠得以出版，首先感謝陳清雲老師友善而無私地提供了相關的信息。感謝總編輯杜潔祥先生，「花木蘭」的出版理念和情懷令人敬佩讚歎。感謝副總編輯楊嘉樂女士在整個過程中給與的幫助。

我特別要感謝我的博士生導師劉士林先生，總是在我人生的低谷時期施以援手。在讀博士期間，導師所給與的學業上的指導和為人處世方面的教誨至今令我難以忘懷，至今仍有助益。這次論文能夠順利出版，也得益於導師在百忙之中撰寫了推薦信和序言。我還要感謝我的碩士生導師嚴耀中先生，是他領我走進古代歷史文化研究的大門。師恩難忘，雖然我在學術上沒有取得什麼成就，但我所有的微不足道的進步都離不開恩師們曾經給與的提攜和指導。

行文至此，有感於心，遂賦詩一首，云：

風起風停四運周，非唯天命亦人謀。

營營戚戚知何益，道在心中豈外求。

作者

2017 年 2 月 14 日寫於永嘉陋室